悬臂代换　横充直装

——直杆受力变形的置换法

喻晓今　著

中国铁道出版社有限公司
CHINA RAILWAY PUBLISHING HOUSE CO., LTD.

内容简介

本书主要论述了置换法应用于直杆组成的各种梁以及简单结构的情况。共六章内容:直杆受力变形及其一种方法进展;速求简支梁位移的置换法;悬臂梁位移的置换解法;外伸梁位移的置换;连续梁的置换法延续;简单结构肢体的置换。

本书以诙谐的笔调、插图的表现形式将一些晦涩的理论用轻松的文字表达出来,既调和了科技阅读的乏味,又拉近了抽象与具体的距离,反映出倾情演示置换法的良苦用心。本书适合作为高等院校理工科读者的教辅性和科普性读物。

图书在版编目(CIP)数据

悬臂代换 横充直装:直杆受力变形的置换法/喻晓今著.—北京:中国铁道出版社有限公司,2019.11

ISBN 978-7-113-25819-1

Ⅰ.①悬… Ⅱ.①喻… Ⅲ.①悬臂-置换 Ⅳ.①U225.4

中国版本图书馆CIP数据核字(2019)第099605号

书　　名:悬臂代换　横充直装
——直杆受力变形的置换法

作　　者:喻晓今

策　　划:曾露平　　编辑部电话:(010)63589185 转 2091

责任编辑:曾露平　钱　鹏

封面设计:刘　颖

责任校对:张玉华

责任印制:郭向伟

出版发行:中国铁道出版社(100054,北京市西城区右安门西街8号)

网　　址:http://www.tdpress.com/51eds/

印　　刷:北京虎彩文化传播有限公司

版　　次:2019年11月第1版　2019年11月第1次印刷

开　　本:787 mm×1 092 mm　1/16　**印张**:8.75　**字数**:210千

书　　号:ISBN 978-7-113-25819-1

定　　价:38.00元

前　言

从学科层面观，固体力学牵涉范围包括土木、机械、交通、航空、动力、水利、冶金、化工等领域，具体地说是涉及这些行业的装备、物件或其产物。本书的研究对象即是所述物件中的长形构件及其简单组合，主要内容是对受荷载作用后，对象的弹性变形的计算。众所周知，《理论力学》是经典力学传承的第一门理论，亦是力学基础课程，同时，其也是可变形固体构件科学研究的先导理论，而杆的受力变形研讨则依赖于两本基本著述——《材料力学》和《结构力学》。

若细处着眼，在材料力学的范畴，前人使用多种计算方法及计算工具进行了研究，抽其精髓，保留下当前广为流行的版本，理论框架、计算公式很少采用一个世纪以来的成果，称为“经典”恰如其分。反向观，此状况是否表示偌长的时间里无重要成果？无论如何，此状况却引导作者进行了探索。在计算工具方面，本书建立新的梁位移计算模式，使得一般需用积分方法计算的问题，改换为只用算术四则运算法计算的问题；在设计方法方面，本书另辟蹊径，一定程度地贯通了材料力学和结构力学。换言之，本书试图用理论力学和材料力学中的梁位移相关理论，一并加上本书著者对梁内容的一个方向的拓展，便能进行部分简单结构的计算而毋庸学习结构力学知识，故而，对于一些没有专业结构设计任务但又需面对简单结构的工科行业、部分专业人员，这样做是适宜的。

探知收益

下面阐述著者对梁的位移内容进行深入发掘的经历，或许可给人们以启发。

2000 年，著者在《华东交通大学学报》发表了关于置换法的第一篇论文，当时此方法的基本实例呈现为各种梁的最大挠度统一于它们各自对应的一根悬臂梁，故在论文的题目里用上了“同一性”一词。无疑，它提振了人们寻找简单梁替代复杂梁进行分析的信心。

2002 年，著者第一次用置换法的简支梁位移方程求解了任意简支梁的位移，当时称为“比拟梁法”，此名词源于力学工作者都较为熟悉的“扭转问题的薄膜比拟”，依问题的操作方式而借用于梁分析。2003 年著者又探索了将悬臂梁挠曲线整体通过线位移和角位移恰当的适配后，可以变化成研究对象梁的挠曲线的事实。2004 年著者给出置换法的图像证明。这样，梁位移内容研究推进到以悬臂梁位移的简单结果，搭建了一个求解简单梁位移的平台。

2006 年著者参加在河南理工大学召开的第 15 届全国结构工程学术会议，会上宣读了置换法求解简单超静定梁的论文。鉴于“比拟”的名称较容易与诸如“比拟连续梁法”等相混淆，在此后发表的论文中将其改为“置换法”字样，该方法实质未变。对于连续梁求解，本法省略了结构力学中的渐近法包含的转动刚度、传递系数和分配系数等必备概念。

2007 年至 2008 年间，著者分门别类地研究了简单刚架的置换法解法，例如，铰接型钢架、固端型钢架，静定钢架、超静定钢架，无侧移 Γ 形门形刚架、有侧移的 Γ 形门形刚架等，扩大了置换法的运用范围。

自2011年始，著者向更广阔的外界介绍置换法，参加有关国际学术会议并宣读论文，分别解决了单墩桥梁、无侧移简单刚架、简单对称刚架的置换法求解问题，提出分段刚化法结合置换法和截断－置换法等以往不曾有过的方法，旨在提升置换法的水平。

2014年《力学与实践》杂志刊登了著者置换法解外伸梁问题的论文；随后，2015年著者又证明了置换法位移方程的自身关系，得出结论：以该法位移方程表示的挠度与转角严格符合一阶导数关系，置换法位移方程在数理上成立。

简言之，置换法就是利用悬臂梁的挠曲线相对容易把控，其最大转角、最大挠度结果简单这一特点，针对简支梁、悬臂梁和外伸梁分别搭建"置换法位移方程"这个平台，在计算了任意梁对应的悬臂梁的位移后，通过这个平台就能求解出原梁位移，"置换"的道理即是此意。

本书相关研究曾获得华东交通大学首届科学技术奖励大会的奖项（喻晓今，静定梁位移计算的新方法——比拟梁法，获"自然科学三等奖"，2004年9月10日，证书号：kjcg-2004-1-3-3-D00）；获得第15届全国结构工程学术会议"中青年优秀论文奖"。此方面的研究，以著者主持并结题的江西省教育厅教改项目"结构中力与位移关系内容的适应削减课时的置换法建造（课题编号：JXJG-14-5-31）"而告一段落。

宣开初衷

下面讲述在相关领域的材料力学教育中集中推广置换法的理由。

现在的工科，由于增加课种、缩减学时等原因，材料力学中梁的位移内容只介绍积分法和叠加法，历史上所出现的其他方法，由于一些不便，诸如需另开一个知识体系、需要记忆较多系数或是掌握其算法需要耗时日等，就不再在本书采用了。即便是叠加法，每每计算都得查用相应的位移结果图表等，效率很低。而置换法却与众不同，在操作层面，只要记忆少量系数、公式等，便能较好地手算梁的位移，甚至分析简单结构，结果还是解析解，有鉴于此，该方法有推广使用的现实需求。

为将已经获得方法的优势广泛地、迅速有效地告知科技青年、业内师生，著者一直在力行。2017年在贵州凯里学院承办的第四届全国力学实验教学学术会议暨第五届西南东北华东三地区力学教学暨学术交流会上，著者的置换法报告引起不少青年学者、教师的兴趣，这更坚定了作者的信心——出版专著介绍该成果。

淬炼经历

写作中以何种形式、风格来传达科学内容而又不失阅读味道，如何点缀、描绘甚至渲染呢？著者忆起自己认识事物、汲取知识养分并成就一些实绩的历程。

20世纪60年代初期，著者被祖母带到赣江边的船上，望着中流风帆纵横游走，一幅风樯动景象，奇怪，旋风？后来从科普图书中得到了分力、合力的概念。

20世纪60年代中期，邻居伙伴的小人书引来作者好奇心：加加林上天了，好高，那里没有重量，人们在飞船里走路要用脚背勾着像轮船上的爬梯一样的脚套，好玩！这就是简单结构。

筒子楼里渐有战斗气息了，比有枪的伙伴还牛的是他对面住的中学生，他从裤兜里掏出一个木柄手榴弹，拧开后盖，露出白色引线，告诉大家：这是拉环，一拉就投出去。伙伴居然伸手就要拉！差一点就要"翻了兜"，伙伴们都为"真家伙"所迷。在八一桥头，作者见到支左部队浩浩荡荡列队环城游行，那高射炮直指苍穹、颤颤巍巍，又是何等气宇轩昂。后来知道，德国法西斯军队曾用高炮平射来当反坦克炮使。不久后，一辆解放牌卡车将作者一家人载往“广阔的天地”，作者便将车描绘了下来。

20 世纪 60 年代末，著者在田埂上见到了人力水车，见到了这种木制简单结构的受力变形，吱吱嘎嘎、晃晃悠悠，并有幸见证了其被抽水机完全替换的过程。在兴修水利的赣江大堤上，作者见到了人民战争式的壮观场景：风雷动，旌旗奋，银锄落，铁臂摇。一些场景被作者用粉笔反映在了班级的黑板报上。

20 世纪 70 年代前期，夜里刚躺下的作者被人叫起：“快来看卫星！”厉害了，赶上苏联了，怎么上去的？小人书中的事在中国也实现了！夏夜星空竹床上，父亲给著者讲述“动者恒动，静者恒静”的物理，这是空中物体的平衡原理。

刚下农村时是在祠堂里上课，后来“五七中学”建设新校舍，著者见识了支架圆木房梁、三角形屋架等过程，大家也自己动手打坯烧砖。“双抢”时学生也要放假以支援抢收抢种，著者也见多了田间地头的青年们的扁担角力运动游戏；挑选扁担时的按压试力等，都是长形物的力与变形的实例。

70 年代中期，著者体验了多种劳动，在青云谱苗圃学习园艺时，对多种树木写生画画。在揭露法西斯的集中营罪恶的书里，有成堆的人发工艺品照片及其他相片，著者临摹了几张，其中有一张名为“捷克南部风光”，内有连续梁例型。

就这样，著者学绘画，玩乐器，买元器件组装矿石收音机等，“蹉跎”了一段岁月，其实也就在不经意之间，成就了一类青年的好事——能够在停招后第一次全国统一高考招生中踏入大学校门。

高考时著者所在地的做法是先填志愿后考试，著者不假思索地便填写了首都的一所国防工业院校，当时脑海里满是电影《长城新曲》中那辗转腾跃的坦克，总在想象北方那一排白杨树下的一排战车是怎样的风光。大学毕业后，著者也果真奔赴了国家第一个五年计划中建设的 156 个苏援项目之一的央企，并且参加了国防科工委十大重点项目之一的研制工作。在同一专业前辈的带领下，完成了任务，参与研制的武器在天安门国庆阅兵中得以展示。

后来，著者的那只“看不见的手”又指使作者冥冥之中在部队里拿到了一个防护工程的课题合作项目。

醉味画风

上面所述的一些阅历就组成了著者的基本素材库，著者会把经历中有趣或“有戏”的部分写入本书，以供大家“好玩”，也存“玩物开智”的欲念。前有榜样，力学里的一些成果是一位叫作达·芬奇的欧洲艺术家“玩”出来的，故也想以轻松活泼的形式来普及一点力学知识。如此考量，采用何样体裁，作者便有路数在心——既严谨，又耐看。

有一种夸张的说法：欧美的青少年是玩大的，或许这就是其创造力的本源。好莱坞会玩，且玩出了科技意义，一些系列大片不仅在中国切走一块蛋糕，而且暗中助推投入世界各地战场的美军士兵，为美国建功立业。“在商言商”，我们何不如法炮制呢？因此，作者想做一点科普的事儿，作者受科普益，何不益科普？这也是教育本分。

深层思量，颇有道理，若学科没有情感，谁会去直面学科的苍白？若科学没有温度，谁又会去拥抱科学的春天呢？此理念推着著者向释缚释惑方向使力，并在亦庄亦谐中展开。

以积累多年教学经验，并迎合大众口味来铺陈，希望能开启青少年的科技感觉。在读过梁的弯曲位移内容后，著者便发现，此置换法是新法，是教科书中不曾见过的解法，而通过置换法就能够解决结构师的一些问题，这是期盼。

新 特 色

本书在材料力学关于变形方面的新表述、新方式和新过程等，有以下数项：

“置换法”、“分段刚化－置换法”、“截断－置换法”，为解法。“相对变形（位移）”、“牵连位移”和“绝对变形（位移）”概念，利用运动学概念的延伸，借鸡生蛋。“力元素分布表”是在联立求解多元一次方程时，分析未知力因素分布情况的列表。“消元步骤进行图”是确立力元素替代解算具体步骤的路线图。

为了体现通俗性、趣味性，全书在有关段落处的正文外，会用生动的短句提示读者，起到解释、引人入胜的作用，有时是点题，有时是顿悟，几处还出现小插曲等。节后每每也会给出口诀、诗文或对联式的结语。著者认为这不是一般的课本，通过这些手段，能较为充分地展示置换法良好的亲和力。

本书的插图均由著者本人绘制，一些图案是现场速写而显示了真实性，因此，也具有了一定的史料性质。

最近贸易摩擦不断，它与“专利”相关，“专利”与“创造力”相关，“创造力”又与“科技素养”相关，因而“贸易摩擦”与“科普读物”相关，那就让此书为提升民众力学素质出力吧。

鸣谢同仁

置换法的成书要感谢帮助作者申报各级课题的华东交通大学的同事——余学文、胡淑兰、肖挺松和梁平英等老师，并向激励作者探索的诸多同行致谢！一并对编审人士的慧眼灵犀深表谢忱！

文思看山峥嵘，一波三折为猎奇，
理念削峰填谷，三教九流盼归一。
高楼攀云破雾，似昔日烟囱电柱，
长桥越水过隧，如当今芯片网路。
摩天鳞次栉比，当比土地爷伸臂？
天堑车水马龙，合龙凭悬臂对齐？
簧片婀娜多姿，可以悬臂梁比拟，
跳板弹飞冠军，已然置换梁托举。

著 者

二零一九年三月于南昌赣江之滨

目　录

直杆受力变形及其一种方法进展

赤水潜心灵作滔，
紫山着意化为桥，
力学著述牛充栋，
置换法则牛一毛。

生物进化，史前人出水入洞，刻木舟搭独木桥；物竞天择，弃猎物平地种粮，就地取材搭棚房，做扁担车水横梁……最近，世界最长桥梁——珠港澳大桥横跨伶仃洋！它们引出本书的故事。

本书的直接基础是材料力学的梁位移范畴，主要内容是针对直杆的不同约束类型以解决受力后变形的位移问题，涉及主动荷载、约束反力、构件尺寸、材料性质和变形（位移）等关系及其规律。

材料力学的研究对象为变形固体，其反映了许多工程和生活物件的本质，此变形与材质的物性、力作用方式和形状尺寸有关，而就变形的典型性而言，细长物体的受力变形是突出的，如果说要把一个长形物件，譬如，小到门把手、床沿，大到车桥、建筑框架等设计好并制成成品使用，其变形的计算和控制是关乎此类物件产品性能优劣的。

本章介绍变形固体的物理特征、直杆的概念和受力变形的主要规律，并引出、介绍一种近十几年发展的分析计算方法。

1.1 构件的力学保障及材料的物理特性概括

人们眼前充斥着各种各样的物体、物件，许多是工业工程的产物，尤其是后者，它们能够为人们所利用和信赖，功在力学对它们的保险，但是将固体制成物件后，在哪些方面又需要符合工业中正常工作的要求呢？人们先认定成品涉及受力作用的规范要求，然后追根溯源认识材料。

1.1.1 构件零件的受力响应及其工作要求

人工制造的物体、物件一般多从使用方便、感觉合适、经久耐用、经济节约等角度考虑，下面则从力学设计角度去观察物体、物件的功用，从受力角度去了解物体、物件的性质。

将物体中主要承受力作用的部分叫作“结构”，比如车体的底盘棚架、建筑的骨架、机器的框架、输电塔架等。不难看到，结构中的基本组成部分是几何特点更为简单的物体，如机器里的连杆、曲柄、轴、轮，甚至更小的销钉、滚柱等，这些称为“零件”；如房屋里的梁、柱、楼板、墙体等，桥梁、输电塔架的弦杆、腹杆等，这些称为“构件”。材料力学研究构件、零件，即研究简单物件。

如果说构件、零件是研究的具体对象，则力（荷载）就是研究的抽象对象，此两对象的结合便生出工程生态万象。

构件、零件在工作时一般都要经受各种荷载的作用，材料构件在正常荷载作用下不会发生损害的能力称为材料构件的“承载能力”，它由三个不同的方面构成，可提出三个问题：问题一——折了吗？问题二——压溃了吗？问题三——卡住了吗？分别称为强度、稳定性和刚度。

1. 强度——抵抗破坏失效的能力

强度是指由过度变形而引发，构件不能在原定的正常位置处保持受力状态，或虽然变形不大但其受力指标已指向其材料即将发生断开的状况。一些材料的失效则像拉橡皮筋、兰州拉面等有一个较明显变形的过程；另一些材料的破坏犹如“势如破竹”，发生得很突然，像折断胡萝卜。

人们听过工作压力过大时形容为工作强度较大的说法，“强度”一词是从材料力学中引申的，是指材料、构件抵抗破坏的能力，亦有抵抗失效的能力之说，此能力越大，则其强度越高。“破坏”一词理解为构件断裂或严重的塑性变形，如同房倒屋塌等现象；“失效”一词也可同样理解，再如输电线塔弯折等。材料力学要根据构件材料特点设计具有一定强度的构件。

可以用一种承力方式来体验强度的变化，以确定描述强度的参数。比如手拎一个水桶，用一支水枪一直向内注水，人们胳臂的感觉应该是逐渐地拉伸，并且逐渐地肌肉酸胀，为了能够承受水桶向下的拉力，可以用另一只手帮忙。就此体验，可以发现有两个重要因素影响手臂强度：手臂拉伸方向力的大小、手臂横截面的大小。在其他条件不变的情况下，手臂能承受到的拉力越大，则此手臂自身的强度越高。在手臂实在坚持不住时，用另外一个手臂帮忙，这增大了横截面面积，也就减小了单位面积上的、横截面法线方向上的力。

此描述引出了内力的概念，人们给材料施加荷载，在发生破坏失效之前材料是完好的，说明材料内部生成了反抗外部荷载的力，此力称为“内力”。外力可以无限增加，但内力却不行，一般达到强度破坏程度时，则超出了本书的讨论范围，属于大变形了。应该指出，也有很少一部分产品属于大变形的“塑性设计”，譬如，人们经常要做的动作——拧矿泉水瓶盖等，就是要让材料破坏；再如，易拉罐以及与此原理相同的炸弹壁内刻预制破裂痕等，有意使它们在预定力的作用下破坏以达到功能要求。

2. 稳定性——抵抗突然性压溃的能力

“稳定性”即研究对象在平衡时的状态保持稳定的程度问题，是指材料、构件抵抗“屈曲”的能力，此能力越强，则其稳定性越高。“屈曲”一词理解为构件维持原始形状尺寸条件下保持平衡能力的丧失，“稳定性的丧失”一词也可作同样理解。

一根钢锯条，拉伸时没有断裂，但反过来，从两头向其中间挤压，很小的力就压断了它。这时它属于稳定性不够所造成的破坏，而非强度破坏，因为强度破坏是由拉断时对应的大得多的内力来标识的。从受力数据上，也很容易用悬吊拉扯易拉罐和踩踏易拉罐的试验来验证该材料强度破坏与稳定性破坏的不同，再如球形罐体瘪凹等。

简言之，同一种材料的杆件若较短，准确地说其“长细比”较小，就不出现稳定性破坏时的对应的外加载荷较小的情况，譬如塑性材料拉压强度破坏时的荷载相同，反过来，若此材料的杆件较为细长，则轴向压缩时的“失稳”荷载可远低于强度破坏荷载。犹如“小河沟里翻了船”，又如常言所说：最后一根稻草压死一头骆驼，此骆驼已经遇见了平衡的稳定性不足的情况。

3. 刚度——抵抗变形的能力

“刚度”的含义是材料或构件抵抗变形的能力，此能力越大，刚度越高，其指标与强度指标的主要差别是在离破坏载荷的数据较远情况下，材料甚至在很小的弹性变形范围内就需要进行控制设计，以满足机器里精巧的结合要求，或结构空间有限制的精确定位要求等情形，比如，精致的机械手表、精密仪器等。要以杆件不同变形形式的分类来列解这种能力，具体刚度的相关参数有如下数种：拉伸杆件的轴向伸长缩短量、扭转杆件的扭转角、剪切变形中的切应变、弯曲杆件的转角和挠度等。所述这些变形、位移的研究，组成细长形杆件位移计算的基本理论和公式。

工程中许多构件零件除了保证其不发生强度破坏外，还应满足其受载荷作用后的变形和位移不会过大，因为，这可引起小至构件零件、大至机构结构不正常的工作状态，导致其使用寿命缩短或不能工作。因此，必须分析计算杆件的这种变形、位移，对设计用以满足各种功能的构件零件提出相应的变形位移量的限制要求，即建立刚度条件。人文社会用语里，“刚性”需求可能就是从这里引进的，本书后面的内容主要涉及变形的计算。须知，相关的高精度加工，可精确到头发丝直径的十分之几、百分之几，将来引领工业的发展“智能制造”可能主要以刚度设计为主。

三方面承载能力的要求看一个例子，图1－1所示为某地郊区桃花公社小型排灌站速写画，其主要设备是抽水机，其管道的架设就牵涉以上强度、刚度和稳定性问题，支架间隔太长，有可能一旦管中进水即发生管断裂，或者变形过大，排量变小；支架本身的抗失稳能力也要有保证，同时，又要节约经济成本。

以通俗的口诀记忆以上内容：

构件要正常，一是质不溏，二是压不溃，三是形不殇。

图1－1 小型排灌站管道及支架系统

1.1.2 材料受力响应及其性质面貌

与热学关注材料的导热系数，声学关注材料的声音传播速度，电学关注材料的电阻率，光学关注材料的透射率一样，力学应关注材料的“弹性系数”。下面描述承载能力不一的各种材料的共性：所有固体受力后皆会产生或大或小的变形。先说两种变形的含义，“弹性变形”是指物件受力作用后发生变形，力撤除后物件完全恢复原有的形状和尺寸的变形类型；“塑性变形”是指在物件受力作用后发生变形，但力撤除后物件不能完全恢复原有的形状和尺寸的变形类型中，不能恢复的变形部分的称谓。一般情况下，塑性变形之前一定发生弹性变形，材料的“塑性”是由超出材料的弹性范围的力作用而导致的。本书只探讨受力后弹性变形阶段的前期。

本书对固体材料的概念作以下三个方面的假设，对研究对象的组成材料理想化，这样做是为了从材料中找到共性，进而构建一致的理论，提炼共通的公式，而不需要对材料本身的个性化提出不同的判断和处理（这属于其他学科的课题）。

1. 连续性假设——材料平顺传播力

连续性假设是指材料组成的密实性、混合性。当人们肉眼没有看见孔洞、缺损，则认为材料就是连续的，忽略了微观层次的材料缺陷，因而只要加力试验，当测到力方向上的位置变形量值相等时，比如在橡胶条上画格子，受力后格子协调、匀称，就有理由认为材料密实，每一处都将其受力带来的变形一直传递到有此材料之处，不会出现变形堆积或变形失传现象，如压皱、断裂。又比如，一般的电杆柱承受的荷载自上而下均匀地传到地面。一般工程材料也都有较好的连续性，可以说连续性是材料缺陷等的宏观统计平均效应。

2. 均匀性假设——材料品质处处一样

均匀性假设是指材料组成的同质性、“化合性”。当人们肉眼没有看见孔洞、缺损和夹杂，则认为材料就是均匀的，忽略了细微观层次（注：晶格、纳米层次一般是不均匀的）的材料缺陷。如果要求材料制备的品质高、工艺好，则需要在材料的不同位置取出部分，测试力方向上的位置变形的量值是否相等。如果相等就有理由认为材料密实、均质，此处、别处没有差异。其实只要材料制造符合工程技术要求，很容易达成这个假设，比如，金属材料的力学性质测试，可在金属体的任意一处达标；同样标号的混凝土测试则取 10 cm^3 的试块便可。目前的工程材料一般都有良好的均匀性。

3. 各向同性假设——材料受力变形特性无方向差异

各向同性假设是指材料的力学性质在各个方向上的趋同性、无方向差异性，它往往不考虑微观层次，只要求材料制备的品质高、工艺好，如果在材料不同方位取出部分，并在相同的受力和其他条件下测到其内力、变形等参数的量值相等，就是说同一材料的力学性质没有特定的取向，即全向一样。

各向同性假设使材料的力学研究极其方便和简单，比如，金属材料的力学性质测试，可在金属体的任意方位切割，制成试件（试样）即可。值得提醒的是，人造的复合增强材料和一些天然材料（如木材、竹子、云母石、石英岩等）不是各向同性材料，因而后面不再讨论它们制成的物件。

通过观察具体材料指标的差异，一般地将材料划分成“塑性（韧性）”材料和“脆性”材料两种。

材料的力学性质口诀：

> 材料理想化，像水传浪花，也如空气匀，木材无节疤。

1.2 构件的外形特征和直杆的基本变形

研究对象的复杂外形和各种荷载的作用变化已经并且继续成为力学学科各个侧面、层面的工作内容，因此，为了缩小讨论的范围，应先限制物体的外形，下面就从物件外形分类中找出材料力学、结构力学的标准对象，而后注视其在荷载（力）作用下的基本变形形式。

1.2.1 构件按照几何特征分类

如果说某人“高大”，则一般指其身体尺寸较大；如果说“玲珑”，则指其身体比例适当、尺寸较小。仿此做法，人们以三维尺寸比例的差异来区分实心体的物体的外形，分为块体、板和壳、杆件等。

“块体”指三维尺寸大小相当的物体，如机体底座、砖块、木柱垫石等。“板（壳）”指某一维尺寸相对于其他二维尺寸较小者，如楼板、墙体、车体壁板、飞机蒙皮等。若二维尺寸小，一维尺寸大的物件，就是“杆件”，如晾衣杆、电杆柱、房梁、车轴等。材料力学不都研究，只讨论杆件（见图 1-2）。

图 1-3 是一幅北京展览馆的正门北偏西角度的速写画，可以看出，大门的形式是块石砌成，弧形装饰长廊有板，拱顶则是壳体，栅栏门的横竖杆、长廊柱等是杆件。

杆件也可分成多类，杆件的几何特征参数是轴线和横截面，轴线可以认为是杆中每一个横截面形心的连线，如图 1-2 所示点画线，无特别说明时，一般都用点画线表示杆件的轴线，有时在轴线位置上直接用一条实线表示这一杆件。横截面是杆在垂直于轴线方向上的截面,如图 1 - 2 所示虚线面。有了这样的认识,杆件按照轴线线形的曲直分为曲杆、直杆和折杆;按照横截面的形状大小来分,区别为变(动)截面杆,(相)等截面杆。本书只研究等截面的直线轴线杆,简称“等直杆”。

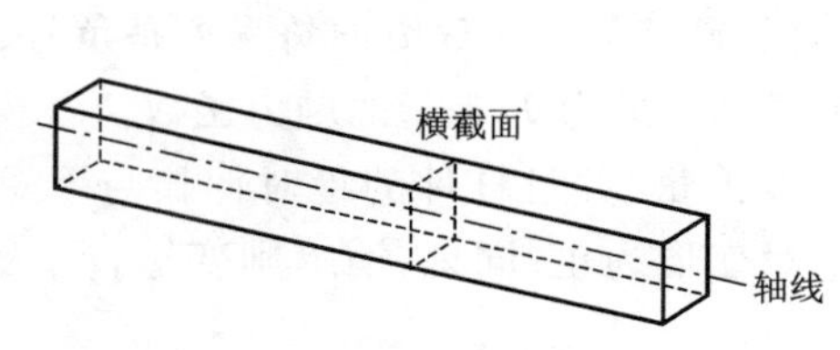

图 1 - 2　杆件及其几何参数

图 1 - 3　北京展览馆正门外各种体

1.2.2　杆件变形的基本形式

为了方便地判明荷载作用后构件的变形形式与方向,这就需要搬出研究对象是等直杆的模型,使得杆件的轴向、横截面方向与荷载方位对接,以便大体判断出杆件变形前后的变化。本节的任务就是针对杆件的加力方位,判别变形特征,命名杆件发生的基本变形。

设计图上有简化的荷载,其形式有:集中力、分布荷载和力偶;设计图中还研究了对象杆件,抽象的对象力只有强加在具象的杆件上并使之发生变形,才能显示出来。人们将荷载方式对杆件方位进行轮流组合,便能逐一分析其变形的不同特点,进而量测、计算。

依据辨识出来的不同的变形形式,每一种变形又有不同的变形方向,这种在同一种变形里的不同的变形方向,恰好以相关参数的正负号加以区别,总之,杆件的内力、变形的方向是适配的。

图 1 - 4 所示为手拉绳索,绳索受拉伸变形。观察一下剧场内的各种构件(见图 1 - 5),发现立柱受压缩变形;梁受到弯曲;曲梁还有部分长度受扭转作用;当然,梁主要发生弯曲变形。这是 20 世纪 70 年代中期全省青少年文艺会演,作者当门卫时所画。

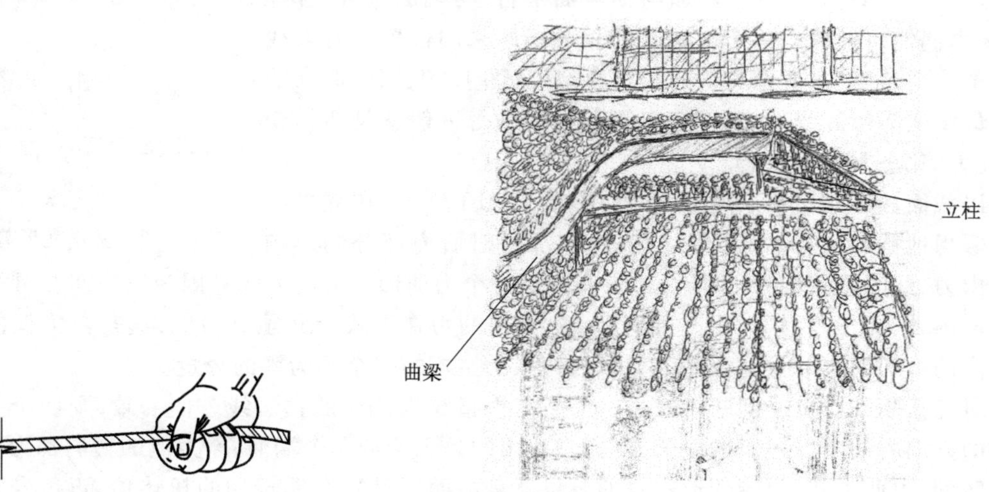

图 1 - 4　绳索被手拉动

图 1 - 5　剧场内各个受力构件

1. 轴向拉伸和压缩

荷载是集中力，力的作用线与轴线重合，作用点在杆的两端，以平衡计，如果力的指向是出端面，即力朝着端面正法线方向，则杆件在轴向伸长；反之，杆件缩短，这就是轴向拉伸和压缩的标准模型（见图1－6，图中虚线表示变形后位置），或称典型的拉压变形。例如，电梯的缆索一般受拉伸作用，电杆柱在无风气候条件时一般是压缩，此为“第一种基本变形”，如拉抻衣服。

拉伸与压缩变形的内力是轴力，内力皆用截面法求出（见图1－7）。假想地截断杆只研究一部分，去除部分对研究部分的影响在力学看来就是内力，标注这个内力为 F_N，将此截面正法线方向的指向定为内力的正号，表示拉伸，反之，内力指向此截面的负法线方向符号便是负号，表示压缩。最后，列写研究对象的平衡方程并求解，便可得到以外力 F 表示的轴力函数。

用杆件在轴线方向的伸长与缩短来表示拉伸与压缩变形量，并且杆件的绝对伸长与缩短量同内力的正负相适应，拉伸则伸长，就是 F_N 为正时，绝对变形为正；同理，压缩则变短，F_N 为负时，绝对变形为负。

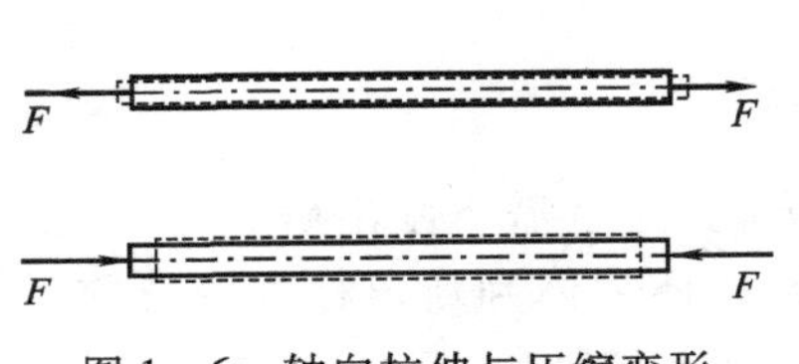

图1－6 轴向拉伸与压缩变形

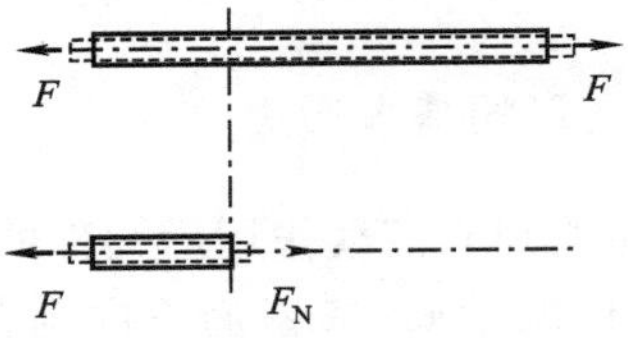

图1－7 截面法求拉压杆的内力

2. 剪切

荷载是集中力，力的作用线与轴线垂直，计及平衡，作用点在杆的两侧并且靠近，杆件的变形是力的作用线之间部分材料的滑动位错，即材料在横截面内朝着力的指向运动，这就是剪切的标准模型（见图1－8，图中杆件虚线表示变形后位置）。例如，建筑工地上钢筋錾子的原理、剪刀原理皆是剪切，此为“第二种基本变形”。

另外，分布荷载与杆轴垂直，也能引起非典型的剪切变形。

图1－8 基本变形剪切

3. 扭转

荷载是力偶，力偶的作用面与横截面平行、与端面重合，杆件平衡，力偶使得杆的每一个横截面都相对于原来的位置绕着轴线转动了一个角度，这就是典型的扭转模型（见图1－9，图中原来的圆柱母线变为螺旋线）。卡车底盘下的传动轴等一般就是扭转变形，此为“第三种基本变形”。

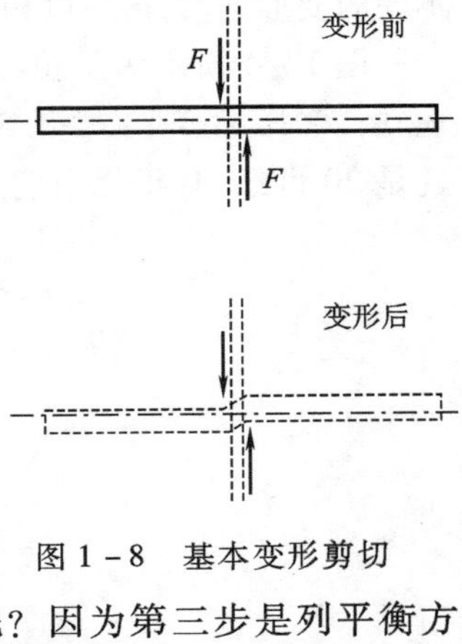

以截面法来求解杆件中的内力，如图1－10所示，在欲求内力处假想地截断，研究一部分，除去的那部分对研究部分的影响便是内力，此时是扭矩 T，为什么可以断定是一个力偶形式的内力呢？因为第三步是列平衡方程求出内力，而与外力（此时是外力偶 M）平衡的力在形式上必须是力偶，这是由力偶的性质所决定的。扭矩实际上是截面上分布内力系的主矩的一个不为零的分量。

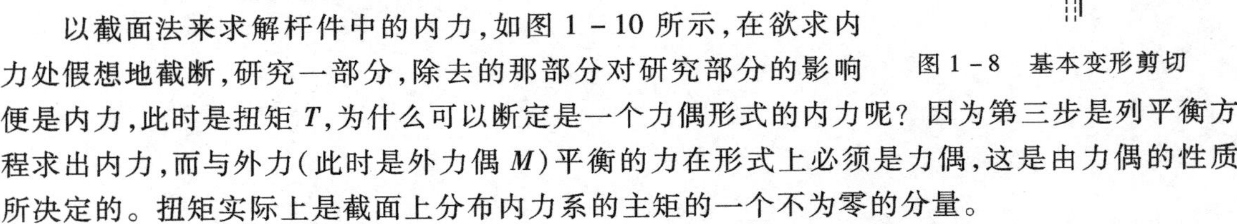

研究扭矩的正负号问题，伸出右手，使大拇指与该截面的正法线方向一致，则四个手指头转动的方向就规定为扭矩的正值方向，它指出的是无论从哪个端面看，力偶的转向都为逆时针方向转动，由此可知，扭转变形本身的参量就是端面所见随力偶转动的扭转角，正负号与内力的扭矩一致。

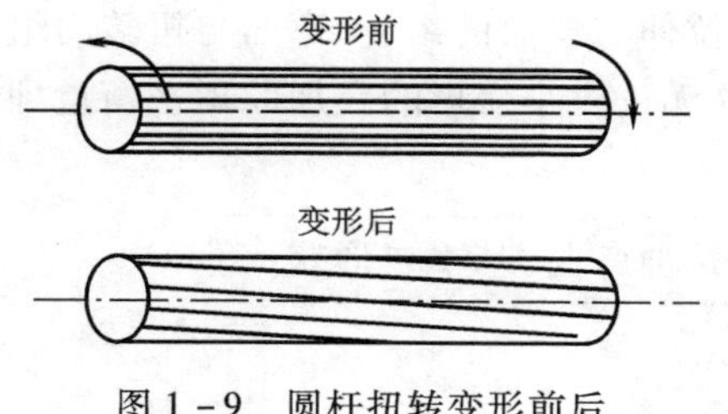

图 1 - 9　圆杆扭转变形前后

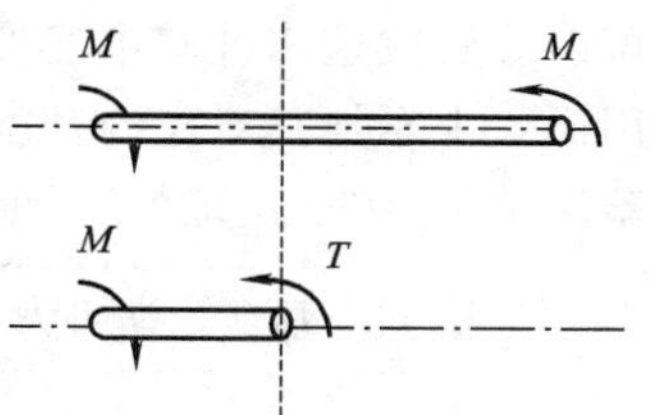

图 1 - 10　扭转变形的内力扭矩

4. 弯曲

荷载是力偶，力偶的作用面与轴线所在的杆的纵向平面重合，作为平衡受力，作用位置在杆的两端，使得直杆的直轴线变成弯曲的轴线，而且每一个横截面相对于原来的位置绕着与轴线正交的轴转动了一个角度，即转动方向与力偶转动相协调一致，这就是标准的弯曲，即纯弯曲模型（见图 1 - 11）。譬如，床沿、桥梁、房梁、车架大梁等等，都是弯曲的例子，此为“第四种基本变形”，体操中的单杠受力也是一例。

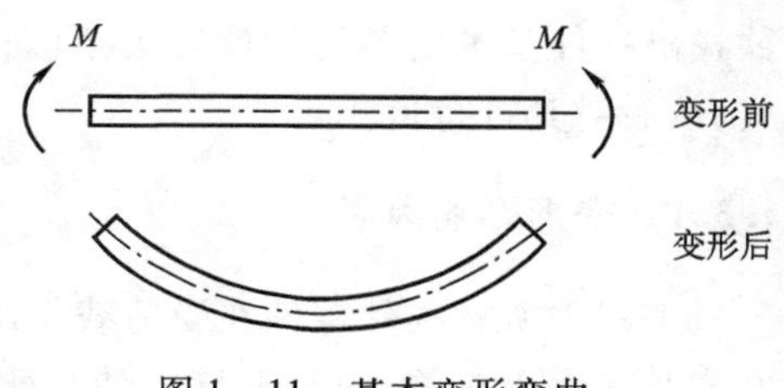

图 1 - 11　基本变形弯曲

一般情况下，存在两个内力，一个是“剪力”，一个是“弯矩”，这取决于用截面法计算出来的内力的形式和大小，在内部截面内，切线方向的内力自然就是剪力，因其使得材料在横向（正交于轴线方向）错动，而作用面在包含轴线在内的纵向面内的力偶形式的内力就称为弯矩，弯矩使原来的轴线变形后成为曲线。图 1 - 11 所示杆中的内力只有弯矩，没有剪力，故取名为纯弯曲，可称为典型的弯曲，例如弯臂力器。

弯曲变形的内力使得杆件发生的变形可有不同方向，同拉压、扭转变形类似，也以内力的正负号来标明此方向的不同，剪力的正负号这样标定：内截面上的剪力若对材料形成顺时针方向的转势，规定为正剪力，反之为负。弯矩的正值是指该弯矩将水平放置的杆件的直轴线弯成凹向上的曲线者，反之为负。

图 1 - 12 是典型的杆件基本变形的示意图。

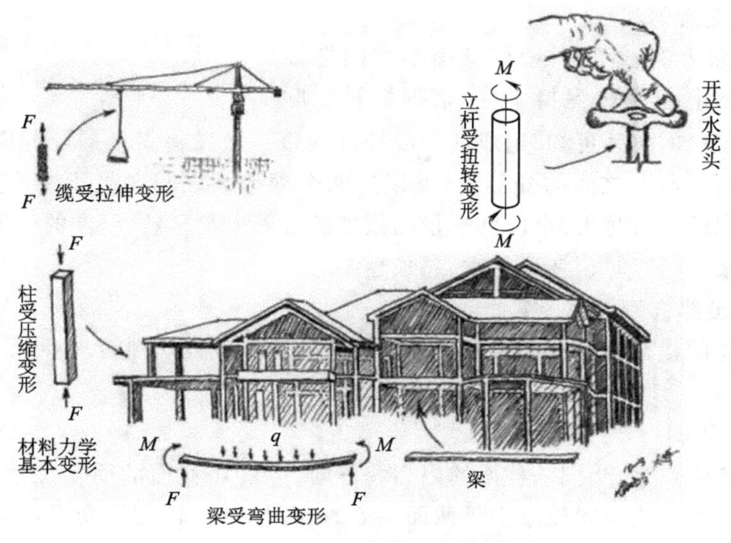

图 1 - 12　典型的基本变形

复杂变形可以分解成这四种基本变形，例如，拉伸与弯曲的组合、弯曲与扭转的组合等，就是根据外力作用形式来累加其对应的基本变形，这无论以小变形的叠加原理来衡量理论，还是以实际测量来验证结果，都是正确的。

拉伸与压缩，剪切为第二，扭转加弯曲，基本变形获。

1.3 杆件变形影响参数及基本变形量

变形位移参数是材料力学研究的主要目标之一。对各种基本变形定性地提出解算方案。欲找出杆件基本变形的计算公式，须先分析其变形的影响因素，即经试验验证，列出定性表达式，然后对其进行量化。

1.3.1 变形影响因素

工程中所有构件零件在受荷载作用后，皆会发生变形，其变形的形式及大小，与荷载作用方式及其大小有关，同时也与材料本身的变形能力有关。

1. 从内力状况观

由内力分析可知，一般杆的横截面上可能存在三个内力主矢分量和三个内力主矩分量，它们由截面法确定，如图 1－13 所示。

显然，内力的形式和量值是一个影响因素，因为，对应于以上 6 个广义内力分量，在材料内部存在发生相应方向的变形，且变形量与内力成正比关系——这一点已由实践所证明，例如，轴力 F_N 越大，杆件在 x 轴向变形也越大，可以用身边的任何材料试试；扭矩 T 越大，圆柱的扭转角也越大；弯矩 M 越大，横截面的偏移也越大，这便是第一个影响因素，压力越大，反弹越大。

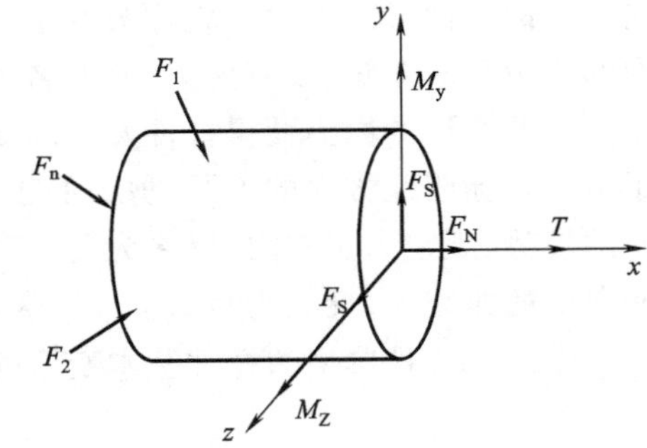

图 1－13 一般杆件任意一段受外力、内力情况

2. 从杆件长度侧向观

仍以拉伸压缩为例，若在一根横截面不变的杆件中，其只受轴力作用，且轴力保持不变，根据材料变形量与相关内力成正比的关系可知，组成这一段杆件的每一微段将发生同等程度的变形，这样，欲求此段当中某两个截面之间的变形量，就以这两个横截面之间各微段变形量的累加得来。故两个横截面之间的距离越大，微段变形量的累加值也越大。显然，杆件的长度成为所求变形的第二个影响因素，杆长越大，变形越大，越长越柔。

3. 从杆件长度纵向观

根据杆件本身的横截面形状和尺寸的不同可分两种荷载方式判断，一种是轴向力，另一种是力偶。

（1）轴向力作用

可以很容易地觉察到，当同一截面的内力相等时，改变该截面的面积尺寸，使该截面的面积较小或该截面的形状为材料较集中于截面中心时，杆件产生较大的变形。其原因在于以下判断，若视杆件由轴向的基本材料纤维组合而成，虽然材料不变，不同的材料纤维条数接受同样内力,则数量少者变形大,数量多者变形小,而截面小则条数少,截面大则条数多,这已经由前述 1.3.1 中第 1 点证实,或比作异曲同工。

(2)力偶作用

在扭矩 T、弯矩 M 不变的情况下,保持横截面形状不变,当横截面面积增大时,则变形减小,简单说,加大尺寸就能减小变形。当保持横截面面积不变时,选用材料相对于形心分布不同的截面,就会出现:材料纤维较集中时,即材料围绕形心较为紧密时,作用在材料上的内力元所集合构成的内力矩值,或称内力系向截面形心等效简化的主矩,其欲保持与此横截面上与外力平衡应承受的内力主矩相等,则依照力偶等效原理,一个力偶要保持其力偶矩不变的前提下,力偶臂缩短必然带来力矢的加大,则自然引起内力元加大以抵消内力偶臂的较短带来的内力矩值降低。内力元加大,由前述 1.3.1 中第 1 个影响因素推断,无疑增大了变形。所以,存在一个包含了横截面面积和形状的截面几何特征量,就是杆件变形的第三个因素,越粗越牢。

4. 从材料本身性质观

在通常条件下的材料的抗力变形特性是由其本身的物理结构所赋予的,又称材料的"本构"。因而,影响杆件变形的另一个重要因素就是材料质地本身。材料力学实验说明,描述材料力学特征的弹性模量 E、切变模量 G 数值越大,则弹性变形就越小。两根外形一样的杆件,受同样的荷载作用,但杆件所用材料不同,则弹性模量、切变模量数值小的一根的变形会大于另一根,人们的常识是木质比钢质容易变形,实测的结果是木质的 E 小于钢质的 E。材料弹性模量、切变模量是最后一个影响因素,它们就是材料的刚度。

综上所述,影响杆件变形的因素有:广义内力(力、力偶)、杆件长度、横截面系数(尺寸及形状)和材料弹性常数(弹性模量、切变模量)。

1.3.2　刚度条件的建立

刚度是指材料杆件在弹性阶段抵抗变形的能力,仿照强度条件,刚度条件用来限制杆件的最大变形。根据杆件受荷载作用后的具体变形形式,视杆件在工程结构中的功能状况,并参考材料自身刚度特性,各有关行业、专业,甚至各种具体的杆件,制订有不同的允许变形的程度范围,一般地以变形的允许值或许用变形量来规定具体值,刚度条件可列为如下表达式:

$$H \leqslant [K]$$

式中:H——杆件工作时的最大变形或最大相对变形;

K——许用变形量或许用相对变形,其中中括号表示许用值含义,即允许发生的最大值。

对于不同的基本变形,上式可写成对应的具体公式。此条件最通常的一个应用是校核已知杆件的刚度是否满足规定的许用刚度的要求,首要的计算便是工作时杆件的最大变形量或最大相对变形量。

1.3.3　杆件各种基本变形的公式

为了填充刚度条件里的具体参数,需要具体变形具体分析,下面就分四种基本变形来陈述。

1. 拉伸与压缩

拉伸与压缩的变形问题讨论最早见于集科学家、工程师、力学家等荣誉称谓于一身的英国人罗伯特·胡克(1635—1703),杆件的外力使得杆件在轴向伸长或缩短,胡克便根据前人和

自己的实验结果,归纳出典型拉压变形具体的表达式:

$$\Delta l = \frac{F_N l}{EA}$$

式中:Δl——杆件变形后的伸长或缩短量,从轴线方向量取,即轴向绝对变形,m;

F_N——杆件的横截面上的轴向内力(轴力),N;

l——杆件原来的轴线长度,即变形前的长度,m;

E——杆件材料具有的弹性模量,Pa;

A——杆件横截面面积,m^2。

F_N 以截面法依照平衡方程求出,它是横截面上分布内力系的主矢的轴向分量,杆件的横截面上的轴向内力增加一倍,变形增加一倍;杆件原来轴线长度增加一倍,变形增加一倍;E 为横截面处单位面积上的轴力 F_N/A 与轴线方向上单位长度的变形量 $\Delta l/l$ 之比值,前者指横截面上单位面积上所受到的法向内力,后者指单位杆长所发生的变形,同一材料此值一样,不同材料此值不同,弹性模量增加一倍,则变形减少一倍;注意到 A 垂直于轴线,可以想象它是材料的纵向纤维的排列宽广度,横截面面积越大,承受力的纵向纤维越多,每一根纤维的承力数量就减少,如横截面面积增加一倍,变形就减少一半。

2. 剪切

剪切变形是材料的切向滑错的宏观表述,由于同等条件下其量值相对微小,一般忽略不计。

3. 扭转

杆件的横截面呈现圆形,外力偶作用使得杆件每一个横截面绕圆心轴转动,转动方向顺从外力偶方向,典型的两头扭转时,也是内力扭矩的转向,很明显,扭转的变形衡量某个横截面原来位置转过的角度,或者对于典型的扭转,测量杆件两个端面相对的扭转角度即可。根据前人的实验结果,归纳出典型扭转变形具体的表达式:

$$\varphi = \frac{Tl}{GI_p}$$

式中:φ——杆件变形后的两个端面的相对扭转角,rad;

T——杆件横截面上的内力,N·m;

l——杆件轴线原来长度,即变形前的长度,m;

G——杆件的材料具有的切变模量,Pa;

I_p——直径是 d 的圆形杆件横截面的极惯性矩 $I_p = \int_0^{d/2} 2\pi\rho^3 \mathrm{d}\rho$,其是横截面的几何性质量,$m^4$。

T 是一个力偶形式的力,以截面法依照平衡方程求出,是横截面上分布内力系的主矩的轴向分量(作用面就在横截面上),横截面上的内力增加一倍,变形就增加一倍;杆件轴线原来长度增加一倍,变形就增加一倍;G 即横截面处单位极惯性矩上的内力(扭矩)T/I_p 与轴线方向上单位长度的变形量(扭转角)φ/l 的比值,它增加一倍,则变形就减少为之前的 1/2;I_p 用来说明面的分布状况,以横截面上微小面积乘以其到圆心的距离的平方并全截面范围求和来度量,直径越大此量越大,而且在横截面积不变的情况下,材料分布越是远离圆心此量越大,注意到此量是与扭矩 T 在横截面内的转动性质是相对应的。

4. 弯曲

先看杆的“纵向对称面”的概念,如果杆件每一个横截面都存在一根对称轴,则将每一根对称轴沿杆轴方向连接成的面就是纵向对称面。再看“对称弯曲(平面弯曲)”的概念,当杆件的两端作用有外力偶,外力偶作用面与杆件的纵向对称面重合,这时便发生对称弯曲,本书只讨论对称弯曲。进一步地看“横力弯曲”的概念,如果经过截面法求解后,杆件横截面上存在两种内力,即剪力和弯矩,则称此时的弯曲为横力弯曲,顾名思义,是存在横向力的弯曲,也即剪力弯曲,剪力在横截面的切线方向,它使材料向切向位移,为杆件的整体的横向位移提供微小分量的贡献。杆件的整体弯曲的主要推手是每一个横截面上的弯矩。每一个横截面的弯矩使得杆件在此处绕与轴线正交的转轴转动,即弯矩与“转角”同轴,自然,总体观察,杆件转动方向顺从外力偶的方向,很明显,弯曲的变形是衡量某个横截面相对于原来的位置转过的角度以及由此导致的横向线位移。根据前人的实验结果,归纳出纯弯曲变形具体的表达式:

$$\theta = \frac{Ml}{EI_z}$$

式中:θ——杆件变形后的两个端面的相对转角,rad;

M——杆件的横截面上内力,N · m;

l——杆件轴线原来长度,m;

E——杆件的材料具有的弹性模量,Pa;

I_z——杆件横截面的惯性矩 $I_z = \int_A y^2 \mathrm{d}A$,m^4。

M 是一个力偶形式的力,力偶的作用面就在纵向对称面上,以截面法依照平衡方程求出,它增加一倍,变形增加一倍;l 为变形前的长度,它增加一倍,变形增加一倍;E 为横截面处单位惯性矩上的内力(弯矩)M/I_z 与轴线方向上单位长度的变形量(转角)θ/l 的比值,其值也是该材料拉压时的 E,它增加一倍,变形则减少一半;I_z 是横截面的几何性质的量,说明面的分布状况,以该面任意微小面积乘以其到该横截面弯曲时转轴的距离的平方并全截面范围求和来度量,尺寸越大此量越大,而且在横截面积不变的情况下,材料分布越离转轴此量越大,它增加一倍,变形则减少一半,并注意到它与弯矩 M 转动的轴同轴。使用材料相差无几的实心杆、空心杆或其他形状截面杆的变形量值的区别往往就体现在 I_z上。

描述杆件横截面横向线位移的变形量将在后面的内容中详细叙述。

变形参量还有其他作用,由于能够计算变形,则在分析超静定(静不定)问题时,可以考虑以变形方面的等式充作补充方程,为解决此问题提供手段。

典型变形与内力成正比,杆长成正比,刚度成反比,截面面积成反比。

1.4　几种变形的量值比较

虽然四种基本变形的位移方向不同,同一量值的变形可能处于自身整个变形过程的不同程度位置,并没有大小的可比性,但是,作为荷载值相近的条件,将它们引起的不同的变形形式的量值拿来对比,也能使人们得到直观的、感性的认识。

取一根圆形截面杆件,赋予它不同的材料、不同的荷载作用方式,然后计算相应的变形值,以得到对一般工程中常见的几种材料所制杆件，在相同的其他条件下产生变形大小的比较。

圆杆外形尺寸是：长为 $l=1$ m，直径 $d=5$ cm，因此横截面面积 $A=19.625\ \text{cm}^2$。

外加荷载分别是：①典型拉伸时，拉力 $F=100$ N；②典型扭转时，外力偶 $M_e=100\ \text{N}\cdot\text{m}$；③典型弯曲（纯弯曲）时，外力偶 $M_e=100\ \text{N}\cdot\text{m}$，与扭转时的值相同。

圆杆材料分别是：①低碳钢 Q235，弹性模量 $E=210$ GPa，切变模量 $G=80$ GPa；②铝合金 LY12，弹性模量 $E=71$ GPa，切变模量 $G=26.691\ 7$ GPa；③木材（顺纹），$E=10$ GPa（取上限）。

1.4.1 圆杆拉伸变形

由胡克定律计算，公式为：$\Delta l=\dfrac{F_N l}{EA}$。

1. 低碳钢的伸长

将低碳钢的具体数据代入公式，有

$$\Delta l_s=\frac{100\times1}{210\times10^9\times19.625\times10^{-4}}\ \text{m}=0.024\ 26\times10^{-5}\ \text{m}=0.242\ 6\times10^{-3}\ \text{mm}$$

2. 铝合金的伸长

将铝合金具体数据代入公式，有

$$\Delta l_a=\frac{100\times1}{71\times10^9\times19.625\times10^{-4}}\ \text{m}=0.071\ 77\times10^{-5}\ \text{m}=0.717\ 7\times10^{-3}\ \text{mm}$$

3. 木材的伸长

将木材具体数据代入公式，有

$$\Delta l_t=\frac{100\times1}{10\times10^9\times19.625\times10^{-4}}\ \text{m}=0.509\ 6\times10^{-5}\ \text{m}=5.096\times10^{-3}\ \text{mm}$$

1.4.2 圆杆扭转变形

由扭转角公式 $\varphi=\dfrac{Tl}{GI_p}$计算变形，其中 $I_p=\dfrac{\pi d^4}{32}=\dfrac{3.14}{32}\times5^4\ \text{cm}^4=61.328\ 1\ \text{cm}^4$。

1. 低碳钢的相对扭转角

将低碳钢具体数据代入公式，有

$$\varphi_s=\frac{100\times1}{80\times10^9\times61.328\ 1\times10^{-8}}\ \text{rad}=0.020\ 38\times10^{-1}\ \text{rad}=0.116\ 8^\circ$$

2. 铝合金的相对扭转角

将铝合金具体数据代入公式，有

$$\varphi_a=\frac{100\times1}{26.691\ 7\times10^9\times61.328\ 1\times10^{-8}}\ \text{rad}=0.061\ 09\times10^{-1}\ \text{rad}=0.350\ 2^\circ$$

1.4.3 圆杆纯弯曲变形

圆杆置于直角坐标中，使圆杆的左端截面放在坐标原点，杆轴线与 x 轴重合，并使该端截面变形时始终保持其切向与竖直轴重合（见图 1－14 ）。可以计算杆的转角和挠度（横截面横向位移）坐标下的公式分别是 $\theta=\dfrac{M_e l}{EI_z}$，$w=\dfrac{M_e l^2}{2EI_z}$，其中 $I_z=\dfrac{\pi d^4}{64}=\dfrac{3.14}{64}\times5^4=30.664\ 1(\text{cm}^4)$。

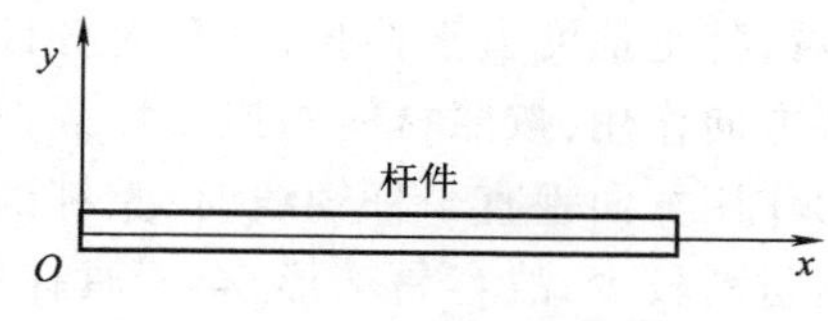

图 1－14　以坐标来度量弯曲位移

1. 低碳钢的转角、挠度

将低碳钢具体数据代入公式，有

$$\theta_s = \frac{100 \times 1}{210 \times 10^9 \times 30.664\ 1 \times 10^{-8}}\ \text{rad} = 0.015\ 53 \times 10^{-1}\ \text{rad} = 0.089°$$

$$w_s = \frac{100 \times 1^2}{2 \times 210 \times 10^9 \times 30.664\ 1 \times 10^{-8}}\ \text{m} = 7.764\ 6 \times 10^{-4}\ \text{m} = 0.776\ 5\ \text{mm}$$

2. 铝合金的转角、挠度

将铝合金具体数据代入公式，有

$$\theta_a = \frac{100 \times 1}{71 \times 10^9 \times 30.664\ 1 \times 10^{-8}}\ \text{rad} = 0.045\ 93 \times 10^{-1}\ \text{rad} = 0.263\ 3°$$

$$w_a = \frac{100 \times 1^2}{2 \times 71 \times 10^9 \times 30.664\ 1 \times 10^{-8}}\ \text{m} = 0.022\ 97 \times 10^{-1}\ \text{m} = 2.297\ \text{mm}$$

3. 木材的转角、挠度

将木材具体数据代入公式，有

$$\theta_t = \frac{100 \times 1}{10 \times 10^9 \times 30.664\ 1 \times 10^{-8}}\ \text{rad} = 0.326\ 1 \times 10^{-1}\ \text{rad} = 1.869\ 4°$$

$$w_t = \frac{100 \times 1^2}{2 \times 10 \times 10^9 \times 30.664\ 1 \times 10^{-8}}\ \text{m} = 0.163\ 1 \times 10^{-1}\ \text{m} = 16.31\ \text{mm}$$

1.4.4　结果的分析和综合比较

将以上结果放到一个表格之中，观察起来方便快捷，如表 1－1 所示。

表 1－1　杆件三种材料、四种变形量的数据比较

材料＼变形参数及单位	轴向拉伸/mm	扭转角/(°)	转角/(°)	挠度/mm
低碳钢 Q235	0.000 242 6	0.116 8	0.089 0	0.776 5
铝合金 LY12	0.000 717 7	0.350 2	0.263 3	2.297 0
木材(顺纹)	0.005 096 0	…	1.869 4	16.310

全面观察，抗变形能力排序是，低碳钢最强，木材最弱，将这一性质称为材料的刚度，越易变形，刚度越低，所以，此处低碳钢刚度最好，木材的刚度最差。

以外力偶对应的变形观察，扭转角一般都大于转角，此两角是分别在竖直平面和纸平面内的。由于作用面在纸面内的力偶影响的是正交于纸面的杆件的扭转变形，该变形多在空间力系的结构中讨论。鉴于扭转变形较易发生，一些坦克的悬挂减震系统就是采用受扭方式的杆，许多汽车的悬挂采用弹簧系统，这是在重量较轻的防震问题中采用的，细部观察，弹簧的实质仍然是扭转。

从拉伸长度和挠度因素来看，都是挠度大于伸长，这是由杆件外形特征所引起的差异，可以判断拉伸或压缩时，力沿轴线方向作用，按照材料的连续性假设，直接使全杆的材料颗粒分离或挤紧，似乎更为困难。而力作用方向垂直于杆轴线时，整杆的轴线由直线变成曲线，卷曲方向恰是横截面的切向，此方向材料较少，故容易变形，至于具体的变形机制，后面即将讨论。正是由于弯曲使得杆件直变曲，产生较大尺寸的变形量，无论在工程中还是在日常生活中，人们有必要将其对物件正常工作的影响加以考核，建立计算标准，控制杆件的刚度。基于这种重要性，后面内容的注意力更多地放在弯曲位移上。

在杆件系统里，包括拉伸、压缩、扭转和弯曲的数种基本变形，一般载荷情况下，弯曲变形具有相对较大的数值，因而成为系统中主要关注的变形，也就是在研究中的坐标下主要要寻找的位移数值。比如对于人的生存和物在自然界的安放而言，避开风雨雷电是其永恒的主题，因而，建筑、构筑物、机架等的建造成为必须，着眼于人类发展的走向，大空间场馆、大开间的房屋、大跨度桥梁、大吨位的船舶、大型飞机等等项目，必须配备长、大的杆件，这些杆件或杆系，许多主要承受横向载荷作用，因此，其主要具备“梁”的性质，它的强度、刚度显然就是重要的设计参数。

同种材料比，挠度遥领先，不同材质比，非金属靠前。

工程中许多构件零件除了保证其不发生强度破坏外，还应满足其受荷载作用后的变形和位移不会过大，否则可引起小至构件零件、大至机构结构的不协调适配的工作状态，导致其使用寿命缩短或最后不能工作。后面的任务就是对前面提出的杆件的弯曲基本变形进行解算。

硬汉受屈泪里泣，钢铁受力也弯曲，若知变形有几许？三大力学先材力。

1.5 一类构件受力后梁变形及梁的分类

工程中许多构件零件经常或主要经受弯曲变形，例如，图 1－15 所示的车床主轴，若其变形过大，即弯曲太甚，则不仅会影响齿轮的啮合和轴承的配合，造成磨损不匀，产生噪声，降低寿命，而且还会影响加工精度。工程实践中，也常常因相关问题导致事故发生。

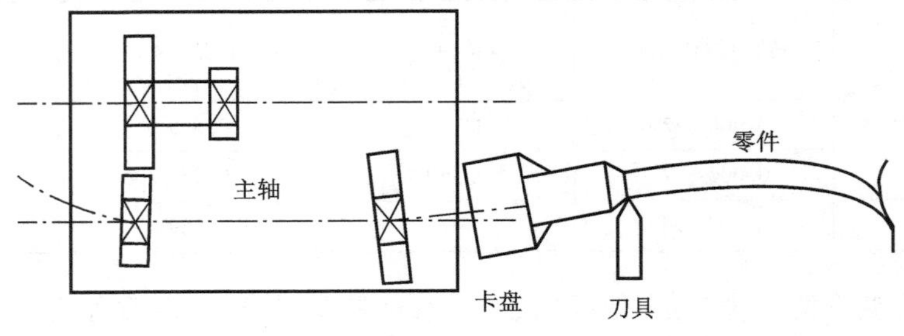

图 1－15 车床加工示意图

再以图 1－16 所示吊车梁为例，当变形过大时，将使梁上起重小车行走困难，出现爬坡现象，而且还会引起梁的严重振动。这些情况中都要求变形不能过大。

另一些情况中，弯曲变形又常被利用，起到某种作用。图 1－17 所示卡车轮轴悬挂的叠板弹簧，希望有较大的变形，才可更好地起到缓冲减振作用。

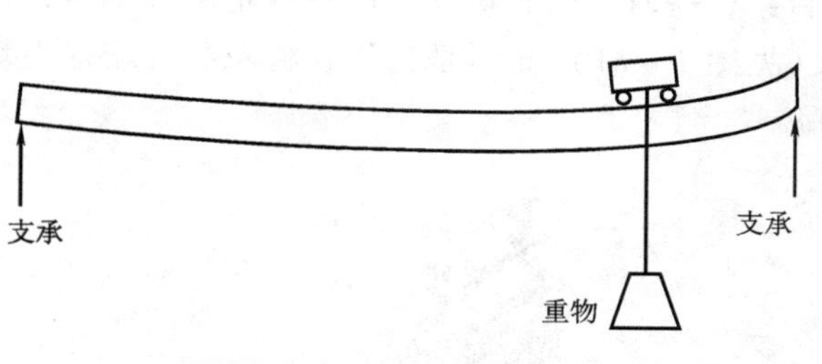

图 1－16　吊车梁工作状况

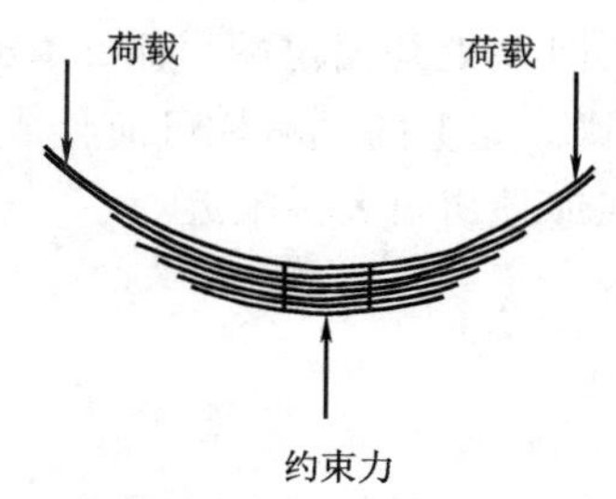

图 1－17　卡车轮轴处叠板弹簧示意图

1.5.1　梁指的是哪些构件

为了研究交流方便，给具有与上例相似的构件取统一的名称，将主要经受弯曲变形的构件称为“梁”。生活里工程中最为人们熟悉的梁是桥梁、房梁、车体的边梁、车桥等，许多情况下，杆件中只要能找出前述引发弯曲的荷载，它就存在弯曲变形，即梁。不管是哪一种梁形，从结构中脱开后都可以归纳到以下的梁型中。

1.5.2　梁的分类

工程中，人们将梁按照结构不同进行了分类讨论，主要区分为简单梁和连续梁两大类，当然，也会有依照受力特点、求解方法等的区别而编制其他分类。

1. 简单梁

简单梁就是支承少而简单的杆件，包括简支梁、悬臂梁和外伸梁亦称基本梁。

(1)简支梁

简支梁是指简单支承的梁，杆件两端分别以固定铰支座和可动铰支座来约束(见图 1－18)，许多桁架桥梁整体而言便是简支梁，这是因为钢材料的热胀冷缩物理特性使户外的桥梁随季节变化长度变化量较大，桥梁与桥墩的连接一般用光滑圆柱销支座与辊轴支座结合的方式，以利于较容易改变尺寸的钢梁与较难改变位置的桥墩之间的有效约束，而又不至于扣得太紧。乡村简支梁桥如图 1－19 所示，一些卡车底盘的边梁也可作为简支梁的例子。

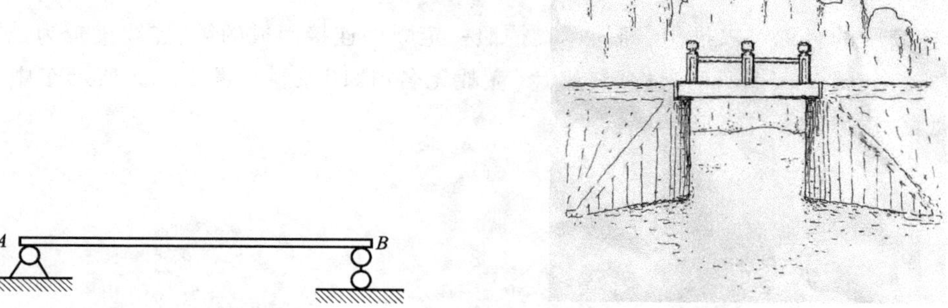

图 1－18　简支梁

图 1－19　乡村简支桥梁

(2)悬臂梁

顾名思义，悬臂梁像人们平举手臂时的形式(见图 1－20)，A 处是手掌位置，B 处则是前臂与躯干连接处，工程中的悬臂梁在此处的约束，机器里往往是焊接，房屋建筑中是混凝土整浇成形，即 B 处是固定端。侧面看到的阳台梁，一些挂衣钩，机器里的一些把手等都可以简化成悬臂梁。船上的风帆柱可简化成悬臂梁（见图 1 – 21），此图是当年在桃花公社赣江大堤上所作，现址是朝阳大桥附近。

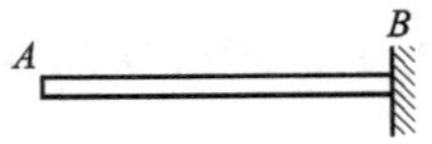

图 1 – 20 悬臂梁

图 1 – 21 当年速写赣江上的帆船

（3）外伸梁

外伸梁在外形及构造上就是由简支梁的支承位置改变而成的，即将固定铰支座和可动铰支座同时向梁内移动，也就是使梁的两端伸出，故名外伸梁（见图 1 – 22）。为了准确区别，如果梁是一端外伸，则称为一端外伸梁，可分为左、右端外伸梁等。此种两排轮卡车底盘的边梁可简化成外伸梁（见图 1 – 23）。

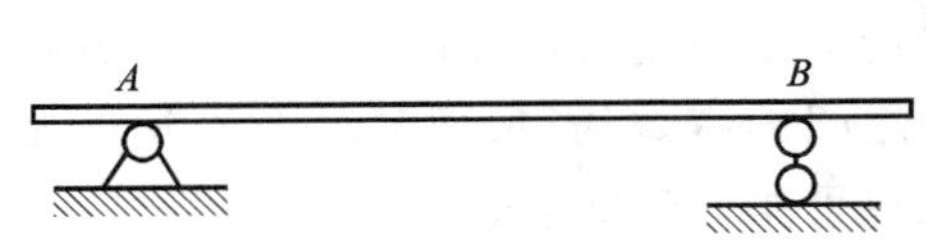

图 1 – 22 外伸梁

图 1 – 23 两排轮卡车的边梁可简化成外伸梁

2. 连续梁

从连续梁的名称可以推想，即简单梁按照一定顺序连接而成的梁，连续梁较为长且可以更复杂一些。如图 1 – 24 所示为桥梁（影片《激战无名川》印象画），图 1 – 25 所示车中有车桥边梁，侧面看，三排轮子对应三个支承。

图 1 – 24 桥梁–连续梁

图 1 – 25 车桥边梁–连续梁

(1)静定连续梁

静定连续梁指多个简单梁连接后仍然可由静力平衡方程求解出所有约束反力的连续梁。该梁没有多余约束,施工过程较为简单,适用于近似拼装方式,例如,大量的高铁桥梁便是采用这种梁形。

(2)超静定连续梁

超静定连续梁指多个简单梁连接后不能由静力平衡方程求解出所有约束反力的连续梁。显然,此时梁中出现了多余约束,即"过定位"情形,梁的强度得到加大,并使得梁从变形控制角度更加得到加强,这无疑对控制振动是有利的,因而大量的桥梁采用超静定梁形,以适应各种交通工具的振动并给车辆以类似于硬性土地面的路况,如大多数公路桥。

梁的其他分类还有主梁、副梁(辅梁)区别,一般先行建造主梁,然后再建副梁,并不是完全地从体量和作用大小来论。

轴线变弯曲,就是梁定义,简单梁三种,连续梁十里。

各型各类的梁的承载能力的一般计算,首先应给定主动荷载,通过梁与外界的约束关系,可以利用静力学的方法对约束反作用力进行计算,在确定约束反力后,则继续采用截面法对梁这一变形体进行"切割"分析,即假想地"截断"变形体,形成一个内外的界面,以暴露"截断"处的变形体内部的力,对研究对象的分离体进行力学分析,用静力平衡原理,求出"断口"处的内力——变形体内部的、反抗外力的力,理论分析和实践表明,约束反力与梁所受到的外载荷成正比关系,无独有偶,内力也与外载荷成正比关系。甚至工程中已有的常用的各型梁弯曲时的曲率也与内力之一的弯矩成正比关系。

从美学角度,梁很"靓",以下只是集中精力来一探梁的变形位移之媚。

1.6　弹性曲线中挠度与转角的数学关系

梁在载荷或其他因素作用下发生变形后,实验和理论分析皆表明,在小变形的前提下,原来是直线状态的轴线,变形后仍然保持为一条连续、光滑的线,当然,此时已经成为一条曲线,称为"弹性曲线"或"挠曲线"。

1.6.1　轴线横线挠度　截面转动转角

若将梁变形前的轴线放置于直角坐标架下的 x 轴上,则此时梁横截面的法线与 x 轴重合,而其切线则在与 x 轴正交的 yz 轴所构成的平面内,如果考虑到现研究在 xy 坐标下的对称弯曲(平面弯曲),此横截面切线便与 y 轴是平行的关系。通过观察一下筷子受力偶作用变形的发展可知,在不同的 x 坐标位置上的横截面都发生了不同的"转角" θ,由于轴线的连续性,此转角可以写为方程:$\theta=\theta(x)$,即转角是自变量 x 的函数(见图1-26,点画线表示某个横截面的法线)。

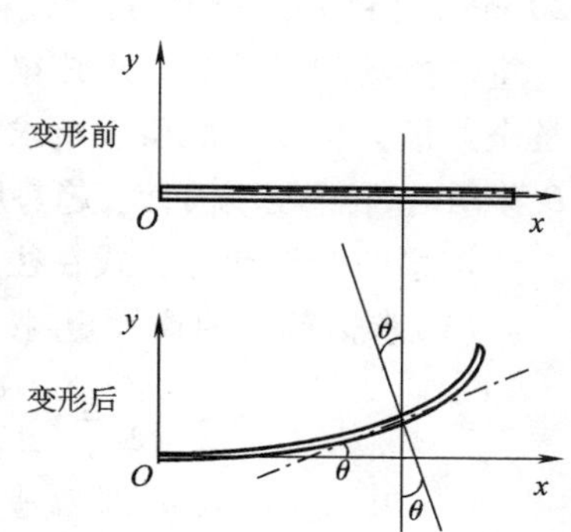

图1-26　横截面的法线切线变形时划过的转角

又注意到轴线与横截面的正交关系,横截面转过的角度 $\theta(x)$ 其实就是变形前的轴线(直线)与该横截面位置的挠曲线的切线所夹的角度(图1-26中

点画线与 x 轴的交角)，这是因为挠曲线的切线就是该横截面的法线，此法线又始终与横截面的切线正交。这就表明了一个事实：某横截面以其切线衡量所划过的转角 $\theta(x)$，就是该横截面以其法线衡量所划过的转角。

在工程话语中，“挠度”一般写成 w，在数学坐标中，此时的 w 就是因变量 y，以 $w(x)$ 来描述某一横截面的挠度，即梁轴线在横截面的切线方向的、变形前后的位移，考虑到挠曲线是一条极其平坦的曲线，可得到挠度与转角之间的关系：$\frac{\mathrm{d}w(x)}{\mathrm{d}x}=\tan\theta(x)$，即曲线 $w(x)$ 的斜率定义。

在小变形条件下，有：$\tan\theta(x)\approx\theta(x)$，于是，得到挠度与转角之间的简单关系：$\frac{\mathrm{d}w(x)}{\mathrm{d}x}=\theta(x)$。显见，挠度函数对自变量 x 的一阶导数等于转角函数。

对上式 $\frac{\mathrm{d}w(x)}{\mathrm{d}x}=\theta(x)$ 进行等效变化，有：$w(x)=\int\theta(x)\mathrm{d}x+C$。

“遗传”关系，“虫子”解之。

此式表明，转角函数的积分等于挠度函数，因为积分号外形像蚯蚓，故称为“虫子计算”。依据此直角坐标，这两个参数的正负号也便规定了下来，图 1－26 中杆件变形后的挠曲线处于第一象限，故其横截面位移 $w(x)$ 都是正值，因为其按 y 轴正向移动；同理很直观，$w(x)$ 的导数 $\theta(x)$ 也是正值，或者这样说，横截面逆时针转动时，转角取正号，反之取负 。

基于以上挠度和转角的这种关系，依照数学原理，只要这二者先找到其中一个确定的函数，便能计算出另一个函数，挠度是比转角高一次的函数。

正是由于梁的小变形、梁的轴线变形后成为一条极为平坦的曲线这一事实，梁各个横截面的转角都极其微小，其微小程度，可以参见以下紧接的算例。

挠曲线先有，求导是转角，转角先有数，积分是挠度。

1.6.2 悬臂梁的挠度转角量值有多大

悬臂梁 AB，如图 1－27 所示，梁长为 $l=1$ m，横截面为矩形，矩形高为 $h=2$ mm，宽为 $b=20$ mm，材料为低碳钢，其弹性模量为 $E=2.05\times10^{11}$ Pa，材料密度为 $\gamma=7.8$ g/cm^3，q 视为由自重产生的均布荷载。求该梁自由端的转角，也就是全梁最大转角；该梁自由端的挠度，也就是全梁最大挠度。之所以所求是全梁最大位移值，是因为左端 A 是固定端，位移为零，向右端 B 移动时，位移逐渐加大，趋势明显直观。

该梁的变形计算公式在往后的内容中有详述。

(1)求横截面的惯性矩：按照截面惯性矩公式，有

$$I_z=\frac{bh^3}{12}=\frac{20\times2^3}{12}\text{ mm}^4=\frac{40}{3}\text{ mm}^4$$

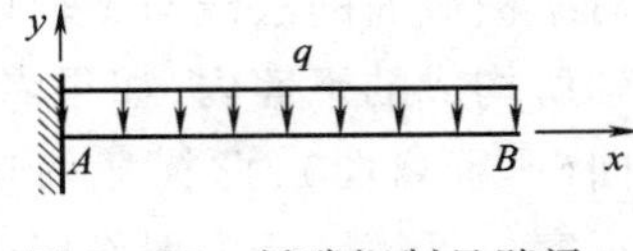

图 1－27 低碳钢制悬臂梁

(2)求均布荷载 q：因为是等截面直杆，并且横着摆放，使得重力横向作用于梁。将其总重量按梁长方向平均分布在单位长度上，可得 $q=\frac{\gamma V}{l}$。其中，V 是梁的体积，故有 $q=\frac{\gamma Al}{l}=\gamma A=3.12$ N/m。

(3)求自由端转角:其公式为 $\theta_B = \dfrac{ql^3}{6EI}$,代入具体数据得

$$\theta_B = \frac{3.12 \times 1^3}{6 \times 2.05 \times 10^{11} \times \dfrac{40}{3} \times 10^{-12}}\ \text{rad} \approx 0.19\ \text{rad}$$

将其结果变换单位,即将其变为 360°单位,有:$180/\pi = j/0.19$,$j = \dfrac{34.2}{\pi} = 10.9°$,就是 $\theta_B = 10.9°$。

(4)求自由端挠度:其公式为 $w_B = \dfrac{ql^4}{8EI}$,代入具体数据,得

$$w_B = \frac{3.12 \times 1^4}{8 \times 2.05 \times 10^{11} \times \dfrac{40}{3} \times 10^{-12}}\ \text{m} \approx 0.014\,3 \times 10\ \text{m} \approx 0.143\ \text{m}$$

从计算结果可知,无论转角还是挠度,其最大值都相对很小,此例子的最大转角只是 90°的 1/9 左右,最大挠度只是梁长度的 1/7 左右,那么,在该梁的一般位置上的变形、位移就更加小了。又由于诸梁形中,悬臂梁一头固定、一头自由,故其自由端位移较大,而其他长度方向另有约束的梁,其位移理应相比较小。

可以将此例延伸想象,静停的直升机桨叶如是,故降落后桨叶减速时,自由端将向下挠曲,并逐渐加大,人们为避免削头而低姿势快出机舱。反之,起飞桨叶快转时,自由端反而向上挠曲,空气升力托举桨叶向上,再由其拔起飞机重量而引起。

> 悬臂梁变形,以固定端为零位,去之,转角愈大;
> 挠曲线位移,设坐标架在固端,来之,挠度越小。

1.7　弯曲时的挠曲线近似微分方程及其积分法

如前所述,梁弯曲以后轴线由直线变成了挠曲线,倘若要定量地描述这种变形的程度,则可将整根曲线放在直角坐标系中描述。下面就将对梁的几何关系、物理关系和静力关系等三个方面的观察所得到的关系式综合一下,以导出梁的挠曲线方程,梁的模型是纯弯曲梁。

1.7.1　曲线曲率与弯矩的关系

经过推导,整理出梁的曲率与弯矩、弹性模量和惯性矩的关系

$$\frac{\mathrm{d}\theta(x)}{\mathrm{d}x} = \frac{M_z(x)}{EI_z} \tag{1-1}$$

其中等号左边是转角对于自变量 x 的变化率,这就是数学里曲率的定义。

1.7.2　挠曲线近似微分方程

可以在高等数学里找出曲率的表达式:$\kappa = \dfrac{w''(x)}{[1 + w'^2(x)]^{\frac{3}{2}}}$,式中分子上是挠度对自变量 x 的两阶导数,分母里也出现了挠度对自变量 x 的一阶导数,往深处分析,由于挠曲线是一条极

为平坦的曲线，w 的一阶导数较之 1 而言极其微小，故将其忽略，这样，曲率就等于挠度对自变量 x 的两阶导数，将此结果代入式(1－1)，得 $\kappa = w''(x) = \dfrac{M(x)}{EI_z}$，检查一下等号两边的正负号，是完全对应的。人们获得了"挠曲线近似微分方程"，说"近似"，是指忽略了挠度的一阶导数，这是较小一阶的无穷小。

此微分方程也可以由前面的公式 $\dfrac{\mathrm{d}w(x)}{\mathrm{d}x} = \theta(x)$ 和 $\dfrac{\mathrm{d}\theta(x)}{\mathrm{d}x} = \dfrac{M_z(x)}{EI_z}$ 直接转化而得。

梁弯曲程度，曲率记清楚，弯矩在分子，刚度于分母。

1.7.3 积分法求解梁的位移

现在的目标是在求出弯矩方程 $M(x)$、截面的惯性矩 I_z 和测量出材料的弹性模量 E 以后，计算出梁的变形，显然，问题转向求解挠曲线近似微分方程，根据微分方程一般的解法，该方程属于二阶常系数齐次微分方程，使用两次积分便能求出挠度，又根据积分原理，还需要依照实际约束的定位情况，在积分得出的原函数族中将唯一一根曲线确定下来，如此便找到了挠曲线方程(挠度方程)。

1. 积分求解转角

对挠曲线近似微分方程作一变形，有 $\mathrm{d}\theta(x) = \dfrac{M_z(x)}{EI_z}\mathrm{d}x$，对挠曲线近似微分方程积分一次，得转角方程：$\theta(x) = \int \mathrm{d}\theta(x) = \int \dfrac{M_z(x)}{EI_z}\mathrm{d}x + C$，其中 C 为积分常数。

2. 再积分求解挠度

对转角方程再积分一次，得挠度方程：$w(x) = \int\left[\int \dfrac{M_z}{EI_z}\mathrm{d}x\right]\mathrm{d}x + Cx + D$，其中 D 亦为积分常数。

积分法路数，弯矩要先出，积分是转角，再积得挠度。

1.8 叠加法求解梁的位移

通过积分法计算转角挠度的例子，可看出解题特点，基本上是截面法的平衡方程的计算，再加上积分两次运算，而且积分中还内含依边界条件来确定积分常数的、方程的四则运算；结论的函数一般还是较为复杂的多项式，该多项式是关于自变量 x(梁横截面位置坐标)的多次函数。

为避开较为高等的积分运算，既然前人提出了积分算法，并且已经得到常用的结果，何不将各种基本梁形、各种受荷载作用的类型的位移答案收集起来，做成一个类似于位移答案谱的东西呢？那样的话，许多过程只要查资料，不需要用积分，这才利索。可是，倘若支承位置、荷载大小等等因子不完全一样，前人的结果不一定存在，就得另想变通的办法，只要不用高级计算便成，可采用小变形条件下的叠加原理。

1.8.1　叠加原理

研究表明，相当多的材料在其自身的弹性变形范围的前期段，存在线性或者准线性现象(见图1－28)，图中参数的单位省略，其一对垂直坐标变量 x、y 可以分别代表变形、荷载，x、y 也可以分别代表内力、外力等，在静载条件下的实验表明，x 增加一个单位时，y 也对应地增加一个单位，例如，前述的轴向伸长(缩短)变形 Δl 与轴力 F_N 成正比关系，而轴力又与外力成正比；扭转角 φ 与扭矩 T 成正比关系，而扭矩也与外扭转力偶成正比；转角 θ、挠度 w 与弯矩 M 成正比，同时，外弯曲力偶与弯矩成正比等，这种力学中的“水涨船高”现象无疑给出了有关参数关系的一个重要的处理方法，这就是无论何种荷载，不管多少个作用位置，只要将其分割成最为简单的基本值，包括：值是单位值，位置是某一单一位置，则最后的内力值或者变形值就是将分割求出的量的再组合所得到的值。如图1－29所示，材料第一次 x 先加到2，这时 y 也到了2；此材料重新再来一次，x 加到3，这时 y 就到了3，最后整合结果，两次试验中 x 的总数是 $2+3=5$，再看 y 的数据，两次中总数是 $2+3=5$，也就是 $x=5$ 对应 $y=5$，结果与图1－29所示的一次性加载的图线相同。

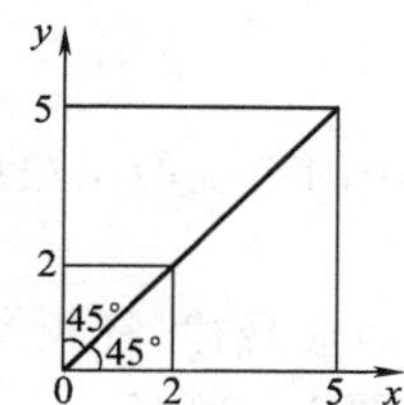

图1－28　坐标中两个量的正比关系

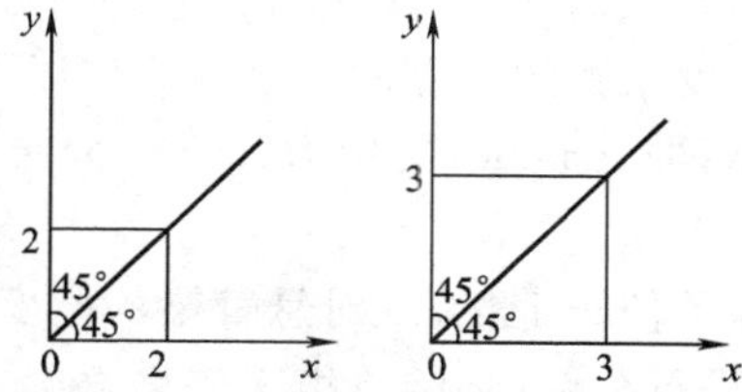

图1－29　正比关系拆分整合的道理

也可以如此表述，多个荷载同时作用产生的杆件某一位置上的内力或变形，等同于这些荷载单独作用(原来作用位置不变)时，在同一位置上产生的内力或变形一一相加的(叠加的)量值，这便是“叠加原理”。

如果调用叠加原理来解决梁的位移问题，那也必须对单个荷载作用引起的转角、挠度情况很了解，往下就来熟悉几种简单荷载作用于悬臂梁的自由端所产生的最大位移的结果。

1.8.2　对悬臂梁挠曲线特点的认识和谙熟

坐标中的挠曲线是一条连续光滑的、平坦的弹性曲线，各种梁形和荷载作用时，它们的形态各异，其方程可以是多项、繁复的，对于复杂问题，有无捷径可寻呢？暂且先“盲人摸象”，熟悉一下悬臂梁在单个荷载作用的梁位移的情况。由积分法可以求得所述位移，荷载作用如图1－30所示，挠度坐标向下为正，有关结论如下。

1. 悬臂梁在自由端作用有一个外力偶

在悬臂梁的自由端作用有一个外力偶，且该外力偶作用面在梁的纵向对称面之内，则该梁自由端的挠度为 $w=\dfrac{Ml^2}{2EI}$，该梁自由端的转角为 $\theta=\dfrac{Ml}{EI}$。

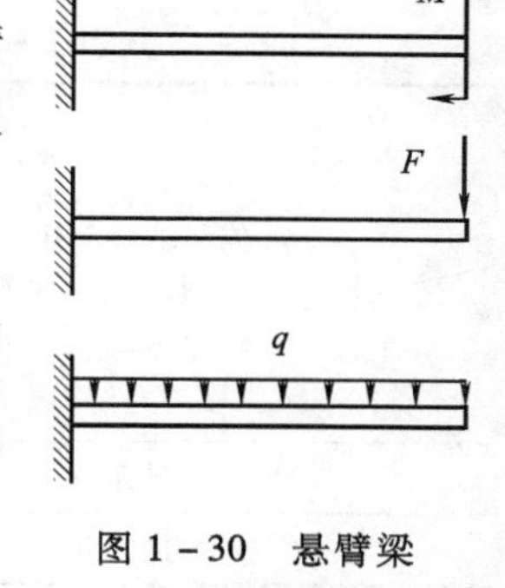

图1－30　悬臂梁几种荷载作用

2. 悬臂梁在自由端作用有一个集中力

在悬臂梁的自由端作用有一个集中力,且该外力作用在梁的纵向对称面之内,则该梁自由端的挠度为 $w=\dfrac{Fl^3}{3EI}$,该梁自由端的转角为$\theta=\dfrac{Fl^2}{2EI}$。

3. 悬臂梁在全梁作用有一个均布荷载

在悬臂梁的全杆内作用一个均布荷载,且该外力作用在梁的纵向对称面之内,则该梁自由端的挠度为 $w=\dfrac{ql^4}{8EI}$,该梁自由端的转角为 $\theta=\dfrac{ql^3}{6EI}$。

以上所述的梁的受荷载情况,就已经概括了工程中该梁形的大部分经受的简化载荷的情况。

总的来说,转角、挠度与其他参数的关系是:

①与荷载成正比关系。

②与弯曲刚度成反比。

③与梁长的带方次 n 的梁长成正比。

为了便于熟记,特对转角系数的分母的数字规律作以下口诀:

“纯弯曲,转角一;集中力,一加一;分布力,七减一。”

对挠度系数的分母的数字规律作以下口诀:

“纯弯曲,double;集中力,triple;分布力,table。(说明:在中国传统的用法中,table 主要指八仙桌)。”

又为了便于记忆,现对悬臂梁的挠度、转角的组成参数的对应规律、杆长参数的方次变化方式等,进行分解,将结果填入表格之中,见表 1-2,受力图如图 1-30 所示。表 1-3 所示为单个荷载作用于悬臂梁上产生的梁位移杆长方次比照表。

表 1-2 单个荷载作用于悬臂梁上产生的梁位移系数比照表

荷载作用形式 / 位移结果中系数 / 位移	M	F	q
转角 θ	1/1	1/2	1/6
挠度 w	1/2	1/3	1/8

表 1-3 单个荷载作用于悬臂梁上产生的梁位移杆长方次比照表

荷载作用形式 / 位移结果中杆长度 l 的方次 / 位移	M	F	q
转角 θ	1	2	3
挠度 w	2	3	4

1.8.3　直接叠加的例子

从侧面观察悬臂梁式家庭阳台，可以简化成均布荷载作用下的悬臂梁，如果现在一个人走到最外头的护栏处观风休息，这时的梁在自由端又增加了一个集中力作用。将此梁的受力状况简化成图 1－31 的简图，图中 q 为均布荷载，指的梁的自重和阳台放置的其他物重，F 代表人体重量分配到该梁的部分。要求解出梁自由端的位移，则用以下叠加法较容易解决。

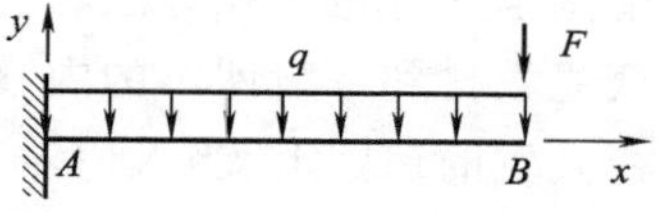

图 1－31　阳台和人的悬臂梁模型

1. 分开查表

直接查找悬臂梁由均布荷载作用以及自由端由一个集中力作用的位移结果，在自由端的位移分述如下。

(1)均布荷载单独作用

由转角口诀“分布力，七减一”，知其系数是 1/6；由挠度口诀“分布力，table”，知其系数是 1/8。

(2)集中力单独作用

由转角口诀“集中力，一加一”，知其系数是 1/2；由挠度口诀“分布力，triple”，知其系数是 1/3。

2. 聚拢叠加

将两种荷载单独作用的结果相加，就是 B 处在两种荷载同时作用时的位移。

$\theta_B = \theta_{Bq} + \theta_{BF} = -\dfrac{ql^3}{6EI_z} - \dfrac{Fl^2}{2EI_z}$，其中的第一项指由 q 产生的转角，第二项指 F 产生的转角。

$w_B = w_{Bq} + w_{BF} = -\dfrac{ql^4}{8EI_z} - \dfrac{Fl^3}{3EI_z}$，其中的第一项指由 q 产生的挠度，第二项指 F 产生的挠度。

叠加法求解梁的位移，主要根据《工程手册》等一类图表，从中找到梁位移的已知结果，再对应现实问题，分解荷载为分步求解的简单情况，调好参数的下标以表明每一步的位移成果，待全部分步的过程结束，最后整合，就是叠加计算求出最终位移。

需要强调的是，叠加法也可以应用于多个荷载求解内力等计算中。在后面的内容中，与上面类似的叠加计算成为常态。

> 材料本性会讨好，数量关系能记牢，这头加力成双对，那里变形两倍了。

1.9　关于杆件系统受力变形研究的一种进展

诸多力学前人对杆件及其系统的受力变形研究做了大量的工作，提出了不胜枚举的算法，也能展示出各自的妙招，使得杆件刚度研究呈现目前的状况，已能解决许多实际问题，获得目前较佳方案，使人受益颇多。

1.9.1　基本力学的主要理论及应用现状

在材料力学、结构力学里，对不同特征的结构，提出了做法不同的计算方法，以适应方便利用理论的需求，这些理论主要有：能量方法、图乘法、力法、位移法、渐近法等。这些方法已经作为经典内容相传至今，显然，它们起到了应有的作用，以至于由它们继续发展的理论和手段都逐渐固化，如有关理论的衍生产品——计算程序及其计算机软件，甚至各个有关行业的专业结构的设计计算软件专利产品等。结构力学等理论的长处、优势已经被关注。假如单论梁位移，材力中基本只肯定了积分法和叠加法的基础性和通用性，其对于力学教育的广泛性，从长期以来自获奖教材到一般课本的内容采用上可见一斑。

在人生的道路上，当人们对某些事物认识不足或是还没有概念时，有时出于无奈，会说上一句"宁信其有，不信其无"或者反过来说等一类的话，有时干脆心里嘀咕：听天由命吧。我们真正的科学教育工作者不是这样，比如，我们有的桥梁建造专家，几乎毕生都在致力于一个事情——怎样使得桥梁在建造合龙时产生的误差与设计预期合拢，实际建造是以实时测量监控调整方式来达成此目的的，说明理论计算与实际发生之间有相当大的距离，人们应对数量不多的桥梁变形理论给以关注、研究，并执着地追随一次成型的技术效率等等。

随着智能化工业的发展，杆件系统里的主要变形——弯曲及其表达也越来越多地出现在不同领域、不同层次、不同场合的设计方案里，大到数百吨的浮吊吊臂，小至微控开关的弹簧片等，自然地就出现了优越与否的比较，这样，设计者及设计学习者对于梁位移类的计算理论有了原理简明易懂、操作方便快捷的现实需求，除去渐近法，难道就没有更快更准的手算方法了吗？

人们应适应、顺应各种机遇的挑战，以使技术更加科学，基本力学也因此而应该有所探求，难道梁位移方面的表达就已经船到码头车到站了吗？

1.9.2 置换法（比拟梁法）概念的提出及其充实

科学技术的发生和发展一是原发性和渐进的，犹如水果刀的改进，原先光有切割、戳刺功能，后来在其刃口上开锯齿，增加了锯断功能。技术的进步又是综合和集成的，像手机功能的快速发展，原先通话，现在增加了照相机、摄像机功能，也可增加计时秒表的功能，进一步地设置小型计算机、连接互联网、开通网上银行和微信等功用，成为智能手机。总之，两例都见到借用单种平台而实现多种用途的做法。人们期望借力平台提升水平、达到新高。

杆件变形体力学也需要发展、进化，如果能够发现某种生发性、集成性机制，那就可能找到求解过程的捷径，提高计算的效率。况且，节能节源的客观要求也促使人们去合理挖潜，若能借用一个必经的力与位移关系的"平台"，以此为依托，再开辟一条力与位移表达的新途径，不就可能获得了一把新"水果刀"吗？也像是力与位移的"智能手机"。居于这个当时还较朦胧的想法，喻晓今在20世纪90年代末期开始进行寻找几种位移已知的情况下，将其组合成另一种复杂位移的表达方法，此项另类方法尝试的成果，2000年时在期刊正式发表了"几种荷载下的梁绝对值最大挠度的同一性"一文。不同载荷、不同梁支承形式所得到的最大挠度的绝对值，与相应的一根悬臂梁的最大挠度，找到了同一性，由于悬臂梁的载荷变化常见情况只有4、5种，其各自对应的自由端最大挠度是表达较为简单、记忆较为容易的结果，其将可以作为一个通用、敞亮的平台。

思路渐显清晰：求解梁位移的积分法最终经过积分运算得到结果，其一般是以梁轴线的位置坐标作为自变量的多项式，假定这就到达了一个平台，则叠加法就是借用这个平台，不再积分运算，而让积分的结果叠加起来求解，得到欲求的结果，形式上又登上了另一个平台，当然，条件是必须得到有关积分结果，譬如，通过查找某某工程手册的方法得来。倘若依照上述喻文的“同一性”原理，就以简单易记的悬臂梁的位移结果为一平台，再寻找到简支梁、外伸梁甚至于悬臂梁等与悬臂梁“同一”的那个不太复杂的组合函数，岂不就构成了结果的另一平台？其求解过程就可能达到较捷较优！

喻晓今于 2002 年找到了简支梁的“同一性”的表达式，正式发表的论文名为：“以比拟梁法求梁的位移”，之所以用了“比拟梁法”这个名称，是因为参照了弹性力学“薄膜比拟”的提法，与其他称谓的比拟梁无关。继续考察其他梁形，喻晓今又于 2004 年正式发表论文：“求梁位移的比拟梁法”，进一步找出了悬臂梁的“同一性”的表达式。顺着此思路，喻晓今于 2014 年正式发表“一端外伸梁对称弯曲弹性位移的置换法确定”论文，此处的“置换法”是为了其内容避开与结构力学中“拟梁”同名称而非同物的嫌疑而另取，当然，此法还是原名“比拟梁法”原来内容含义，也与有关杂志出现的“位移置换方法”的本质截然不同。

进展至今，如果将积分法视为水果刀的切割功能，其能将梁位移结果用积分运算得到；则叠加法可看成是水果刀的戳刺功能，其借助于常见梁、荷载情况的积分结果，同一位置不同载荷导致的位移的相叠加得到最后结果，主要用到加减运算，计算速度更快；那么，用悬臂梁的位移来表达任意梁的位移就有可能生发成水果刀的锯断功能，对不少梁、载类型，其求解过程更速。

置换法能否继续取得类似于“智能手机”一样的功能，喻晓今有进一步的探究，这体现在 2007 年公开发表的论文“求超静定等直梁的置换法”、2011 年正式发表的论文“Solution of Slope of Simple Frame without Force in One Direction By Principle of Conversion Method”和 2014 年正式发表的“Solution of Statically Indeterminate Beam with Straight Axis by Section-Conversion Method”等论文里，一些论文还介绍了置换法与分段刚化法的结合优势，有的论文证明了截断梁的做法更利于便捷使用置换法。本置换法当然还要对自身平台中的数学性质负责，喻也对其微分几何证明，得到了它们关系完整性的结论等。

目前来看，用代数分式形式的置换法位移方程来描写的、原来由积分法运算得到的多次多项式，本身是一个跨越式的简化，倘若考虑到工程中的典型情况，如：材料是单质的，对象是等截面直杆，则杆件的弯曲刚度是常数，此位移方程列写更为简单，如果计算过程中存在复杂性，则只在梁上荷载多种多样时，带来四则运算的项数增加而已，至于在超静定次数过多时，引起联立方程求解中替代次数的增加，这不是置换法本身的问题。

本章是必备的基本知识的叙述，后部将置换法是怎样地、又快又准地解开约束力、内力与变形、位移等关系一一呈现在简支梁、悬臂梁、外伸梁、连续梁和简单结构的有关问题中。

总而言之，基于置换法的力与位移的关系的新的表述还在探索道路，其理念的基本立足点是基本力学的手段的深化而原理的简化，其知识的基本出发点自然就是理论力学的静力学及材料力学的基本变形，此方面的追求希望助力力学的推进和延展。正如前几年文化的一个趣事：中国人发明并流行的名词“给力”居然被英文有关文字管理方面采纳，正式收入其字库，在科学中，真正的力学“给力”否，是否为广众所认可，能否产生相当程度的感召力并默化成创造、创新能量，应该视其不断的作为了。本书撰写的目的之一，就是在直杆变形领域“亮剑”。

弯曲杆件比手机，积分方法来奠基，若要 2G 冲 5G，置换方法智能机。

第2章 速求简支梁位移的置换法

本章先介绍简支梁置换法原理，然后在数种荷载作用方式下推证简支梁的位移情况，特别是人们关心的最大变形值出现的时机问题；不同荷载在梁跨中移动时产生的位移极值与梁跨正中位移的对比值；最后是基于置换法的反问题探讨。

置换法是基于对挠曲线的本质的认识，用各种梁形中较为基本的悬臂梁来组合取代任何挠曲线的一种借代而简化计算的方法，它避开了复杂荷载作用下挠曲线分段积分的繁复高等运算和确定积分常数的解联立方程的计算，只应用了叠加原理即只需要进行四则运算便能解决复杂荷载梁以及小型结构的位移问题。目前的算例表明，该方法原理浅显易懂、计算路径明晰、计算工具简便实用，结果是公式解。

从数学角度来理解，置换法的转角位移方程和挠度位移方程是指以置换梁自由端挠度为中间变量的梁的挠度和转角的表达式，所述置换梁乃对应于原梁而构造出的计算梁，其形式上乃悬臂梁。

在各种工程技术和日常生活中，简支梁是常见的梁型之一。譬如，铁路高架桥，多采用简支方式梁形，这里，钢轨的横截面比之桥梁的横截面大小相差甚远，故这里轨、枕对整桥的影响很小，而以桥墩分段建造，不予刚性连接，建设时配以架桥机，得以提高建造速度，如图2－1所示，小石板桥也是简支梁的例子。

许多单层厂房的屋盖与柱体结合的方式也可将屋盖简化为简支梁。还有不少建筑的房门顶上的过梁，也可简化为简支梁。简支梁上作用有一个集中力的模型，如图2－2所示。

图2－1　简支梁桥

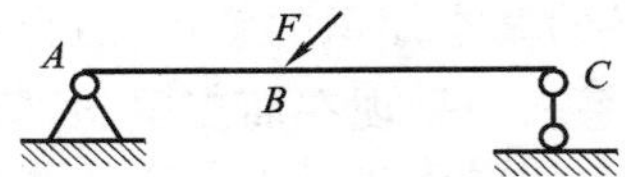

图2－2　简支梁上作用一个集中力模型

一些大的车间（如铸造车间）和一些大的货场（如轮船码头等），往往配置有天车、行车等，其模型可以简化成简支梁，上面作用有均布荷载和集中力，前者对应大梁本身的自重，后者用来表示被起重物的重力。

对一根简支梁受力模型，计算其刚度参数、变形位移等问题时，首先，要给出荷载、梁型（截面形状）、尺寸、跨度等参数，然后，一般按静力学计算约束反力，使研究对象外荷载全为已知，而后进入基本程序。

人们想要较快地得到简支梁的变形结果，前述积分法、叠加法总是优先选择的吗？

> 积分实质分积，叠加本质加叠，置换性质换置。

现在所述的简支梁置换法，是指借用有关悬臂梁挠曲线来相应摆放与连接成简支梁的挠曲线，使简支梁的挠曲线利用该悬臂梁挠曲线原样“托换”出来，故取名为置换法，就是将简支梁的挠曲线以求解相当的悬臂梁的挠曲线的方式而得出的方法。并非“偷梁换柱”，而是解法上的“修旧如旧”。本章先行推导位移方程，然后借简单的工业梁的例子应用此方程，并讨论梁上荷载变化的情形，得出有用的定理，而后继续变用置换法于它形梁。

如何能做到这一点呢？其原理的阐述如下。

> 积分法积分两次，求得转角挠度；
> 叠加法叠加若干，查表变形位移；
> 置换法置换一次，位移方程道理。

2.1　使悬臂梁的挠度置换简支梁位移的证明

在对称弯曲中计算梁在挠曲线平面内的位移时，设梁变形前的轴线为 x 轴，对梁进行受力分析，去除约束，代以约束反力。在欲求梁位移的横截面位置 x 处假想地截开，原梁一分为二；在截开处想象地安设固定端约束，保持原梁所有荷载及反力，原梁遂成为两根悬臂梁，一根左伸，称左置换梁，一根右伸，就是右置换梁。

设梁 AB 在 A 处以固定铰支座支承，B 处是可动铰支座，下以该简支梁为模型，进行以相应的悬臂梁的自由端挠度表示原梁任一位置位移的几何证明。

2.1.1　挠曲线及辅助线之置换法图像的线段角度关系

鉴于所有整梁的挠曲线都是连续的，任画一连续曲线表示挠曲线，作任意位置处的切线，加画相关辅助线等，如图 2－3 所示，称为置换法图像。

点画线 $AB = l$ 为变形前梁轴线，其上距 A 为 x 处的任一点 C 的挠度 w 在此处的转角很小时近似等于 CD（曲线上 D 点的法线线段）。作挠曲线 AB 上 D 点切线 EF，则 $CD \perp EF$。EF 斜率即近似为 D 点转角 θ（转角定义）。过 B 作 HB 平行于 EF，则 HB 斜率与 EF 相同，过 C 作 GC 平行于 EF，则 GC 斜率与 EF 相同，即有 $\angle HBA = \angle GCA = \theta$。过 A 作 EF 的垂线，交 EF 为 E，交 HB 为 H，交 GC 为 G。过 B 作 EF 的垂线，交 EF 为 F。当 θ 很小时，有 $l\theta = AH$，而 $AH = AE - HE$，且 $HE = BF$（矩形对边），则 $AH = AE - BF$，就是

$$l\theta = AE - BF \tag{2-1}$$

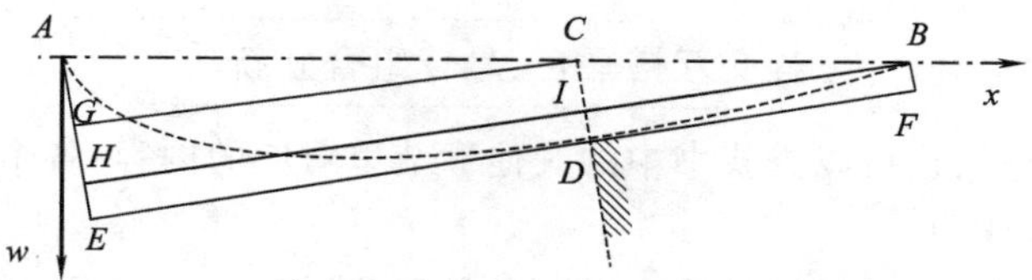

图 2－3　简支梁挠曲线及其置换梁

又 $AE = AG + GE$，而 $GE = CD$（矩形对边），$AG = x\theta$，故

$$CD = AE - x\theta \tag{2-2}$$

再由于 $CD = CI + ID, CI = (l - x)\theta, ID = BF$，所以

$$CD = (l - x)\theta + BF \tag{2-3}$$

若设 CD 直线为转角零位，在此设置固定端，则原简支梁的挠曲线此时便成为左悬臂梁 ED 和右悬臂梁 DF 的挠曲线，现在只要证明 AE 和 BF 分别为左、右悬臂梁在各自的自由端 E、F 的挠度便可。

先证左悬臂梁。由于原梁与左悬臂梁的对应部分的外荷载相同，故在外荷载及反力保持不变条件下，并在现有坐标下，可忽略微小转角 θ 引起的梁位置的 x 方向微小增量（小变形时高阶微量），显见原梁与左悬臂梁在 x 处的弯矩方程 $M(x)$ 是相同的，即得出：两梁的挠曲线近似微分方程相同，则挠曲线的原函数相同，就是两梁挠曲线是相同曲线族曲线。所以 AE 即为左悬臂梁自由端 E 的挠度（从固定端起计）。同理可证右悬臂梁。故左、右悬臂梁可以用来同时置换所求原梁位移，式(2－1)、式(2－2)和式(2－3)便是所求原梁 C 点的转角、挠度的几何关系。下面的工作是将几何关系理成解析关系。

> 挠曲线，辅助线，框出变形关系；切线平，法线立，描写位移方程。

2.1.2　简支梁置换法位移方程

简支梁及置换用悬臂梁的位移需按坐标调谐符号。顾及在坐标下挠度的符号规定，悬臂梁自由端挠度在同一坐标下的位移方向与原梁所求点的位移方向相反，故在式(2－2)、式(2－3)中的等号右边各项前加负号，并以 w_l, w_r 分别取代 AE, BF。由式(2－1)、式(2－2)、式(2－3)得

$$\theta = (w_l - w_r)/l$$

$$w = -w_l + x\theta = -(l - x)\theta - w_r$$

其中 w_l, w_r 分别表示左、右悬臂梁自由端挠度，位移方向与 w 轴一致者为正。上行第一式已经表示出以左右置换梁自由端挠度和杆长度等为变量的转角函数；第二式则是以左置换梁自由端挠度、所求位移处的横截面坐标和此处转角等为变量的挠度函数；第三式就是以杆长度、所求位移处坐标、转角和右置换梁自由端挠度等为变量的挠度函数。依力学习惯，权将它们称为"简支梁置换法位移方程"。继续整理也可为下面表达形式：

$$\text{转角方程}\ \theta = (w_l - w_r)/l$$

$$\text{挠度方程}\ w = -(l - x)w_l/l - xw_r/l$$

第三章已经证明，转角方程、挠度方程的关系完全符合它们之间的微分关系等，此外，四个方程中，三个是独立的。这些位移方程具有对于左手、右手系坐标的自适应性，正如转角、挠度的导数关系一样。

> 方程交互搭平台，悬臂组合立新功。

如果是其他简单梁，也可以查找书中的其他章节里对应的内容，各个对应梁的置换法位移方程在相关章节予以证明。

下面就奉行拿来主义，用具体问题去试试工具吧，或切一切，或锯一锯。

> 欲求梁上转角，以梁长度为分母，左右置换梁挠度之差；
> 要得线中挠度，以 x 坐标乘转角，左侧置换梁挠度之负。

2.2　单层厂房里的梁式起重机

许多重工业厂房或者机加工厂房内，都设有梁式起重机（又称行车，俗称天车），其主要是由一套活动的大梁构成，梁上又可以装上走导轨的起重机箱，加上梁自身也走导轨沿厂房长度方向行进，因此，可在厂房范围内进行调运物件的作业，如翻砂车间将铁水包从炉内吊往型砂处、安装车间里半成品调往装配工位等（见图 2－4）。

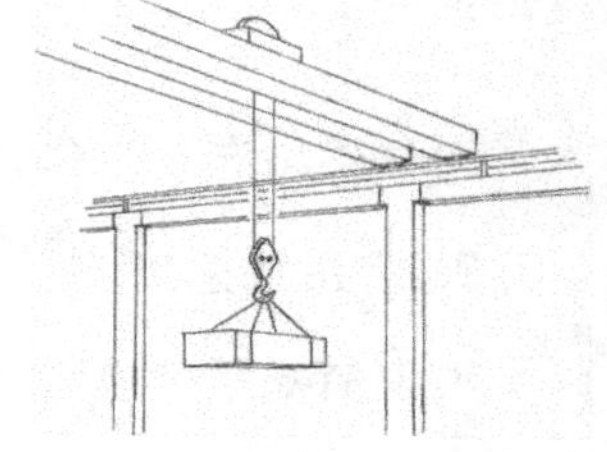
图 2－4　天车及起重物

详细观察一下梁的荷载情况，起重机提起物体的重力是梁所受的主要荷载，虽然走动的起重机是由四个轮子承重（从梁轴线所在的纸平面垂直方向看，是两对轮子），但是，两排轮子的轴距（轴间距离）远小于梁长度，故可采用一个轮的加力模型进行研究（见图 2－2，但力 F 垂直向下），即梁承受一个竖直方向的集中力作用，简化计算结果与实际情况的计算值相差不大，但计算过程都很简单，类似的问题可以简化成以下的例题来演化研究。

现在进入具体求解过程。滚轮在行车梁上走动，梁若制成直杆，则在起重时变成向下挠的曲线形，势必影响走车起重作业。现在将梁做成向上微弯，以求在提起额定重量时，滚轮走过全梁后恰好能走出来一条水平路径，问需要把梁先弯成什么形状才能达到此要求？设全梁的弯曲刚度 EI 不变，梁的轴线方向为 x 轴。

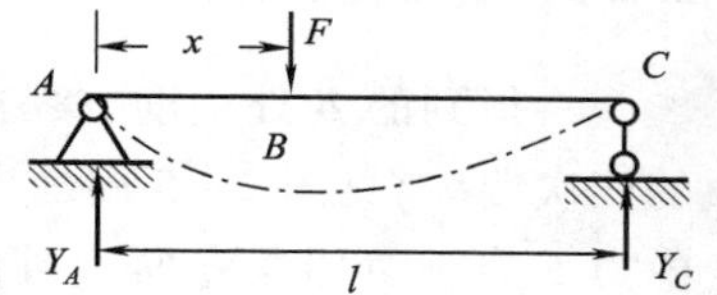

图 2－5　简支梁上作用一个集中力时挠曲线及受力图

首先，设置正常的数学直角坐标系，可以将 A 处设为原点。将该简支梁 AC 的外力全部求出来，用置换法求出该直线轴线梁的挠曲线[见图 2－5]。然后，根据弹性曲线原理，即此曲线是一条微弯的、连续、光滑的曲线，在保持所有受力关系不变条件下，梁本身由直变曲或者由曲变直的过程是可逆的，以此反向推导梁变形后为直线时其变形前的形状。由于起重时的重量作用在相对较小的尺寸范围，设梁受一个集中力 F 的作用，忽略梁本身的重量（验证表明结果误差一般小于 5%）。

2.2.1　求该简支梁的约束力

该梁受力如图 2－5 所示。写出平衡方程，有

$$\left.\begin{aligned}&\sum Y = 0,\quad Y_A - F + Y_C = 0\\&\sum M_A = 0,\quad -Fx + Y_C l = 0,\quad Y_C = \frac{x}{l}F\end{aligned}\right\}\tag{2-4}$$

将此结果代入式(2－4)，得

$$Y_A = \frac{l-x}{l}F$$

2.2.2　以置换法解出梁的挠度方程

为了摸清楚力 F 作用下的梁的挠度，不失一般性，现求解力 F 作用位置 B 处的挠度，用置换法求解。在力 F 位置处设置置换梁固定端，得到左、右置换梁图形如图 2－6所示，虚线所示

为置换梁固定端位置。

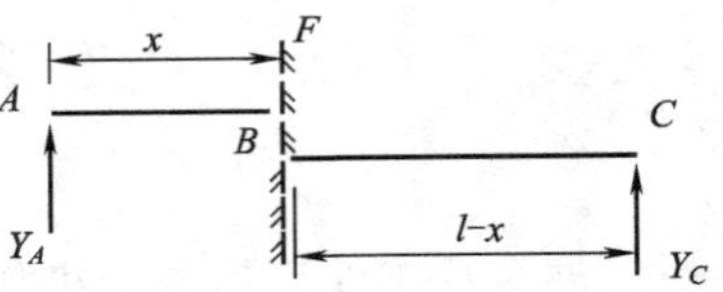

图 2－6 简支梁上作用一个集中力时的左、右置换梁

置换梁利索，任意梁切割。

1. 计算置换梁挠度

依照置换法步骤，得出左置换梁自由端挠度：$w_l=\dfrac{Y_A x^3}{3EI}$。将约束力 Y_A 代入，得 $w_l=\dfrac{Fx^3}{3EI}\cdot\dfrac{l-x}{l}$。

同理得出右置换梁自由端挠度：$w_r=\dfrac{Y_C\,(l-x)^3}{3EI}$，将约束力 Y_C 代入，得 $w_r=\dfrac{Fx}{3EIl}(l-x)^3$。

2. 启用置换法位移方程

根据简支梁置换法挠度方程 $w=-\dfrac{l-x}{l}w_l-\dfrac{x}{l}w_r$，$B$ 处位置的挠度为

$$w_B=-\frac{l-x}{l}\cdot\frac{Fx^3}{3EI}\cdot\frac{l-x}{l}-\frac{x}{l}\cdot\frac{Fx}{3El}(l-x)^3=-\frac{Fx^2}{3EIl}(l-x)^2$$

这就是力 F 正下方的挠度通式。

置换梁长度，可以自定 x；简支梁位移，便是函数 y。

2.2.3 观察挠曲线并得出本问题结果

将得到的 B 处挠度方程在坐标中绘出，其是一条 A、C 两点位于横轴 x 上的、在第四象限的四次曲线，见图 2－5 中的点画线，这里为了看清楚，夸张了一点。为了满足题意要求，即集中力 F 自 A 处沿梁走向 C 处的移动过程中，梁保持为水平位置，不上弯下沉，则只需制造时将挠曲线制成如下形状即可，如图 2－7 所示。

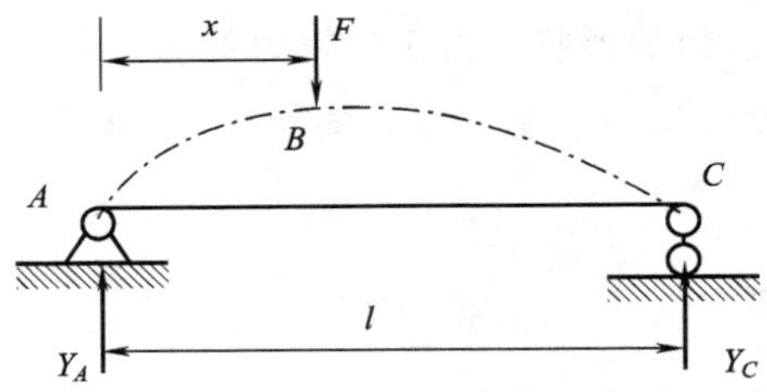

图 2－7 简支梁上一个集中力时预制挠曲线

泰山压顶不弯腰，踏平坎坷成大道。

此即反其道而行之，让水平梁向下的弯曲过程变成用集中力使上拱的挠曲线变成水平位置的直线的过程，故在同一个坐标里，将 B 处挠度前加一个负号便是答案，即 $w_B=\dfrac{Fx^2}{3EIl}(l-x)^2$。

此处利用的即是弹性变形的特性，并且在小变形范围，在思维方式上用的是逆向性思维。需要指出的是，制成的梁在无荷载作用时是上拱的。

起重弯梁为曲线，吊车来回形同上下坡，
置换得梁为四次，曲线翻转犹如水平地。

此例透露出用置换法求静定梁位移问题的一般步骤：①列静力平衡方程，求约束反力；②在欲求位移处装设置换梁固定端，分别求左、右置换梁自由端挠度；③将求出的置换梁挠度分别代入置换法位移方程即求出转角、挠度。

继续扩大结论的成果，将 $x = l/2$ 代入，可求出跨正中的挠度与荷载的关系式：$w_B = \dfrac{Fl^3}{48EI}$，整理成：$F = \dfrac{48EI}{l^3}w_B$。

本问题告诉人们，置换法较容易获得挠曲线方程，实践可知，即便是多个荷载作用，每一段的位移方程都可以照例获得。

2.2.4　拉弓受力分析

现在发挥想象力，力 F 作用位置处替换成一支箭，箭头与力方向相同，那么，这分明又是弯弓射箭中弓的受力模型。

在拉满弓时，弓箭处于静止待发状态，对其进行受力分析。弓箭一体作为对象，其符合本书基础静力学的内容条件，画其独立体图如图 2-8 所示，双手是外界约束，因为平衡，所以双手的撑开弓的力、拉伸弦的力，两力大小相等、方向相反、作用线重合，即符合二力平衡公理，当然，此处忽略了弓箭相对微小的重力。再以弓体为对象，则其受力模型就是简支梁以上研究的情况。也要说明，弓体的非直轴对比直轴会带来微小的变形误差，例如，将弓视为半圆形，则弓的正中位置相对于弓的束弦处（相当于简支梁的支承位置）的位移，与直杆相比相对误差在 6.9% 以下，也算较小。

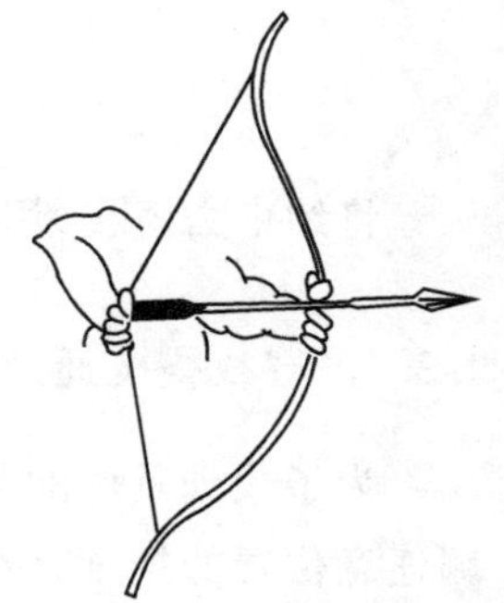

图 2-8　拉弓射箭

简单表述传力过程，撑开力通过弓两端传给了弦，每端在力 F 方向分一半撑力。继续以弦和箭为对象，其所受的力根据作用与反作用力公理，在力 F 方向，就是以上传来的两个一半的撑力与拉弦的力平衡，若此时拉弦的手指松开，此瞬间拉力直接由箭尾承接，推动箭矢飞出，此瞬间以后，变形的弓全力恢复原来形状，将因变形储存的应变能释放出来，继续助力箭体，然而，箭矢加速过程还要另由动力学确定。

起重铸件，弯弓射箭，受力模型，简支梁见。

再用空间思维方法看看这条挠曲线，可以帮助人们全面认识简支梁挠度的情况。当力 F 在任意位置时，得到了上述挠度值，即 x 的四次函数的挠曲线，也很快可将图形在坐标中画出，然后，人走到此纸面的后方，再向后转，看到的将是力 F 在与刚才位置的对称位置时产生的挠曲线。此时便得到了一个经验，一根简支梁，由于作用的是垂直于梁轴线的荷载，使得梁左右的固定铰支座和可动铰支座实际受力都与荷载方位一致的，都只有垂直于梁轴线的分量，在固定铰支座处并无梁的轴线方向上的约束力分量，那么，当该荷载移动至梁上甲处时，所引起的距梁的对称轴 a 远的那一边位置的挠度，就可以通过将荷载放到甲的对称位置乙处后，在这一边距离对称轴为 a 的位置的挠度而得到。

如果对此问题的挠曲线进行统观整体数据分析，还能得出一个重要的定理。

2.3　简支梁所呈现出的位移互等定理

电学里有一个非常有趣而重要的现象，它告诉人们磁能生电，反之亦然。有意思的自然规律在力学中也不少。

位移互等定理：研究对象在线弹性范围内，当一个荷载作用于构件某处时，在另一处量测一下由此产生的位移；然后再将此荷载移至量测过位移之处，则于原来荷载作用处，获得一个同样数值的位移。此结论颇有诱惑力，也饶有趣味。

设简支梁上作用有力 F，其至左边 A 处的距离为 a，梁长为 l，弯曲刚度为 EI。寻找力 F 作用处以外位置的位移值，受力如图 2-9(a)所示。

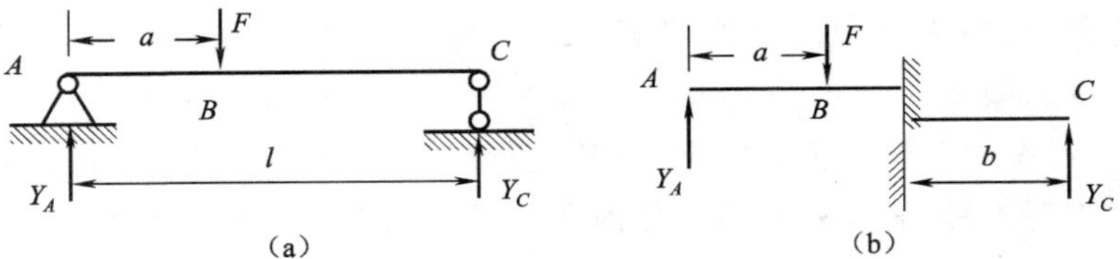

图 2-9　简支梁上作用一个集中力受力图及任意处左、右置换梁

将约束力解出，用平衡方程求得，$Y_A=\dfrac{l-a}{l}F$，　$Y_C=\dfrac{a}{l}F$。

2.3.1　寻找挠度通式

为了找到具体的关系，现写出非荷载作用处的挠度表达式。不失一般性，寻找在力 F 右侧任意位置的挠度，设此位置距离 C 处为 b，求该挠度的置换梁图如图 2-9(b)所示。

1. 研究 BC 段的挠度并找置换梁的挠度

左置换梁自由端挠度为

$$\begin{aligned}w_l&=\frac{Y_A(l-b)^3}{3EI}-\frac{F(l-a-b)^3}{3EI}-\frac{F(l-a-b)^2}{2EI}\cdot a\\&=\frac{l-a}{l}\cdot\frac{F(l-b)^3}{3EI}-\frac{F(l-a-b)^3}{3EI}-\frac{F(l-a-b)^2}{2EI}\cdot a\end{aligned}$$

右置换梁自由端挠度为

$$w_r=\frac{Y_Cb^3}{3EI}=\frac{a}{l}\cdot\frac{Fb^3}{3EI}$$

2. 解出 BC 段挠度通式

将以上左右置换梁挠度代入置换法位移方程 $w=-\dfrac{l-x}{l}w_l-\dfrac{x}{l}w_r$，得距离 C 处为 b 的位置的挠度

$$\begin{aligned}w_b&=-\frac{b}{l}\left[\frac{l-aF(l-b)^3}{l\quad 3EI}-\frac{F(l-a-b)^3}{3EI}-\frac{F(l-a-b)^2}{2EI}\cdot a\right]-\frac{l-b}{l}\cdot\frac{aF}{l}\cdot\frac{b^3}{3EI}\\&=-\frac{Fb(l-a)(l-b)^3}{3EIl^2}+\frac{Fb(l-a-b)^3}{3EIl}+\frac{Fab(l-a-b)^2}{2EIl}-\frac{Fa(l-b)b^3}{3EIl^2}\end{aligned}$$

2.3.2 对比计算

为了计算方便，又不失一般性，取 $l=3,a=1,b=0.5$ ，略去单位，得

$$w_{b=0.5}=-\frac{F0.5(3-1)(3-0.5)^3}{3EI\cdot 3^2}+\frac{F0.5\,(3-1-0.5)^3}{3EI\cdot 3}+\frac{F0.5\,(3-1-0.5)^2}{2EI\cdot 3}-\frac{F(3-0.5)0.5^3}{3EI\cdot 3^2}$$

$$=-0.578\,7\frac{F}{EI}+0.187\,5\frac{F}{EI}+0.187\,5\frac{F}{EI}-0.011\,6\frac{F}{EI}$$

$$=-0.215\,3\frac{F}{EI}$$

此挠度是在距离 C 处为 0.5 位置的挠度值，此时，力 F 距离 A 处为 1。下面将力 F 移动至距离 A 为 0.5 的位置处，即 $a=0.5$，保持 $l=3$，求解距离 C 处为 $b=1$ 的位置的挠度。将有关数值代入 w_b 式，得

$$w_{b=1}=-\frac{F(3-0.5)(3-1)^3}{3EI\cdot 3^2}+\frac{F\,(3-0.5-1)^3}{3EI\cdot 3}+\frac{F\cdot 0.5\,(3-0.5-1)^2}{2EI\cdot 3}-\frac{F0.5(3-1)}{3EI\cdot 3^2}$$

$$=-0.740\,7\frac{F}{EI}+0.375\,0\frac{F}{EI}+0.187\,5\frac{F}{EI}-0.037\,0\frac{F}{EI}$$

$$=-0.215\,2\frac{F}{EI}$$

2.3.3 解的比较

此两个位置的挠度其最大相对误差 $\delta=\dfrac{w_{b=0.5}-w_{b=1}}{w_{b=1}}=4.646\,8\times10^{-4}$。显然，小数点后位数越多误差越小。

弹性体，有格律，力在甲乙游，乙甲有记忆。

上面的证明不会因为用了具体的数据而失去普遍性，这很容易用任意其他数据来检验，故而得出了这样一个结论，简支梁上作用有一个集中力时，注意梁的两个位置，一个是该力所在位置，另一个是力外其他位置。相关挠度呈现这样的特点：力导致的、力外其他位置的挠度，等于将力移动至那个位置后，在力刚才移动前的位置上的、现在的挠度。为了更通顺，可叙述为梁上有两个任意位置，分别标识为位置 1、位置 2，则力作用于位置 1 时，在位置 2 处所产生的挠度，等于将力移动至位置 2 处，在位置 1 处所产生的挠度，图 2－10、图 2－11是其示意。

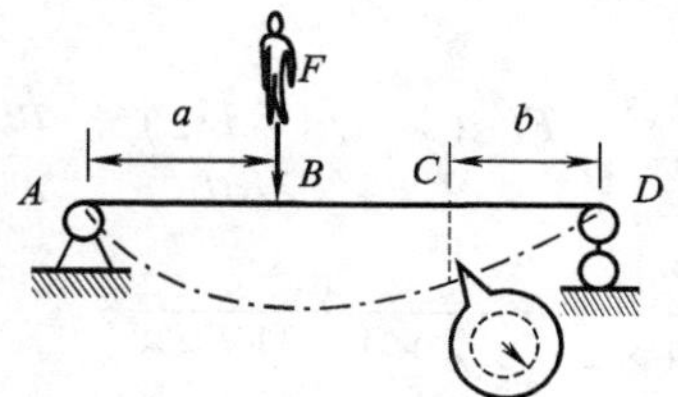

图 2－10　F 在 B 处，C 处的位移是 w

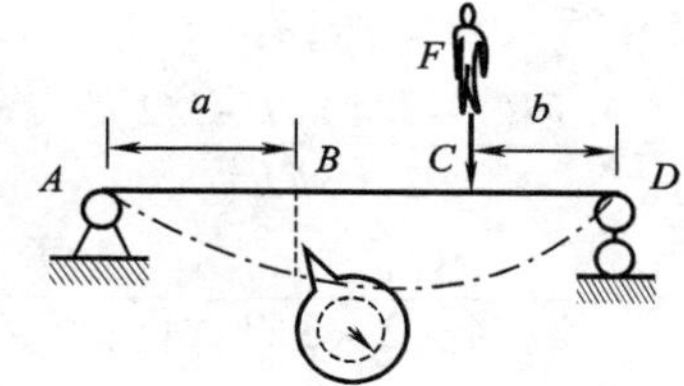

图 2－11　F 在 C 处，B 处的位移仍是 w

令人欣慰的是，位移互等定理同样适合于其他基本变形。此定理在工程上可以帮助人们克服某些技术困难，譬如，加载、量测不在同一处的情况，就用此转移测值的办法。

弹性体有魔力，这边使力那边理；
简支梁具神奇，B 点位移 C 点提。

2.4 简支梁有集中力作用时跨中挠度

继续扩大问题的研究范围，现在观察一下当集中力在梁上移动时，梁跨中挠度的变化，尤其是力作用于何位置时跨中挠度最大。需要指出的是，材料力学部分，也即变形体力学部分，“最大”往往指绝对值最大。无论是正是负，挠度达到一定值即会引起梁的刚度问题。这对于设计和制造有关质量优异的梁有实际意义。

2.4.1 集中力移动时对挠度的定性判断

下面就循着集中力的锋刃在梁上轴线方向游走。固定力 F 的大小和方向，当力移动到梁的两个极端位置时，即无论走到支承 A 或 C 处时（见图 2－9），根据支承约束的性质，此处是不允许有横向位移的，即此处挠度为零，加上力直接作用在不能横移的梁处，此力便整个作用于约束体上，微观上就是导致在力的作用处梁的材料横向局部压缩，因为梁中无内力，梁其他部位无变形，这一点由外力的平衡方程可以算出来。除此极端情况以外，力作用在梁的任何位置都会导致梁中存在挠度。

只要力移出支承处，通过平衡方程就能算出梁的内力，有内力即有变形、位移。跨中的挠度随着力的移动如何变化呢？这个问题可以由简单梁的试验作直观解答，走过小溪上的独木桥时，刚走一两步就会发现单薄的桥中间就有下沉，愈往桥中间走下沉愈甚；当走在桥跨中时，此时跨中的挠度最大，试验及理论皆是此结论。

力于任意位置，近跨正中为最大挠度；力于跨中位置，则跨正中为最大挠度。

2.4.2 集中力走动时对挠度的定量计算

通过对前面的研究，已经得到集中力作用时，在任意位置处的挠度表达式为

$$w_b = -\frac{Fb(l-a)(l-b)^3}{3EIl^2} + \frac{Fb\ (l-a-b)^3}{3EIl} + \frac{Fab\ (l-a-b)^2}{2EIl} - \frac{Fa(l-b)b^3}{3EIl^2}$$

为了计算方便，可以仍然按有限的点位来检算，能够说明问题。譬如，选择既有质数又有合数的情况，取集中力位置 a 为梁长 l 的 1/4、1/3 等，当然，按考察的挠度位置，b 取梁长 l 的一半。

1. $b=l/2, a=l/4$ 时跨中挠度

相应尺寸写入给定值，有

$$\begin{aligned} w_{a=l/4} &= -\frac{Fl(l-l/4)(l-l/2)^3}{2\times 3EIl^2} + \frac{Fl\ (l-l/4-l/2)^3}{2\times 3EIl} + \frac{Fl^2\ (l-l/4-l/2)^2}{2\times 4\times 2EIl} - \frac{Fl(l-l/2)l^3}{4\times 3EIl^2\times 8} \\ &= -\frac{3Fl^3}{8\times 4\times 2\times 3EI} + \frac{Fl^3}{4^3\times 2\times 3EI} + \frac{Fl^3}{4^2\times 2\times 4\times 2EI} - \frac{Fl^3}{2\times 4\times 3EI\times 8} \\ &= -0.015\ 6\frac{Fl^3}{EI} + 2.604\ 2\times 10^{-3}\frac{Fl^3}{EI} + 3.906\ 3\times 10^{-3}\frac{Fl^3}{EI} - 5.208\ 3\times 10^{-3}\frac{Fl^3}{EI} \\ &= -0.014\ 3\frac{Fl^3}{EI}(\downarrow) \end{aligned}$$

2. $b=l/2, a=l/3$ 时跨中挠度

$$w_{a=l/3} = -\frac{Fl(l-l/3)(l-l/2)^3}{2\times 3EIl^2} + \frac{Fl\,(l-l/3-l/2)^3}{2\times 3EIl} + \frac{Fl^2\,(l-l/3-l/2)^2}{2\times 3\times 2EIl} - \frac{Fl(l-l/2)l^3}{3\times 3EIl^2\times 8}$$

$$= -\frac{2Fl^3}{8\times 3\times 2\times 3EI} + \frac{Fl^3}{6^3\times 2\times 3EI} + \frac{Fl^3}{6^2\times 2\times 3\times 2EI} - \frac{Fl^3}{2\times 3\times 3EI\times 8}$$

$$= (-0.013\,9 + 7.716\,0\times 10^{-4} + 2.314\,8\times 10^{-3} - 6.944\,4\times 10^{-3})\cdot\frac{Fl^3}{EI}$$

$$= -0.017\,8\,\frac{Fl^3}{EI}(\downarrow)$$

比较上面两个结果，有 $w_{a=l/3} > w_{a=l/4}$，故得到跨正中挠度走向是：力越往中其越大。

> 时事世势，枉妄往亡。

3. $b=l/2, a=l/2$ 时跨中挠度

当力 F 作用于跨正中时，挠度是多少？

将数据代入公式，有：

$$w_{b=l/2} = -\frac{Fl(l-l/2)(l-l/2)^3}{2\times 3EIl^2} + \frac{Fl\,(l-l/2-l/2)^3}{2\times 3EIl} + \frac{Fl^2\,(l-l/2-l/2)^2}{2\times 2\times 2EIl} - \frac{Fl(l-l/2)l^3}{2\times 3EIl^2\times 8}$$

$$= -\frac{Fl^3}{2\times 2\times 3EI\times 8} + 0 + 0 - \frac{Fl^3}{2\times 2\times 3EI\times 8}$$

$$= -\frac{Fl^3}{48EI} = -0.020\,8\,\frac{Fl^3}{EI}(\downarrow)$$

纵观三个数据，$w_{a=l/2} > w_{a=l/3} > w_{a=l/4}$，当力 F 位于跨中时，此处的挠度为最大，正所谓：走入低谷，越往前越低。

> 简支梁，跨当中，越往里去挠度越大；
> 简支梁，其他处，越往外来转角越大。

此例为两端支承而求中间位移的情形，下面再反其道而行之，中间是不动的支承，两端是可发生挠度的例子。

2.4.3　现代冷兵器——强弩

又一种“cool 毙”的兵器——十字弩（见图 2 - 12）出现在了影片中，弓、弩属一个原理，只是弓凭两手打开，而原始的强弩需要手脚并用，并以扳机发射箭体。

弩的储能部分主要是弓体，这里，人们可以通过浅显的直杆弓体来定性地了解一下弓给箭体施加的静态力。

1. 受力关系

来分析一下弓架与绷索的静态受力关系，因为拉索的过程是属于准静态的。以图 2 - 13 来描述弓体，直杆弓体 AB，其两端 A、B 处的支承是拉索铰接，相当于固定铰支座和可动铰支座，弓体正中间位置标为 C，其是弓体实际固定端，显然是对称设置。在张弓时，C 处提供一个力 F，图中点画线即是变形后的轴线位置。注意，现在的情形与正常的简支梁的差异是：一般主动力 F 处现在是固定支承处，一般的铰支承处现在是主动力作用处。但是，不管怎样，原来意义上的主动力、约束力现在互换一下，便是弓体的受力关系，以下按水平方向为 x 轴来描述。

因为对称布置，绷索的拉力（张力）存在 x 方向分量，是它们与力 F 导致直弓变弯曲，而 y 方向分量使直弓在杆轴线方向发生拉压变形，根据前述，其量值微小，自不在讨论之列。经过此番分析，该模型无异于一根简支梁上在正中间作用于一个集中力的情况，这样，力 F 与 F 处的挠度的关系就很快可以写出来。

很明显，若列写水平投影平衡方程，鉴于弓的结构对称，绷索张力的 x 方向分力是力 F 的一半。

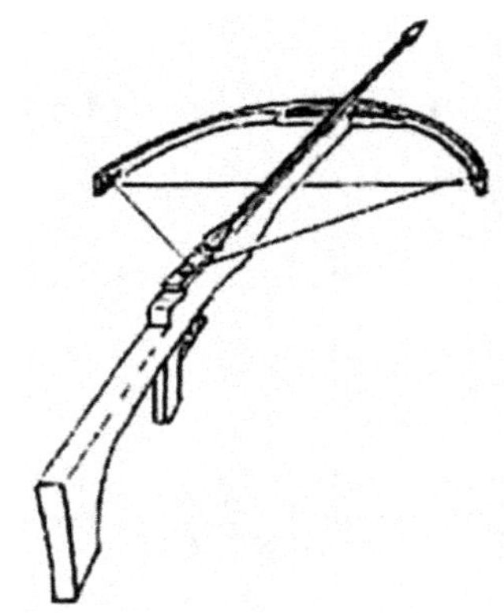

图 2－12　军用十字弩满弓示意图

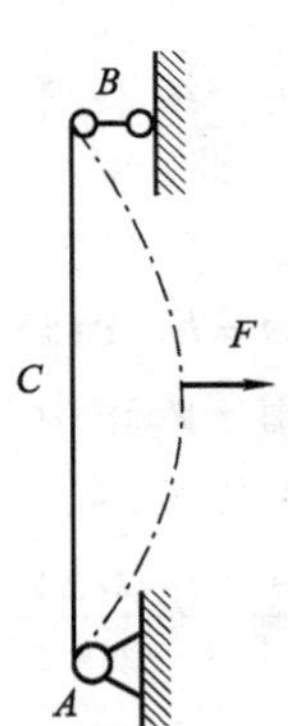

图 2－13　直弓简支梁模型

2. C 处力 F 与挠度的关系

设梁长是 $l=40$ cm，弓片横截面为矩形，宽为 $b=16$ mm，高为 $h=4$ mm，中性轴与 b 平行，材料为低碳钢制，弹性模量 $E=205$ GPa（故属于小型号）。

（1）置换法算力与位移关系

于 C 处设置换梁的固定端，有

$$w_l=\frac{F_xL^3}{3EI}=\frac{1}{3EI}\left[\frac{F}{2}\cdot\left(\frac{l}{2}\right)^3\right]=\frac{Fl^3}{48EI}$$

$$w_r=\frac{F_xL^3}{3EI}=\frac{1}{3EI}\left[\frac{F}{2}\cdot\left(\frac{l}{2}\right)^3\right]=\frac{Fl^3}{48EI}$$

由简支梁置换法挠度方程 $w=-\frac{l-a}{l}w_l-\frac{a}{l}w_r$，其中 $a=\frac{l}{2}$，得

$$w_C=-\frac{l-\frac{l}{2}}{l}w_l-\frac{\frac{l}{2}}{l}w_r=-\frac{\frac{l}{2}}{l}w_l-\frac{\frac{l}{2}}{l}w_r=-w_l=-\frac{Fl^3}{48EI}$$

现在找到了 C 处挠度与力 F 的关系了，一待弓体拉满 w_C 挠度值，这时 C 处的供力就是 F，下面以具体数据计算一下。

（2）求出弯曲时的截面惯性矩

$$I_z=\frac{bh^3}{12}=\frac{1}{12}(16\times10^{-3}\times4^3\times10^{-9})\ \text{m}^4=85.333\ 3\times10^{-12}\ \text{m}^4$$

（3）求直弓最大挠度为 0.75 cm 时的箭体受力

由力 F 与挠度 w_C 关系可得整理式：$F=\frac{48EIw_C}{l^3}$，将有关数据填入，得

$$F = 48 \times 205 \times 10^{9} \times 85.3333 \times 10^{-12} \times 0.75 \times 10^{-2} \times \frac{1}{(40 \times 10^{-2})^{3}} \text{ N} = 98.4 \text{ N}$$

答案告诉人们,这个力约为工程单位的十多公斤,这就是放箭时刻、扣动扳机一瞬间的箭体推动力！自然,由上述的力与挠度的正比关系可以看出,当力气小一半时,也会将弓拉成近半厘米的挠度,想象一下后羿射日时的拉弓力气吧！

横看成岭侧成峰,指鹿为马偶蹄同。

2.5　简支梁均布荷载作用时跨中最大挠度

对简支梁集中力作用产生的最大挠度的寻找,引发人们去了解各种荷载情况下梁的最大挠度,以利于设计制造。下面先观察多个荷载和分散荷载最为极端的情形——均布荷载,如图 2－14所示,无论是日常生活还是工程建设,简支梁在均布荷载下工作是多见的例子,比如,某孔高铁桥梁,在其上未过列车时,便是此模型;更别说江南水乡的石板桥了;过河的输气液管道的一段,也能简化成此模型;还有粉面厂、印染厂的晾晒杆、家里的晾衣杆等。

2.5.1　荷载与变形对称性辨析

因为荷载 q 对称于点画线,而 q 又沿梁满布,则此线同时又是梁的对称轴。荷载 q 向梁的轴线一侧作用,无疑,挠曲线偏向于此方向,这是因微观见力与质点加速度方向一致所决定的。由于梁的 A、C 处的挠度为零,又由于挠曲线连续、光滑的特点,可以判断出挠度在跨度正中为最大,倘若不是这样,则从纸面看以及从纸背面看,得到的挠曲线就会不同,假如前看最大挠度在左,从后面看就是最大挠度在右了,这就与梁的支承对称、荷载对称的条件矛盾了。从前面的研究可知,对称外力将会引起对称变形,即挠曲线也会对称于其对称轴,故可断定现在的点画线就是此梁的挠曲线的对称轴,这里以夸张的点画线表示出来。

对称特征强,极值无处藏。

根据挠曲线对称现状可知,在对称轴处的转角为零度角,否则转角间断！这又是此处是挠度极值的标志。对梁求约束力后,再以置换法求其最大挠度,受力图如图 2－15所示,设正常的直角坐标系。

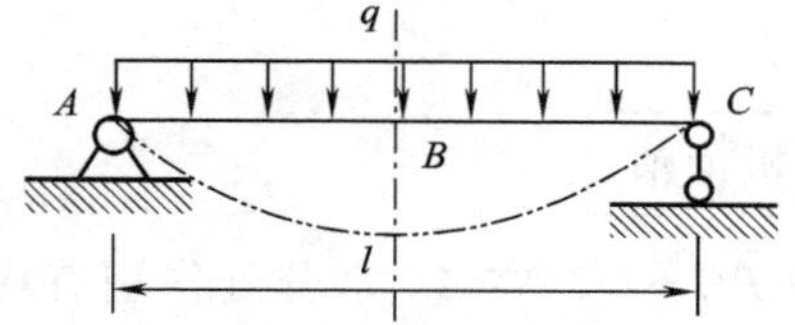

图 2－14　简支梁 AC 作用有 q 时挠曲线

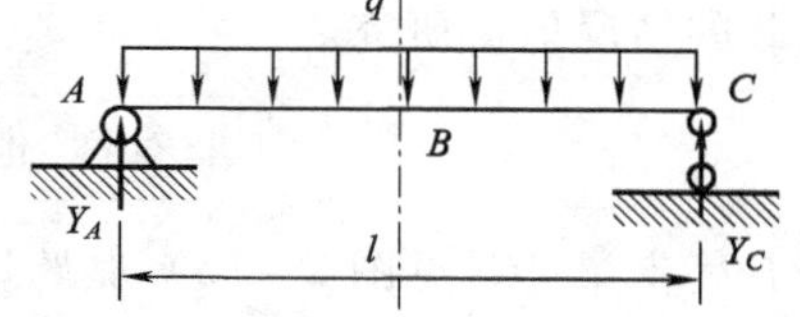

图 2－15　简支梁 AC 作用有 q 时受力图

先解约束力,依照平衡方程 $\sum Y = 0$,得到 $Y_A = Y_C = \frac{ql}{2}$。

2.5.2　置换法求最大挠度

取置换梁的固定端于 B 处,由于 B 处是对称轴所在位置,左右置换梁均为条件一样的悬臂梁,故可得左右置换梁自由端的挠度相等,即:$w_l = w_r$,进一步地根据转角位移方程 $\theta_B = \frac{w_l - w_r}{l}$,则知 B 处转角为零,这一方面依照挠曲线连续光滑的性质,说明已经判定的对称轴的位置就在此处,另一方面也依照挠度与转角的微分关系,告知这就是挠度极值位置。进而根据挠度位移方程 $w_B = -w_l + \theta_B x$,得

$$w_B = -\frac{Y_A\ (l/2)^3}{3EI} + \frac{q\ (l/2)^4}{8EI} = -\frac{ql/2\cdot(l/2)^3}{3EI} + \frac{q\ (l/2)^4}{8EI} = -\frac{5ql^4}{384EI} = -0.013\ 0\frac{ql^4}{EI}(\downarrow)$$

2.5.3 刚体里的静力等效运用于变形体会有疑问吗

刚才已经分别得到了集中力与均布荷载作用在简支梁跨正中产生的挠度,这个结果现在可以用来验证一下静力平衡方程完全一致时,也即主动力与约束力关系完全一致时,同时也是刚体模型完全一样时,这两个变形体模型有否差异。

令集中力等于均布荷载,这就实现了静力等效,即平衡方程一样。将集中力 F 赋值为 ql,便做到这一点,很容易验证,约束力 $Y_A = ql/2$,$Y_C = ql/2$,三个平衡方程与均布荷载作用时的一模一样。但将 $F = ql$ 代入梁跨正中挠度结果时,得到 $w_B = -\frac{Fl^3}{48EI} = -0.020\ 8\frac{ql^4}{EI}$。此结果说明在跨正中位置,集中力比均布荷载能产生更大的挠度,以前者比后者的方式计算一下相对百分比,则是$\frac{0.020\ 8}{0.013\ 0} = 1.6 = 160\%$ 。

这不仅指出了集中力改为分布力对于减小挠度的变化方向,还提醒人们静力等效在变形体中的使用应特别当心。

刚体里,等效静力随便移;变形体,静力等效太稀奇。

2.6 简支梁一半梁长作用有均布荷载

有了全梁满布均布荷载时最大挠度的结果,人们又想知道非满布时最大挠度的情况,要是把晾晒杆上一半的东西收走了呢?将思路缩回到一个集中力作用时的方向,梁上分布有一半均布荷载的情况值得研究。

非对称,也有形,荷载下,极值清。

今有简支梁 AC(见图 2 - 16),其跨度为 l,$AB = l/2$,$BC = l/2$,在 AB 部分处作用有均布荷载 q,设全梁弯曲刚度 EI 为常量,求梁中截面 B 的挠度和转角。

可以用多种方法解答同一个问题,比较一下各自的特点。

用积分法对问题的处置是基本的,也是繁长的,有必要找出较简单的方法,用置换法算算,可事半功倍。

解题步骤是:求约束反力,再于欲求位移位置处确定置换梁的固定端,求置换梁自由端挠度,将其代入简支梁置换法位移方程,即可求出该处位移。

1. 约束反力

用静力平衡方程求解梁的约束反力，具体过程见前述积分法，如图 2－17 所示，得

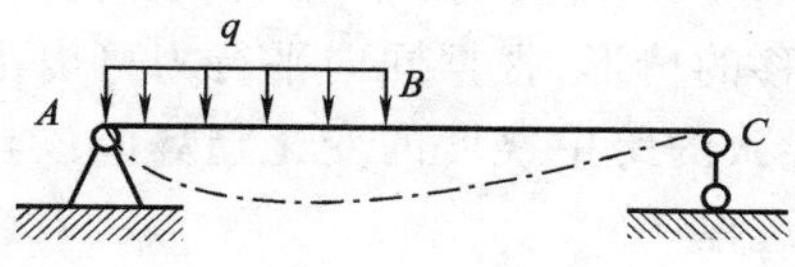

图 2－16　简支梁 AC 及其挠曲线

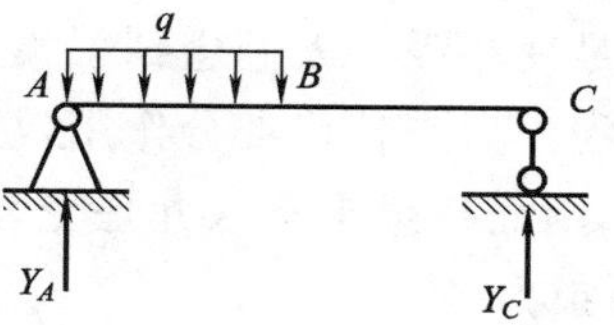

图 2－17　简支梁 AC 受力图

$$\sum M_A = 0,\quad Y_C = \frac{ql}{8},\quad \sum Y = 0,\quad Y_A = \frac{3}{8}ql$$

2. 求置换梁的自由端挠度

置换梁的固定端设置于 B，左、右置换梁如图 2－18、图 2－19 所示。

左置换梁挠度：$$w_l = \frac{Y_A}{3EI}\left(\frac{l}{2}\right)^3 - \frac{q}{8EI}\left(\frac{l}{2}\right)^4 = \frac{ql^4}{128EI}$$

右置换梁挠度：$$w_r = \frac{Y_C}{3EI}\left(\frac{l}{2}\right)^3 = \frac{ql^4}{192EI}$$

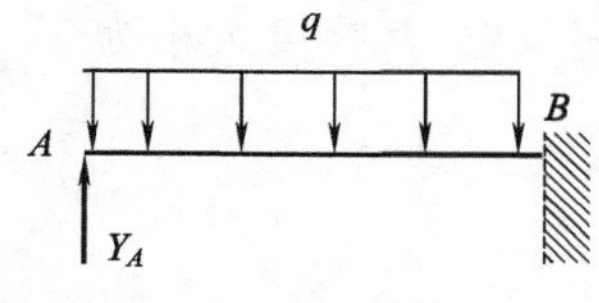

图 2－18　左置换梁

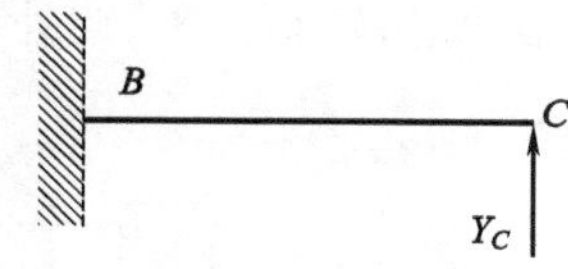

图 2－19　右置换梁

3. 求截面 *B* 处转角

由简支梁的置换法转角位移方程，有 $\theta = \dfrac{w_l - w_r}{l}$，将前式中已经求出的 w_l，w_r 代入上式中，得 $\theta_B = \dfrac{1}{l}\left(\dfrac{ql^4}{128EI} - \dfrac{ql^4}{192EI}\right) = \dfrac{ql^3}{384EI}$，逆时针方向。

4. 求截面 *B* 处挠度

由简支梁的置换法挠度位移方程，有 $w = -w_l + \theta \cdot x$，将前式中已经求出的 w_l，θ_B，x 等数据代入上式中，得

$$w_B = -\frac{ql^4}{128EI} + \frac{ql^3}{384EI} \cdot \frac{l}{2} = -\frac{5ql^4}{768EI}(\downarrow)$$

针对这一问题的求解，置换法可起到“四两拨千斤”的作用。

置换方法灵，求解步骤清，计算加减乘，结果精度谨。

2.7　梁上一半均布荷载在其他位置的情况

对本问题的全面了解，可以提高对类似情况的梁的认识，从而把握位移的变化趋势。

2.7.1 梁上一半均布荷载居中放置产生的挠度

如果将半满的梁均布荷载挪向梁的正中(见图 2－20),其他条件不变,这时的跨正中挠度是变大还是变小呢?人们想到了集中力作用时游移的情形,根据同向平行力可以由其分布位置中心的集中力来替代部分作用效果的先例,其导致的跨中挠度的变化趋势应该与单个集中力者相仿,因而猜想十有八九是变大,以下是求解过程。

1. 约束力

这仍然是对称结构加对称荷载问题,受力图如图 2－21 所示。在 A、C 处的约束力相等且等于 $ql/4$。

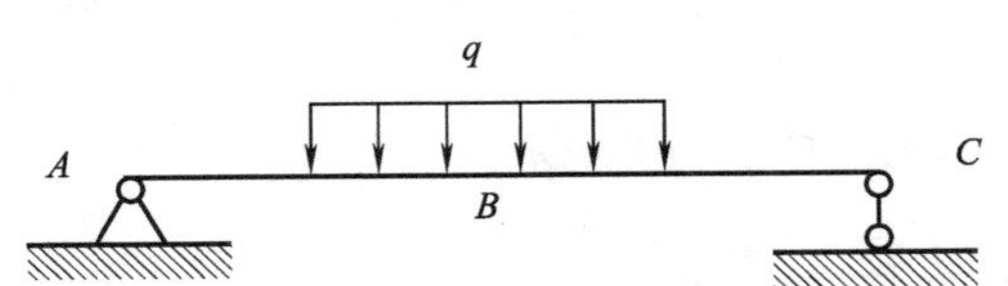

图 2－20　一半均布荷载对称放置梁

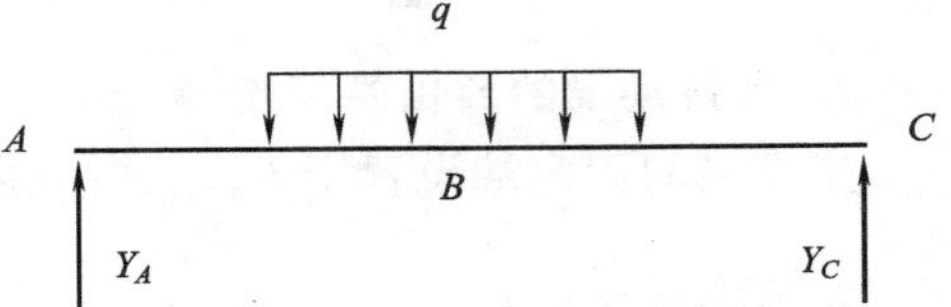

图 2－21　一半均布荷载对称放置梁受力图

2. 求跨中挠度

在 B 处设置置换梁的固定端,左、右置换梁如图 2－22 所示。显见,左右置换梁的挠度相等,代入转角位移方程中后,转角为零,此处为挠度极值位置,其挠度大小为

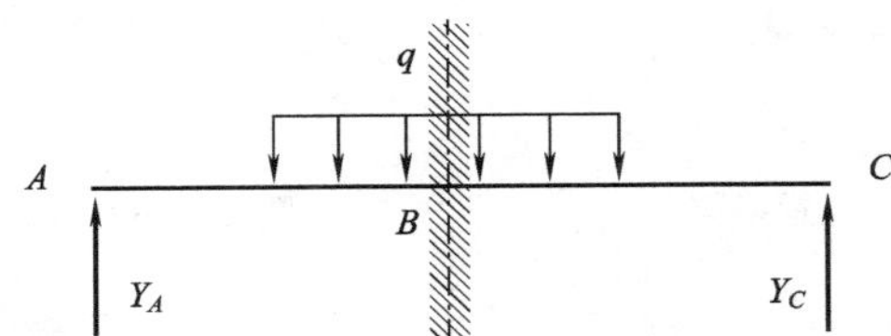

图 2－22　一半均布荷载对称放置梁的跨中位移求解的左右置换梁

$$
\begin{aligned}
w_B &= -w_l = -\frac{Y_A\ (l/2)^3}{3EI} + \frac{q\ (l/4)^4}{8EI} + \frac{q\ (l/4)^3}{6EI} \cdot \frac{l}{4} \\
&= -\frac{ql}{4} \cdot \frac{l^3}{24EI} + \frac{ql^4}{2048EI} + \frac{ql^4}{1536EI} \\
&= -0.010\ 4\frac{ql^4}{EI} + 4.882\ 8 \times 10^{-4}\frac{ql^4}{EI} + 6.510\ 4 \times 10^{-4}\frac{ql^4}{EI} \\
&= -9.260\ 7 \times 10^{-3}\frac{ql^4}{EI}(\downarrow)
\end{aligned}
$$

可见,这时的跨中挠度比 q 靠边放置时的跨中挠度大,就证实了原来的判断。

2.7.2 梁上一半均布荷载游移放置产生的挠度

以下应当找到均布荷载非中非边放置时的梁跨中的挠度。将均布荷载放置于一般位置处,如图 2－23 所示。

1. 约束力

受力如图 2－24 所示,列平衡方程,得到

$$\sum M_C = 0,\quad -Y_A l + \frac{ql}{2}\left(l - a - \frac{l}{4}\right) = 0,\quad Y_A = \frac{q}{2}\left(\frac{3l}{4} - a\right)$$

$$\sum Y = 0,\quad Y_A - \frac{ql}{2} + Y_C = 0,\quad Y_C = \frac{ql}{2} - \frac{q}{2}\left(\frac{3l}{4} - a\right)$$

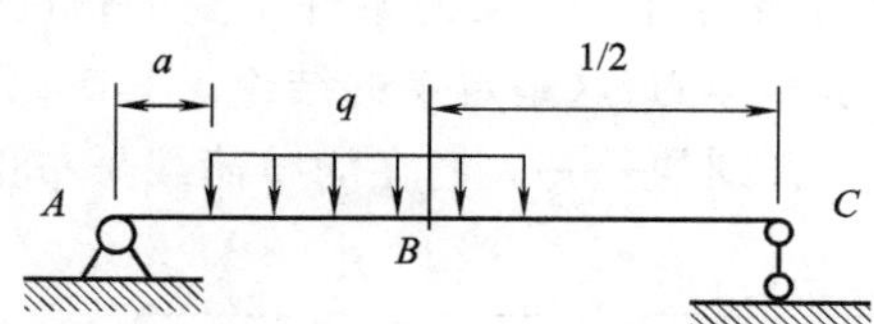

图 2－23　一半均布荷载任意放置梁

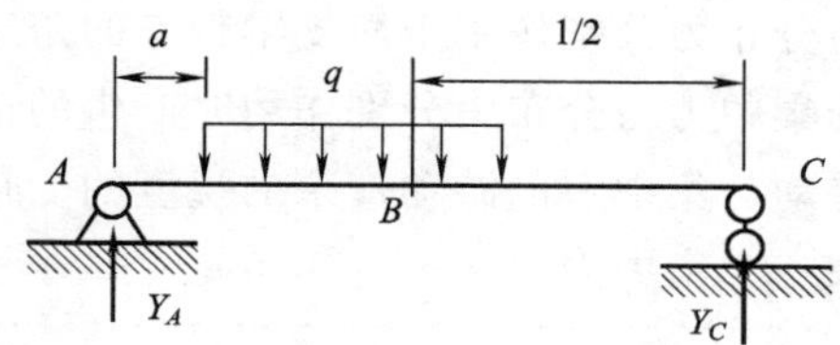

图 2－24　一半均布荷载任意放置梁受力图

2. 置换法求 B 处挠度

将置换梁的固定端设置于 B 处(见图 2－25)，计算其左右置换梁的自由端挠度，得到

$$w_l = \frac{Y_A\,(l/2)^3}{3EI} - \frac{q\,(l/2-a)^4}{8EI} - \frac{q\,(l/2-a)^3}{6EI}a$$

$$= \frac{q}{2}\left(\frac{3l}{4} - a\right)\frac{(l/2)^3}{3EI} - \frac{q\,(l/2-a)^4}{8EI} - \frac{q\,(l/2-a)^3}{6EI}a$$

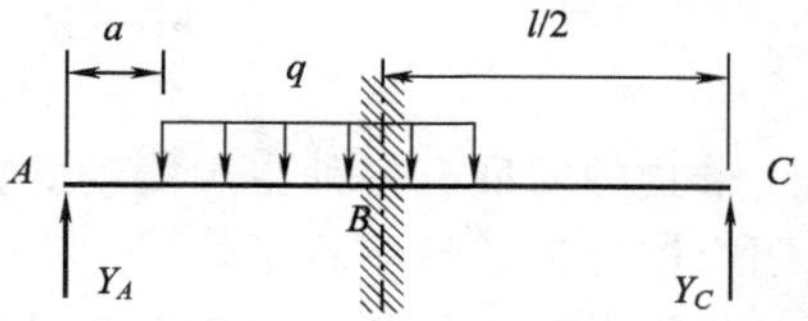

图 2－25　一半均布荷载任意放置时置换梁

$$w_r = \frac{Y_C\,(l/2)^3}{3EI} - \frac{qa^4}{8EI} - \frac{qa^3}{6EI}\left(\frac{l}{2} - a\right)$$

$$= \left[\frac{ql}{2} - \frac{q}{2}\left(\frac{3l}{4} - a\right)\right]\frac{(l/2)^3}{3EI} - \frac{qa^4}{8EI} - \frac{qa^3}{6EI}\left(\frac{l}{2} - a\right)$$

为了方便笔算，不失一般性，取 $a = \frac{l}{8}$，得

$$w_l = \frac{q}{2}\left(\frac{3l}{4} - \frac{l}{8}\right)\frac{l^3}{24EI} - \frac{q\,(l/2-l/8)^4}{8EI} - \frac{q\,(l/2-l/8)^3}{6EI}\frac{l}{8}$$

$$= 9.429\,5\times10^{-3}\frac{ql^4}{EI}$$

$$w_r = \left[\frac{ql}{2} - \frac{q}{2}\left(\frac{3l}{4} - \frac{l}{8}\right)\right]\frac{(l/2)^3}{3EI} - \frac{q\,(l/8)^4}{8EI} - \frac{q\,(l/8)^3}{6EI}\left(\frac{l}{2} - \frac{l}{8}\right)$$

$$= 7.659\,9\times10^{-3}\frac{ql^4}{EI}$$

依照公式 $w_B = -\frac{l - x_B}{l}w_l - \frac{x_B}{l}w_r$，这里 $x_B = l/2$ 为 B 处位置坐标，代入得

$$w_B = -\frac{l - l/2}{l}\times9.429\,5\times10^{-3}\frac{ql^4}{EI} - \frac{l/2}{l}\times7.659\,9\times10^{-3}\frac{ql^4}{EI}$$

$$= -8.544\,7\times10^{-3}\frac{ql^4}{EI}(\downarrow)$$

将此结果与前述的、一半均布荷载在梁一边作用和一半均布荷载在梁正中作用的结果比较一下，发现它即在两者之间。此结果再与前述的、集中力在梁旁边作用和集中力在梁正中作用的结果比较一下，则发现跨正中挠度的变化趋势一样，这就是无论集中力还是局部分布力，作用于简支梁上，则它们越是靠中间，正中发生的挠度越甚。

此现象的机制是怎样的呢？能否琢磨出来一点道理呢？人们进行延伸性思维，用平行力系的概念来看，均布荷载实际上就是同向平行力系，其合力就是作用于分布中心，也即均布于梁长度一半位置上的一个集中力，方向与力系相同，大小就是分布集度乘以分布长度，有了这样的力的替代，梁系统的主动力与约束力的静力关系则完全不变，数值关系完全一样。注意找集中力与分布力分别作用于简支梁带来的跨正中挠度的异同，首先，梁的条件不变的情况下，等大小的集中力与分布力分别作用时产生的挠度数值是不等的，这是定量的结论。其次，分布荷载的游动与集中力的游动带来的挠度的变化趋势是无区别的——人们在均布荷载分布正中间可想象一个集中力。

荷载均布或集中，位移趋势成一统，若要比较绝对值，均布小于力集中。

2.8　两个位置靠近并且等大集中力作用的挠度

事物的发展有一种主观能动的方式来驱动，那就是顺水推舟，有了前面的认识，以下这个问题应该比较容易解答了。

如果天车梁与其上的起重机尺寸相差不太大（小于一个数量级）或是需要精准计算，那就需考虑细节，而不能简单地将起重物视为一个集中力压在梁的一个点上，而要按照传力过程，将重物重力分两排钢轮压在相互距离为轴距的梁钢轨上，其写成以下的受力模型。

小车在梁上移动，起重时速度很小，如图 2－26 所示。要求确定当小车移动过程中在梁中产生最大挠度时的车的位置；另外，确定梁跨正中处挠度的最大值。

问题的大体思路是，梁长与两集中力的距离进一步接近，或准确地说两力距离与梁长比值较大，这时，两排轮子加力情形不能简化成前述例子的一个集中力，那样做引起的误差将大到结果不能采用，故只能将集中力加于两排轮子的触轨处，如图 2－27 所示。

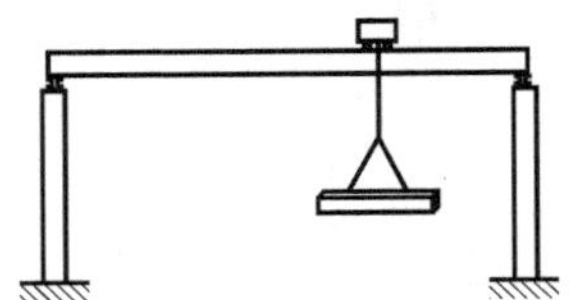
图 2－26　天车示意图

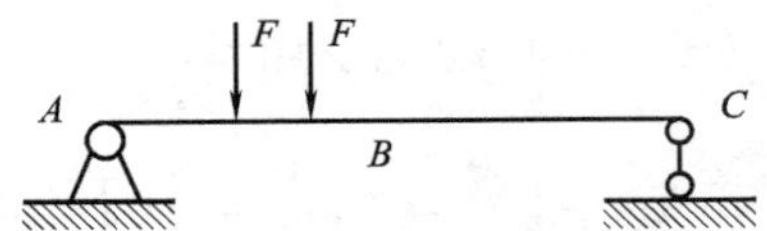

图 2－27　简支梁上作用两个集中力模型

一力，两力，分布力，总值相等的力；
最大，次之，值最小，是说挠度大小。

2.8.1　力使梁中发生最大挠度时的位置

由移动荷载作用所引起的跨中挠度变化规律来看，第一，无论何种荷载作用，梁跨中挠度一般都比靠两头的位置的挠度大；第二，不论是单一集中荷载还是均布荷载，都当它们作用于梁跨正中位置时，所导致的梁中挠度为最大。

对比现在荷载与前例出现过的荷载，以找到它们的异同。现在的两个集中力的情况，被包含在前例出现的集中力、一半均布荷载两种荷载作用方式之中，可以视其为最简单同向平行力，依平行力系合成的结论，其合力应当在此两个力之间，又由于此二力取成等值，则此合力位于两力之间水平位置一半处，故推想，当合力作用线位于对称轴处时，与单个集中力作用引起的最大挠度时力的位置一样，那么，当等值的两个集中力对称布置时，梁跨正中的挠度为最大。

2.8.2　两集中力导致的最大挠度

将以上对出现最大挠度的位置的判断等进行置换法求解。梁简图如图 2－28 所示，受力图如图 2－29 所示，二力 F 对称布置，设两轮轴距为梁长的 1/4。

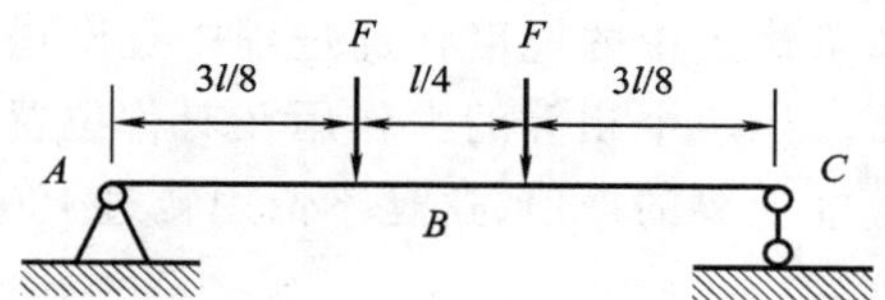

图 2－28　简支梁上作用对称两个集中力模型

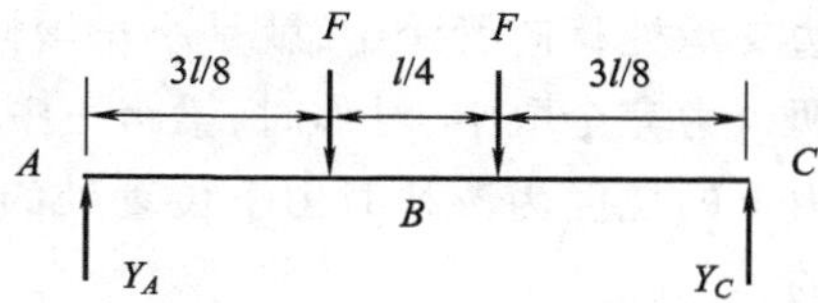

图 2－29　简支梁作用对称两个集中力受力图

1. 约束力

依照对称原理，结构对称、主动力对称，则约束力也应该对称，得到

$$Y_A = Y_C = F$$

2. 设置置换梁

将置换梁固定端设置于欲求位移处，也即跨正中 B 处，有左、右置换梁，如图 2－30 所示，得到

$$w_l = \frac{Y_A\,(l/2)^3}{3EI} - \frac{F\,(l/8)^3}{3EI} - \frac{F\,(l/8)^2}{2EI}\frac{3l}{8} = \frac{Fl^3}{3EI}\frac{1}{8} - \frac{Fl^3}{3EI}\frac{1}{512} - \frac{Fl^2}{2EI}\frac{1}{64}\frac{3l}{8} = 0.038\ 1\frac{Fl^3}{EI}$$

由于左右置换梁对称，有 $w_r = 0.038\ 1\dfrac{Fl^3}{EI}$。

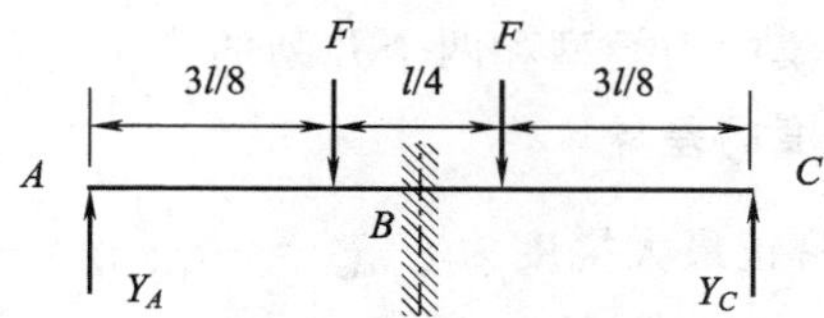

图 2－30　简支梁作用对称两个集中力时置换梁

3. 求 B 处挠度

引出挠度位移方程 $w_B = -\dfrac{l-x}{l}w_l - \dfrac{x}{l}w_r$，其中 B 点位置变量 $x = l/2$，将左右置换梁挠度代入，得 $w_B = -\dfrac{l-l/2}{l}w_l - \dfrac{l/2}{l}w_r = -\dfrac{1}{2}w_l - \dfrac{1}{2}w_r$，将 w_l 和 w_r 代入，得

$$w_B = -0.038\ 1\frac{Fl^3}{EI}(\downarrow)$$

结果显示，B 处挠度的绝对值与左右置换梁自由端挠度相等。对比总值相等的一个集中力、两个集中力和均布荷载的最大挠度，渐次减小。从另一个角度——应变能来看，也是逐渐减少，即梁中储存的“潜能”变少。

2.8.3　最大挠度的逻辑推证

有人可能会质疑以上的结果，或者虽然相信，但是，感觉推论过程不够严密。下面就仍然用置换法进一步证明。

观察一下值相同的两个集中力在一般位置处、并向跨中缓进的情况，试想一下，如果是左边一个力恰好位于跨正中时，此处挠度最大，那么，记住此时右边的另一个力不在跨正中，而此力的大小与左边的力相等。问题来了，倘若180°地转向梁的后方，所见到的情形是：左力在对称轴之左，右力在跨正中。这就会与刚才的结论发生矛盾，不能想象两个力在移动时跨正中的挠度保持不变。这是前面两种荷载问题所否定了的，故而不能是这样的结论，而应该是两个力自一边支承处移向梁跨中，就是小车慢慢开往梁跨中，梁跨正中的挠度在此过程中逐渐增大，直到两个力完全取中、对称时，梁跨正中取得最大挠度。当两个相等的力作用在对称位置时，集中力下的挠度为游移时力下位置处的极值，注意，而非全梁的极值，这是不怕用转过180°来检验的。

用前面梁式起重机一节和互等定理一节中的结论来检算单个集中力 F 分别作用在梁跨中位置、距离支承为 $l/4$ 位置时，引起的梁跨正中挠度，然后叠加，看其结果是否大于本节的正确结论，结果是：$w_{b=l/2}=-0.0208\dfrac{Fl^3}{EI}-0.0143\dfrac{Fl^3}{EI}=-0.0351\dfrac{Fl^3}{EI}$，显然，它小于两力对称作用时的 $w_B=-0.0381\dfrac{Fl^3}{EI}$，结论为否。

孪生二力走，脚下挠度行，二力对称位，正中挠度最。

人们又乘兴想要知道，有时将两排轮子的梁上起重机及其起重物简化成一个集中力，像前述一样，跟本节的两个并列的集中力研究比较，也就是简化方式与忠于原样之间有多大的差距呢？

2.8.4 集中力与其一分为二为并列靠近的两力之误差

将天车梁上起重机的一个集中力模型和两个并列的集中力的模型拿来考察对比，计算一下它们在跨正中产生的最大挠度的差异。

①单个集中力 F 作用时，跨正最大挠度为 $w_{B\max}=-\dfrac{Fl^3}{48EI}=-0.02083\dfrac{Fl^3}{EI}$。

②两个靠近的集中力 $F/2$ 作用时，设两力之间距离是梁长 l 的1/10，代入本节的置换公式，有左置换梁挠度 $w_l=\dfrac{Y_A}{3EI}\left(\dfrac{l}{2}\right)^3-\dfrac{F/2}{3EI}\left(\dfrac{l}{20}\right)^3-\dfrac{F/2}{2EI}\left(\dfrac{l}{20}\right)^2\left(\dfrac{l}{2}-\dfrac{l}{20}\right)$，将相关数据代入，得

$$w_l=\frac{Fl^3}{48EI}-\frac{Fl^3}{48\times10^3EI}-\frac{Fl^3}{16\times10^2EI}\cdot\frac{9}{20}=0.02053\frac{Fl^3}{EI}$$

右置换梁挠度 $w_r=0.02053\dfrac{Fl^3}{EI}$，将左右置换梁挠度代入置换法挠度方程，得跨正中最大挠度为

$$w_{B\max}=-0.02053\frac{Fl^3}{EI}$$

③两个受力模型的跨中最大挠度的相对误差为

$$\Delta=\frac{0.02053-0.02083}{0.02083}=-0.01450=-1.45\%$$

结果指出，两个并行力与一个总值相等的力对比，其相对误差在一般工程约定变化的5%的许可范围之内，所以，再顾及许多单层厂房里起重机两轮之间的轴距与梁长的比值一般还比

本算例中的更小，使得并行两力的距离更短，无疑更靠近一个集中力的情况，自然两例的挠度就更接近。可以说，天车梁上起重机的一个集中力模型可以放心使用，可靠无疑。

至此可知置换法在简支梁上应用的结论：总值相等的荷载，无论其是单个集中力、多个集中力，抑或是梁长度方向部分分布荷载、全梁满布均布荷载等，产生的梁跨中的挠度的最大值情形的排序就是所提这些荷载方式的排序。

讨论中还可以看出一个规律，只要荷载在量值上增加一倍，各处挠度则随着增加一倍。

研究中还有此问题，先给定梁形和相关的位移，反求此位移发生的位置。由于经位移方程易得此高次方程，该问题变成求根问题，此类对变形发生位置的推断按理论分析分类，属“反问题”。

简支梁挠曲线，似弯弓一张，张弛有度。
置换梁的挠度，赖固端一个，个个无限。

第3章 悬臂梁位移的置换解法

这一章主要介绍可能对某些问题更有针对性的置换法，这是在第二种简单梁上使用该法。本章照例要寻找悬臂梁置换法位移方程，另外，作为示例，证明转角位移方程与挠度位移方程的一阶导数关系的严格成立；此后是三角形分布荷载的位移，最后是悬臂梁的连接。

悬臂梁，顾名思义，犹如人们用手臂平举一个物体的情形，此时手臂的受力状态就是这种力学模型。当然，体操中的吊环运动员在比赛时的一个规定动作是“十字悬垂”，那时的两个手臂则形成前述的简支梁。野外的电杆柱在刮风时可以视为悬臂梁，见图 3－1（所画是某市十九中农场），当然，这时应绕垂直于纸面的轴旋转 90°看，才是一般梁的姿态。

风中的道路指示牌、悬廊下面的托梁（图 3－2，是南师附小教学楼）以及直升机主旋桨在上下方向的受力状况也都可以按照悬臂梁来对待。

图 3－1　电线杆柱受风力作用

图 3－2　廊道下面托梁

悬臂梁也是建筑物中雨棚等这一类结构的受力模型，图 3－3 所示为雨棚一侧受力情况，q 是均布荷载，表示的是棚顶的重力荷载的一种简化结果。

如果将此模型绕水平轴上下转动 180°，则为以上所述的直升机飞行时桨叶每时每刻的上下方向的受力状况，如此，挠曲线也要颠倒。当然，此处以转轴为固定端，因为它相对机体无纸面内的位移。

立起是栅栏，平摆成跳板。

在墙上钉上一个钉子，然后在其上面挂一个重物，又该怎样建立力学模型呢？很浅显，它可以简化成一端固定、一端自由的悬臂梁，通过柔索吊起的重物用一个集中力表示，作用于某一位置，如图 3－4 所示。

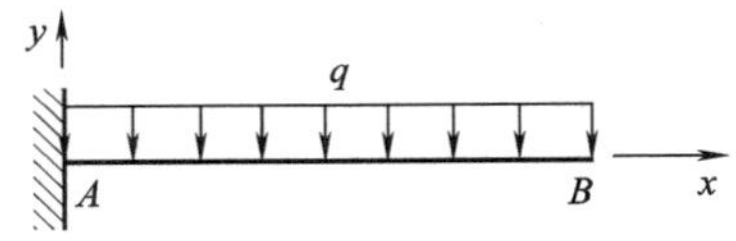

图 3－3　雨棚的悬臂梁模型

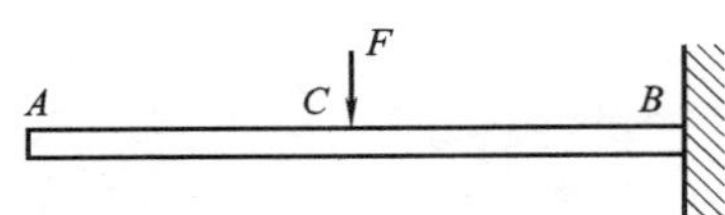

图 3－4　挂东西的钉子悬臂梁模型

图 3－4 中,由于梁的 AC 段内力为零,所以不产生变形。但是,AC 段与 CB 段组成全梁整体,AC 段会随着 CB 段的变形而协调地发生整体位移,就像一些表演者模仿机器人的舞蹈,原本柔体的头、手、臂、躯干、大腿、小腿和脚等部分,将其有意僵化地去动作,引起整体位移的机械动作效果,就是整体位移。

发现整体位移的机械性,可以将此模型进一步简化成集中力作用于自由端的情形,如图 3－5所示,就是将不变形的 AC 段不予考虑,倘若需要知道自由端 A 的位移时,再将其接入即可,毕竟整体位移计算相对简单些。

人们在描述古代战争时,经常会用到诸如:“旌旗招展,号炮连天”等词语,所谓的旗进人进、鸣金收兵等,指部队在号令下的调度和机动,无形的媒介是声,有形的标志是旗,人们可在许多战争影视里的大全景中看见战旗左冲右突、横冲直撞的景象,旗帜受力如图 3－6 所示。

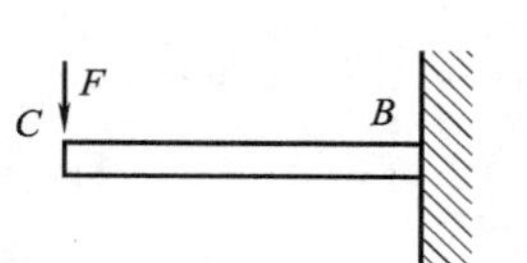

图 3－5 悬臂梁自由端一个集中力模型

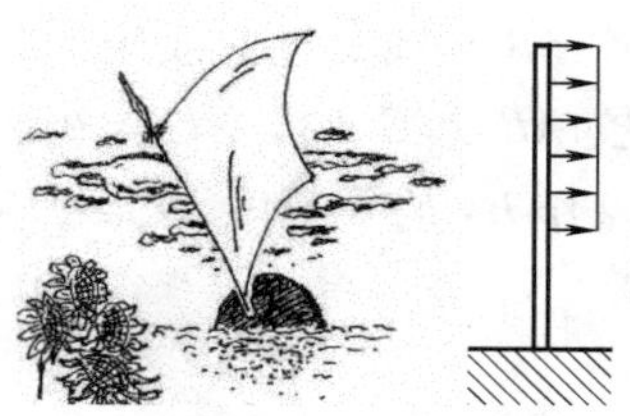

图 3－6 旗帜与其简化模型

看一下旗帜的结构(见图 3－6),主要为一根旗杆,重量相对较小的旗面主要作用是迎风展开,昭示旗中标识,但却给旗杆带来了主要的荷载——风载。因此,倘若不考虑量值较小的轴向方向的压缩变形,其实这就是一个竖直的悬臂梁上作用有横向的分布荷载的力学模型。

与旗类似,风雨飘摇之中的树木的主干也可视为悬臂梁。人们不去刻意体味文人墨客“春风杨柳”的诗兴逸趣,然而,路灯、路牌、广告牌等街头物件在风中摇曳,说明其刚度存在问题,通俗地说太柔了,可能造成噪声、磨损甚至疲劳破坏,这是人们不得不在意之事。

> 悬臂梁视为断桥一头,挠曲线置位莫展一筹;
> 置换法倘若还行其道,诸方程需要推导得手。

3.1 悬臂梁的置换法位移方程

置换法在简支梁中使用得不错,能否也在悬臂梁中开掘出一些用途呢?有问:曾经要求的悬臂梁位移系数口诀不是已经都在了吗,还要新的位移方程干嘛,岂不是多此一举吗?请注意,积分法能够应对任何梁,而置换法只能一一对号入座了,这是与挠曲线相对于坐标位置变化相关的事。简支梁挠曲线两端点始终在坐标 x 轴上,悬臂梁则不然。

> 寻得金刚钻,好揽瓷器活。

3.1.1 悬臂梁挠曲线的角度和线段的几何关系

取任意悬臂梁 AB,A 点是固定端,B 点是自由端,设 x 坐标轴与梁轴线重合,如图 3－7 所示,作 AB 的挠曲线 ADN,双点画线 AB 为变形前梁轴线,为直观起见,变形夸大画出。欲求距 A 点为 x 的 C 点的位移。

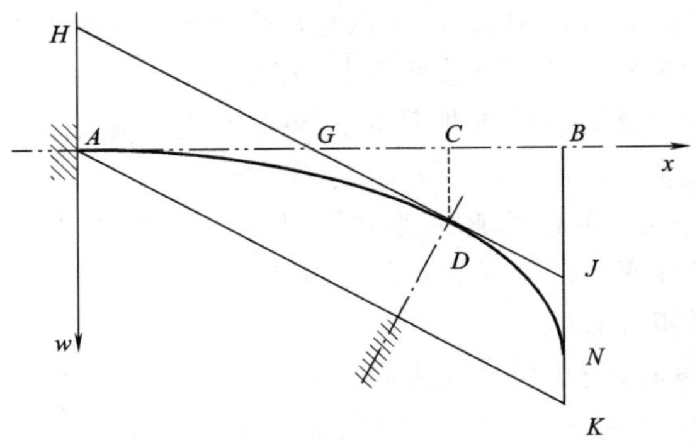

图 3－7 悬臂梁挠曲线及置换法图像

过 C 作 AB 垂线交挠曲线于 D。再作 D 点切线，交左端固支处横向线为 H，交自由端的横向线为 J，交 AB 为 G，则 $\angle BGJ=\theta$ 就是 C 截面转角（转角定义）。于 D 处设置置换梁的固定端。过 A 点作 HJ 的平行线，交自由端横向线于 K 点，BK 上有挠曲线上 N 点。故 $HAKJ$ 为平行四边形，有

$$HA=JK=JN+NK \tag{3-1}$$

显然，小变形下，HA 为左置换梁自由端挠度 w_l，JN 为右置换梁自由端挠度 w_r，代入式（3－1），有

$$w_l=w_r+NK \tag{3-2}$$

又因为 $\angle BAK=\angle BGJ=\theta$（同位角），故 $BK\approx\theta\cdot AB$，而 $BK=BN+NK$，$BN=w_B$ 即原梁自由端挠度，代入式（3－2）并协调符号，可得

$$w_l-w_r=\theta\cdot l-w_B \tag{3-3}$$

其中 l 为 AB 长度。另外显见：

$$CD=w\approx\theta\cdot x-w_l \tag{3-4}$$

望图实际上可直观：

挠度走曲线，愈右愈深，转角顺轴线，越弯越大。

3.1.2 置换法求悬臂梁的位移方程

由式（3－3）移项整理，并用 f 表示自由端挠度的下标，可得 C 处转角

$$\theta=(w_l-w_r+w_f)/l \tag{3-5}$$

其中 l 为梁长，w_f 为悬臂梁自由端挠度，w_l，w_r 分别为左、右置换梁自由端的挠度。

将式（3－5）代入式（3－4），得 C 处挠度

$$w=(w_l-w_r+w_f)\cdot x/l-w_l \tag{3-6}$$

式中参数的意义同式（3－5）。上式亦可写成这般形式：$w=\theta\cdot x-w_l$。

注意到挠度的表达式与简支梁的置换法位移方程一致，都是转角乘以横截面位置坐标后，减去左置换梁自由端挠度。

如果遇到的悬臂梁左端是自由端，右端是固定端，我们可以对以上的位移方程调整正负号，以适应坐标相对固定端位置关系的变化，得到如下位移方程：

$$\text{转角 }\theta=(w_l-w_r-w_f)/l \tag{3-7}$$

与转角公式（3－5）相比，只是梁的自由端的挠度的符号由正改为负，其他意义不变。

$$挠度\ w=(w_l-w_r-w_f)\cdot x/l-w_l+w_f \tag{3-8}$$

与挠度公式(3－6)相比，变化在于梁的自由端的挠度的符号由正改为负，另外，末端加了一项梁的自由端挠度，其他意义不变。上式亦可写成：$w=\theta\cdot x-w_l+w_f$。

悬臂梁，挠曲线，图像仍弓弦一只；
置换梁，方程为，转角并挠度二式。

3.2　置换法位移方程之间关系的完整性

观察梁的挠曲线在其面内的几何图形，为了清晰可见，画图时夸大曲线的曲率。选定一般的横截面位置作辅助线，即作挠曲线的切线，再作切线的垂线——即变形后的横截面位置，并将该垂线引向梁的有关边界点，此边界点包括支承点和端点等，如此构成直线、曲线组成的图形，称为“置换法图像”。对置换法图像进行分析，以平面几何关系和挠曲线所表达的挠度、转角为基本变量，建立起它们的等量关系，是置换法寻求位移方程的方法，其具体证明方法前节已叙其一。

目前的问题是，前面弯曲位移的参数关系已经指出：挠度的一阶导数等于转角，那么，反映在置换法位移方程中是否依然成立呢？这里就存在从数学上对位移方程进行深度考核的工作。为了进一步查清挠度方程和转角方程的关系，对其性质深入研究，以下主要对悬臂梁的置换法的挠度、转角方程的导数关系进行论证，至于简支梁和后面的外伸梁置换法位移方程的论证皆可以借鉴本论证。

根据梁的位移的讨论，梁的对称弯曲中，在小变形条件下，梁的挠度与转角是一阶导数的关系，即有 $w'(x)=\theta(x)$，其中 $w(x)$ 是挠度，$\theta(x)$ 是转角，x 是梁的横截面在变形前的轴向位置坐标。当已经求出挠度方程后，只要对挠度方程求关于自变量 x 的一阶导数，所得函数便是转角方程。置换法所获得的位移方程，包括挠度方程和转角方程皆是关于自变量 x 的、并存在中间变量的复合函数，就是以置换梁自由端挠度、梁长、原梁自由端挠度和 x 等参数为变量的复合函数，此情况提示应以复合函数的求导法则来验证。

3.2.1　固定端在左边的悬臂梁置换法图像

固端在左边的悬臂梁如图 3－8 所示。设直角坐标为正常的位置，x 向右、y 向上。注意：上述有关推导时，w 向下为正，此处是特意将 y 换成向上正向，意味着 y(或 w)的不失一般性，而结论不变。

作任一固定端在左的悬臂梁置换法图像如图 3－9 所示，点画线 AGB 代表梁的变形前轴线位置，其与 x 轴重合，点画线 AHD 是轴线变形后的位置，仍然是平坦的弹性曲线。x 轴原点在梁的左端 A 处。现于梁的任一位置、离点 A 为 x 处的 G 点处，向上方引一与 y 轴平行的线段 GH，交挠曲线为 H 点，其即是梁在 x 位置的挠度(小变形假设)。作 H 点的切线 JK，连接 J、A 两点，并使线段 AJ 正交于线 JK；同样，连接 K、D 两点，并使线段 DK 正交于线 JK。显然，线段 AJ、DK 分别是梁在 G 处的左、右置换梁自由端的挠度 $w_l(x)$、$w_r(x)$(小变形假设)。同理，离梁的 A 点为 $x+\Delta x$ 处的 N 点处，向上方引一与 y 轴平行的线段 NQ，交挠曲线为 Q 点，其即梁在 $x+\Delta x$ 位置的挠度。作 Q 点的切线 RS，连接 R、A 两点，并使线段 AR 正交于线 RS；同样，连接 S、D 两点，并使线段 DS 正交于线 RS。显然，线段 AR、DS 分别是梁在 N 处的左、右置换梁自由端的挠度 $w_l(x+\Delta x)$、$w_r(x+\Delta x)$。

另外，切线 JK、RS 的交点为 T。线段 AR 与切线 JK 的交点为 U；线段 DK 与切线 RS 的交点为 V。

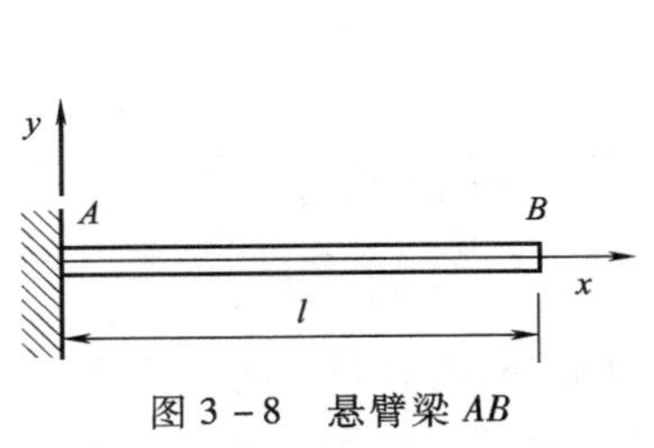

图 3－8 悬臂梁 AB

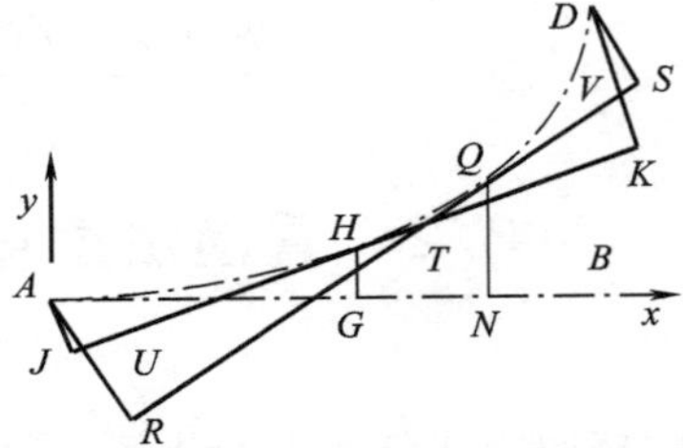

图 3－9 悬臂梁 AB 置换法图像

3.2.2 左端固定的悬臂梁之置换法挠度方程转角方程

在结构一定、荷载一定的条件下，上面求出的左端固定悬臂梁转角方程式(3－5)、挠度方程式(3－6)分别如下：

$$\theta(x)=\frac{w_l(x)-w_r(x)+w_f}{l} \tag{3-9}$$

$$w(x)=-w_l(x)+x\cdot\theta(x) \tag{3-10}$$

式中，$w_l(x)$表示左置换梁自由端挠度，$w_r(x)$表示右置换梁自由端挠度，l 表示梁长，w_f 表示原悬臂梁自由端挠度。

将式(3－9)代入式(3－10)有

$$w(x)=-w_l(x)+\frac{1}{l}[w_l(x)-w_r(x)+w_f]\cdot x \tag{3-11}$$

3.2.3 挠度方程的一阶导数

对式(3－11)求关于自变量 x 一阶导数，得：

$$\frac{\mathrm{d}w(x)}{\mathrm{d}x}=-\frac{\mathrm{d}w_l(x)}{\mathrm{d}x}+\frac{1}{l}\left[\frac{\mathrm{d}w_l(x)}{\mathrm{d}x}-\frac{\mathrm{d}w_r(x)}{\mathrm{d}x}\right]\cdot x+\frac{1}{l}[w_l(x)-w_r(x)+w_f]$$

若令：$\Omega=-\dfrac{\mathrm{d}w_l(x)}{\mathrm{d}x}+\dfrac{1}{l}\left[\dfrac{\mathrm{d}w_l(x)}{\mathrm{d}x}-\dfrac{\mathrm{d}w_r(x)}{\mathrm{d}x}\right]\cdot x$，权且称为置换梁挠度导数的协和①，则可得挠度的一阶导数：

$$\frac{\mathrm{d}w(x)}{\mathrm{d}x}=\Omega+\theta(x) \tag{3-12}$$

挠度、转角之间关系似多出一项，没对上？

3.2.4 左右置换梁挠度增量关系的几何表征

对式(3－12)中的置换梁挠度导数的协和 Ω 进行分析。借助于置换法图像，研究$\dfrac{\mathrm{d}w_l(x)}{\mathrm{d}x}$、

①“协和”为作者自创。

$\frac{dw_r(x)}{dx}$的内涵。

如图 3－9 所示，直角△TUR、直角△TKV，由于$\angle RTU=\angle VTK$(对顶角)，故它们相似(三角形中两角分别相等)。根据相似三角形的性质，得到等式$\frac{UR}{RT}=\frac{VK}{TK}$。由此可得

$$TK\cdot UR=RT\cdot VK \tag{3-13}$$

因为小变形假设，所有转角都是微小量，并且考虑挠曲线的连续光滑性质，当 Δx 趋近于零时，也即 N 点无限地靠近 G 点时，Q 点无限靠近 H 点，并与 T 点逐渐合为一点。与此同时，U 点趋近于 J 点；V 点趋近于 S 点。$AJ\approx AU$，$DV\approx DS$(等价无穷小)因此

$$UR\approx AR-AJ \tag{3-14}$$

$$VK\approx DK-DS \tag{3-15}$$

将式(3－14)、式(3－15)代入式(3－13)，得 $TK\cdot(AR-AJ)\approx RT\cdot(DK-DS)$。再考虑这些线段的物理意义，即有

$$(l-x)\cdot[w_l(x+\Delta x)-w_l(x)]\approx x\cdot[w_r(x)-w_r(x+\Delta x)] \tag{3-16}$$

3.2.5　挠度转角方程的关系

式(3－16)约等号两边同除以 $l\cdot\Delta x$，得

$$\frac{l-x}{l}\cdot\frac{w_l(x+\Delta x)-w_l(x)}{\Delta x}\approx\frac{x}{l}\cdot\frac{w_r(x)-w_r(x+\Delta x)}{\Delta x}=-\frac{x}{l}\cdot\frac{w_r(x+\Delta x)-w_r(x)}{\Delta x} \tag{3-17}$$

显然，式(3－17)中约等号两边的各自第二个因子是各自函数增量与自变量的比值，依照导数定义，当 Δx 趋于零时下式成立：

$$\frac{l-x}{l}\cdot\lim\frac{w_l(x+\Delta x)-w_l(x)}{\Delta x}=-\frac{x}{l}\cdot\lim\frac{w_r(x+\Delta x)-w_r(x)}{\Delta x}$$

因此$\frac{l-x}{l}\cdot\frac{dw_l(x)}{dx}=-\frac{x}{l}\cdot\frac{dw_r(x)}{dx}$，移项得：$\frac{x-l}{l}\cdot\frac{dw_l(x)}{dx}-\frac{x}{l}\cdot\frac{dw_r(x)}{dx}=0$，则得：$\frac{x}{l}\cdot\frac{dw_l(x)}{dx}-\frac{dw_l(x)}{dx}-\frac{x}{l}\cdot\frac{dw_r(x)}{dx}=0$，就是 $\Omega=0$，即置换梁挠度导数的协和为零，将此结果代入式(3－12)，即得：$\frac{dw(x)}{dx}=\theta(x)$，证得左端固定的悬臂梁的置换法挠度与转角方程的一阶导数关系。

右端固定的悬臂梁的置换法挠度与转角方程的一阶导数关系证明过程如法炮制。

> 原梁挠曲线函数，给它一次变化率，所得与转角一模一样；
> 置换法挠度方程，对它一次求导数，结果与转角并无二致。

3.3　计算三角形分布荷载下悬臂梁的变形

当气流作用于雪松时，忽略雪松自重时其受力模型就是三角形分布荷载(见图 3－10)，这是考虑到雪松下粗上细的缘故。可以从数学积分的含义出发对悬臂梁的位移进行计算。龙柏受风情形也与此相差无几，如图 3－11 所示(图是当年在苗圃“开门办学”时所画)。

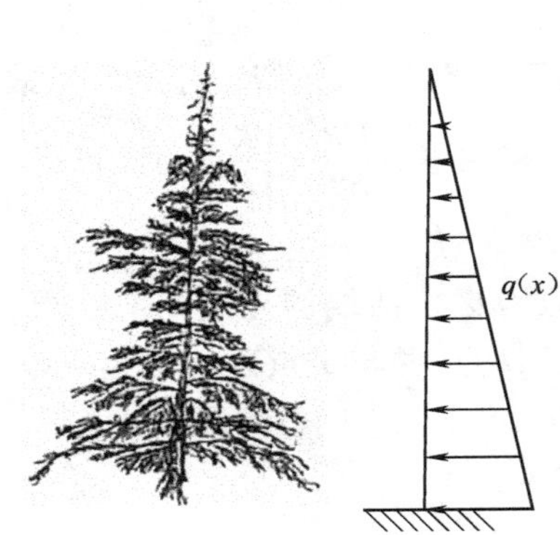

图 3 – 10 受风力作用的雪松简化为三角形荷载

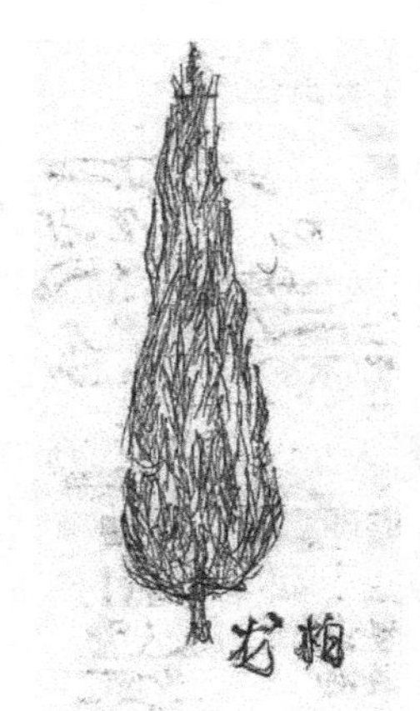

图 3 – 11 树干受风力时

3.3.1 三角形分布荷载当零值在自由端时

有一根受三角形分布荷载作用的悬臂梁 AB,A 处是固定端,B 处是自由端,如图 3 – 12 所示。分布荷载的最大值是 q,位于固定端,梁长度为 l,弯曲刚度是 EI,需要求出自由端的位移。可以将此模型想象成战场堑壕隐蔽所的棚架梁受土体荷载情形。

1. 求约束反力

画受力图如图 3 – 13 所示,固定端处存在约束力 Y_A 和 M_A。建立平衡方程,有

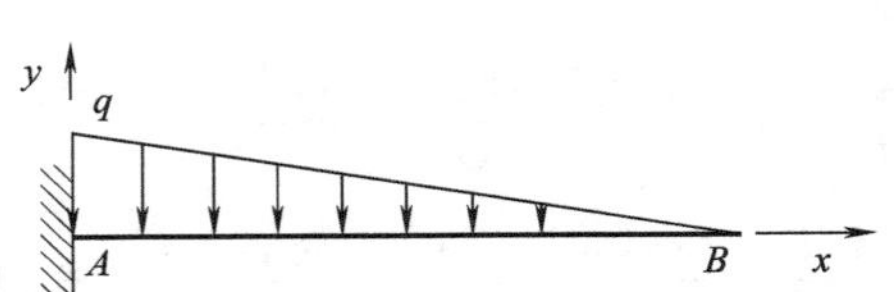

图 3 – 12 受三角形分布荷载作用的悬臂梁

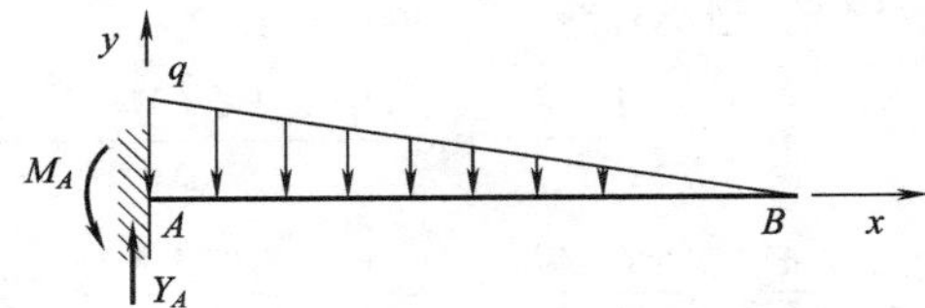

图 3 – 13 三角形分布荷载的悬臂梁受力图

$$\sum Y = 0,\quad Y_A - \frac{ql}{2} = 0,\quad Y_A = \frac{ql}{2} \tag{3-18}$$

$$\sum M_A = 0,\quad -M_A + \frac{ql}{2}\cdot\frac{l}{3} = 0,\quad M_A = \frac{ql^2}{6} \tag{3-19}$$

2. 列弯矩方程

用截面法求解梁内力,①以垂直点画线在离 A 为 x 处的 C 截面将梁截断(见图 3 – 14);②研究左段,右段对左段的影响在力学看来就是内力,标注上 F_S 和 M_C;③列写平衡方程并求解。

在列写时,梯形分布荷载可以分成两部分计算,如图 3 – 14 所示的虚线分割的样子。

$$\sum M_C = 0,\ -M_A + Y_A x - q_C x\cdot\frac{x}{2} - \frac{1}{2}(q - q_C)x\cdot\frac{2x}{3} - M_C = 0 \tag{3-20}$$

式(3 – 20)中的 q_C 指在 C 截面处的分布荷载大小,它与 q 的关系可由三角形分布规律的线性关系而确定,由此可知 $\frac{q}{l} = \frac{q_C}{l-x}$,$q_C = \frac{l-x}{l}q = \left(1 - \frac{x}{l}\right)q$。

将 q_C 代入式(3－20)，有

$$-M_A+Y_Ax-\left(1-\frac{x}{l}\right)q\frac{x^2}{2}-\frac{1}{2}\left[q-\left(1-\frac{x}{l}\right)q\right]\frac{2x^2}{3}-M_C=0$$

$$-M_A+Y_Ax-q\frac{x^2}{2}+\frac{qx^3}{6l}-M_C=0 \tag{3-21}$$

将式(3－19)的 M_A 和式(3－18)的 Y_A 代入式(3－21)，得

$$M_C=-\frac{ql^2}{6}+\frac{ql}{2}x-\frac{q}{2}x^2+\frac{q}{6l}x^3 \tag{3-22}$$

3. 求两端相对转角

取离开 A 截面为 x 远处的一个微段 dx，如图 3－15 所示，列写此微段的相对转角，即取用前述的曲率公式，并以式(3－22)代入有

$$d\theta=\frac{M_C}{EI}dx=\frac{1}{EI}\left[-\frac{ql^2}{6}+\frac{ql}{2}x-\frac{q}{2}x^2+\frac{q}{6l}x^3\right]dx \tag{3-23}$$

对式(3－23)进行定积分，自变量 x 从 0 至 l，得

$$\theta=\int_0^l d\theta=\int_0^l\frac{1}{EI}\left[-\frac{ql^2}{6}+\frac{ql}{2}x-\frac{q}{2}x^2+\frac{q}{6l}x^3\right]dx=-\frac{ql^3}{24EI}(\curvearrowright) \tag{3-24}$$

这就是 B 截面相对于 A 截面的转角，如果考虑到 A 截面是固定端，其转角为零，则以上答案也是在此坐标系下的 B 处转角的代数值。

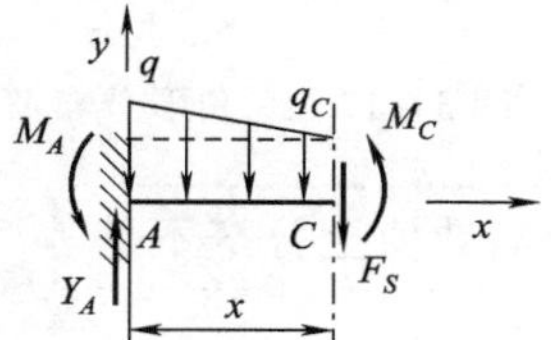

图 3－14　三角形分布荷载的悬臂梁独立体

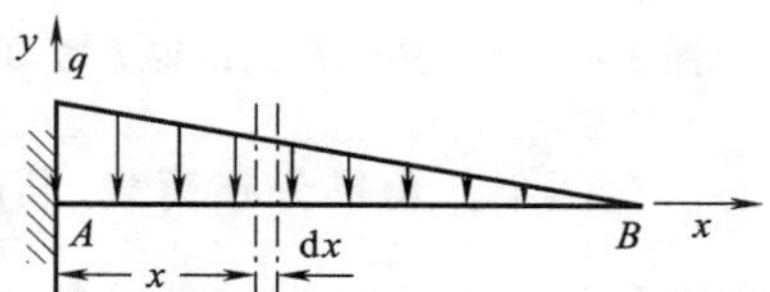

图 3－15　三角形分布荷载的悬臂梁积分变元

4. 求两端相对挠度

由挠度的一阶导数等于转角知，A、B 截面的相对挠度是对式(3－24)中的转角进行积分：

$$w=\int_0^l\theta dx=\int_0^l\frac{1}{EI}\left[-\frac{ql^2}{6}x+\frac{ql}{4}x^2-\frac{q}{6}x^3+\frac{q}{24l}x^4\right]dx$$

$$=\frac{1}{EI}\left[-\frac{ql^2}{12}x^2+\frac{ql}{12}x^3-\frac{q}{24}x^4+\frac{q}{120l}x^5\right]_0^l=-\frac{ql^4}{30EI}(\downarrow) \tag{3-25}$$

显然，此挠度也是此坐标系下的代数值。

由此，悬臂梁自由端的位移系数中，又多了一个口诀：“一年的转角是 24 个节气，一个月的挠度是 30 个日子”，以此来强化对三角形分布荷载引起的、“下坡”到自由端的转角、挠度结果的系数的分母的记忆。

3.3.2　三角形分布荷载当零值在固定端时

倘若悬臂梁 AB 固定端在 B 处，三角形分布荷载的零位在固定端，分布荷载的高点在自由端，将正常的直角坐标系的坐标原点设于自由端 A 时，求解 A 的位移。

自由端 A 的位移如下：

$$\theta=\frac{ql^3}{8EI}(\curvearrowleft) \tag{3-26}$$

$$w = -\frac{11ql^4}{120EI}(\downarrow) \tag{3-27}$$

这时的口诀如下:“欲知转角,爬坡登顶,独立绝壁,君临天下 8 方。”用来描述转角结果中系数的分母。“欲知挠度,11 号汽车,直接云霄,乾坤以天干乘以地支(120)托底。”用以说明挠度的系数$\frac{11}{120}$,如图 3-16 所示。

悬臂梁上受三角形分布荷载作用时,荷载零位靠右和靠左的两种放法明示了变形大小区别。

多方求证是学术的良方,将悬臂梁三角形荷载作用的两种施加方式按照叠加原理累加起来,就成为悬臂梁均布荷载作用的情形,马上可以验证其答案中系数的正误,如图 3-17 所示。

图 3-16　三角形荷载位移系数口诀示意图

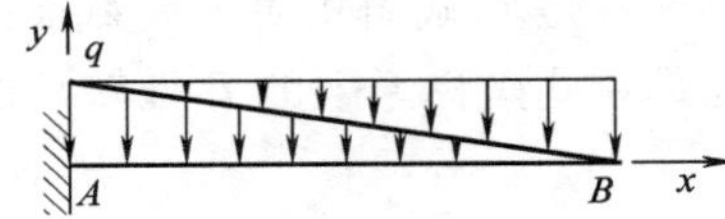

图 3-17　三角形分布荷载的叠加

两个三角形分布荷载,顺放反搭,一个均布荷载,数值上分毫不差。

叠加两种方式的自由端转角系数:

$$-\frac{1}{24}-\frac{1}{8}=-\frac{1}{6}$$

这正是均布荷载作用时的转角系数。

叠加两种方式的自由端挠度系数:

$$-\frac{1}{30}-\frac{11}{120}=-\frac{1}{8}$$

这就是均布荷载作用时的挠度系数。有了三角形分布荷载的自由端位移结论,在使用置换法时会如虎添翼。

三角形分布荷载,若使固端值大,顺悬臂梁向外下坡,变形相对小,
三角形分布荷载,载时固端值小,逆悬臂梁向内下坡,位移比前大。

3.4　一种启闭装置中的梁位移

经济的海洋里暗流涌动,反映在国家之间的交流上形成了“贸易战”。据称一种薄片形、利用薄片弹性变形的动作来启闭电流的开关装置也出现在属于高科技领域,甚至当作贸易壁垒的组成部分,变成建墙拆墙的材料,祭出讨价还价的砝码。

该开关装置主要由弹性良好的材料打造的悬臂梁式构架组成，其功能就是在电信号控制下，敏感地接受电磁力，并产生一定的位移，接通或断开某些回路，要求每一处位移恰到好处，恰好与一个或多个触头相合，不造成不均匀的碰撞，以减小噪声和磨损，提高器件寿命等。我们可以在这里先了解一下该装置的简化模型在静力作用下的位移表现，虽然与动态受力存在着差距，但从中还是可能得到一些启发。

该装置的力学简图如图 3－18 所示梁 AB 表示薄片悬臂梁，某触头在离开左端 A 为 x 的位置 C 处，依照传感器的排布位置，电磁力给出的荷载可以简化成三角形分布荷载，梁长度为 l，弯曲刚度为 EI，求静态作用下，离开 A 点为 x 处的位移。

1. 求约束反力

该装置的受力图如图 3－19 所示，在固定端具有约束力 Y_A 和 M_A，列平衡方程，有

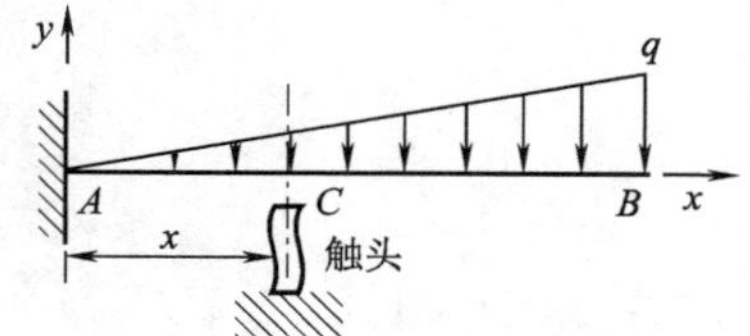

图 3－18　三角形分布荷载的悬臂梁开关

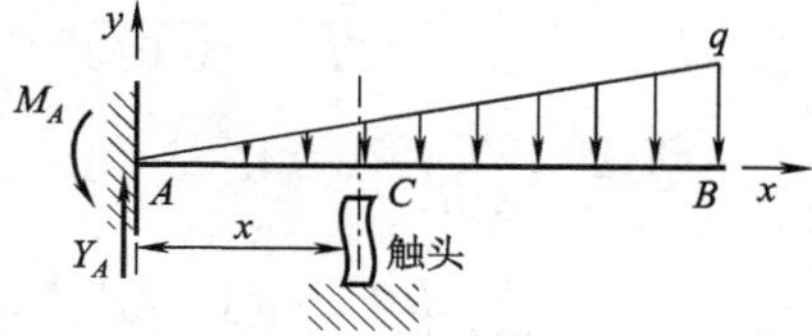

图 3－19　分布荷载的悬臂梁开关受力图

$$\sum Y = 0,\quad -\frac{1}{2}ql + Y_A = 0,\quad Y_A = \frac{1}{2}ql \tag{3-28}$$

$$\sum M_A = 0,\quad \frac{1}{2}ql \cdot \frac{2l}{3} - M_A = 0,\quad M_A = \frac{ql^2}{3} \tag{3-29}$$

2. 置换法计算位移

于距 A 为 x 的 C 处设置置换梁的固定端，如图 3－20 所示，计算置换梁挠度如下。

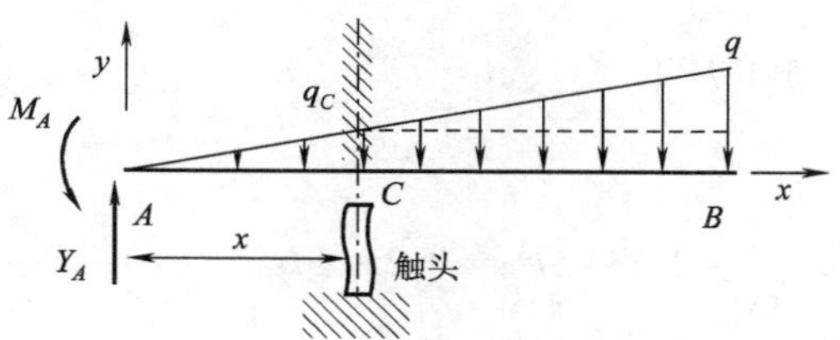

图 3－20　悬臂梁开关左右置换梁

（1）左置换梁挠度：

$$w_l = -\frac{M_A x^2}{2EI} + \frac{Y_A x^3}{3EI} - \frac{q_C x^4}{30EI} \tag{3-30}$$

其中，第三项由式（3－25）得到，q_C 表示在 C 处的分布荷载集度的大小，它与分布荷载的最大值有直角三角形的相似比例关系，即

$$\frac{q}{l} = \frac{q_C}{x},\quad q_C = \frac{qx}{l} \tag{3-31}$$

将式（3－28）、式（3－29）和式（3－31）一并代入式（3－30），得

$$w_l = -\frac{ql^2}{3} \cdot \frac{x^2}{2EI} + \frac{ql}{2} \cdot \frac{x^3}{3EI} - \frac{qx}{l} \cdot \frac{x^4}{30EI}$$

为了方便演算，系数写成小数形式，有

$$w_l = -0.1667\frac{ql^2x^2}{EI} + 0.1667\frac{qlx^3}{EI} - 0.0333\frac{qx^5}{EIl} \tag{3-32}$$

（2）右置换梁挠度：

$$w_r = -\frac{q_C(l-x)^4}{8EI} - \frac{11(q-q_C)(l-x)^4}{120EI}$$

其中，第一项表示的是图 3－20 中虚线分割的均布荷载引起的梁在自由端的挠度；第二项表示的是分割的三角形荷载对自由端引发的挠度，移植了式（3－27）成果。

仪器精密，在于毫厘，曲线误差，可控微米。

展开上式，得

$$\begin{aligned} w_r &= -\frac{qx}{l}\frac{(l-x)^4}{8EI} - \frac{11}{120EI}\left(q - \frac{qx}{l}\right)(l-x)^4 \\ &= -\frac{q}{8EI}\left(l^3x - 4l^2x^2 + 6lx^3 - 4x^4 + \frac{x^5}{l}\right) - \\ &\quad \frac{11q}{120EI}\left(l^4 - 4l^3x + 6l^2x^2 - 4lx^3 + x^4 - l^3x + 4l^2x^2 - 6lx^3 + 4x^4 - \frac{x^5}{l}\right) \end{aligned}$$

为了方便演算，系数写成小数形式，整理后有

$$w_r = \frac{q}{EI}\left(-0.0917l^4 + 0.3335l^3x - 0.417l^2x^2 + 0.167lx^3 + 0.0415x^4 - 0.0333\frac{x^5}{l}\right) \tag{3-33}$$

（3）求转角。此坐标系下，固定端在原点时的转角位移方程 $\theta = (w_l - w_r + w_f)/l$，$w_f = -\frac{11q}{120EI}$；将 w_f 和式（3－32）、式（3－33）一并代入转角的方程，得

$$\theta = \frac{q}{EIl}\left(-0.1667l^2x^2 + 0.1667lx^3 - 0.0333\frac{x^5}{l} + 0.0917l^4 - 0.3335l^3x + 0.417l^2x^2 - 0.167lx^3 - 0.0415x^4 + 0.0333\frac{x^5}{l} - 0.0917l^4\right)$$

略去高阶小量，有

$$\theta = \frac{q}{EI}\left(-0.3335l^2x + 0.2503lx^2 - 0.0415\frac{x^4}{l}\right) \tag{3-34}$$

（4）求挠度。C 截面的挠度方程见式（3－6）：$w = (w_l - w_r + w_f)\cdot x/l - w_l$，将式（3－32）、式（3－34）代入，得

$$\begin{aligned} w &= \frac{q}{EI}\left(0.1667l^2x^2 - 0.1667lx^3 + 0.0333\frac{x^5}{l} - 0.3335l^2x^2 + 0.2503lx^3 - 0.0415\frac{x^5}{l}\right) \\ &= \frac{q}{EI}\left(-0.1668l^2x^2 + 0.0836lx^3 - 0.0082\frac{x^5}{l}\right) \end{aligned}$$

这就是 C 截面的挠度，它实际上就是自变量 x 在取值范围（$0 < x \leqslant l$）的挠度的全解。该挠曲线的走向就是触头排布的位置所在，只要按照此挠曲线顺次排布触头，则可以保证触头接触处的平顺畅通。

科技之高，方法照套；荷载之难，照例收单。

晾晒悬臂梁置换法解法步骤：一求约束反力，二求自由端挠度，三选置换梁固端，四算置换梁挠度，五代置换法位移方程。如此这般地，可直接求悬臂梁任意位置的位移，或间接列出变形协

调关系而求内力、反力和位移。

3.5 悬臂梁的手牵手

从上面例子可见，悬臂梁自由端的位移是条件相似的数种梁形中的较大者，为减小悬臂梁的自由端变形可将两根悬臂梁的自由端连接起来。

梁 AB 和 BC 在 B 处用铰链连接，A、C 两端固定，两梁的弯曲刚度均为 EI，受力及各部分尺寸如图 3－21 所示。$F=40$ kN，$q=20$ kN/m。试求出两个固端处的约束力以及 B 处挠度。

这个模型类似于伦敦塔桥合龙后的情形，由于更为粗大的塔台变形较小，可将 A、C 视为两个塔台与桥面板的固定连接，过船时桥面开启，船过后桥面搭接在一起过车，B 处简化为铰链。此结构的问题就是如何通过已知载荷求约束力和挠度。图 3－22 所示便是伦敦塔桥开启通航时的情形。

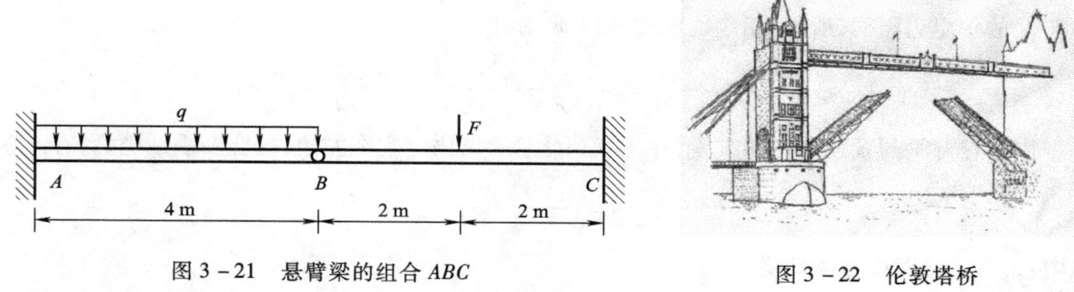

图 3－21 悬臂梁的组合 ABC　　图 3－22 伦敦塔桥

依照结构的构型，考虑其建造施工的次序，可以认为各自都是相对的主梁、辅梁，犹如地位平等的配偶关系。

3.5.1 挠曲线大致形状

大体估计一下挠曲线的弯向。首先，载荷方向向下，则知挠曲线在 ABC 水平线下方。其次，假设在 B 处无铰链扣在一起的情形下，假定 BC 梁的自由端 B 的下沉偏移更大，则对于无 B 铰链情况下的 AB 梁的自由端 B 处，就会受到一个向下的力作用，也即整体观察，是 AB 梁托住 BC 梁。当然，若视 BC 梁上的 B 处挠度较小于 AB 梁上 B 处挠度，则自然就是 BC 梁托住 AB 梁，解题仍然按此题过程往下做，最后约束力的结果应该相差一个正负号。大体判断的组合梁 ABC 的挠曲线如图 3－23 所示。

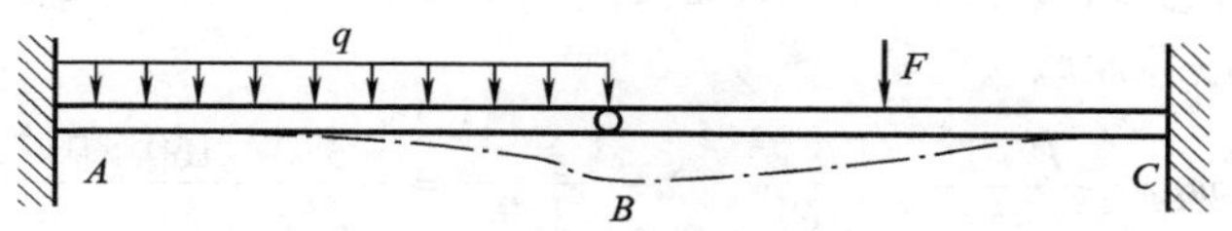

图 3－23 组合梁 ABC 的挠曲线

3.5.2 置换法位移方程的选择

根据对挠曲线的观察，如图 3－23 所示，B 处为间断点，连续光滑的挠曲线分为两段：AB、BC，恰好属于左右两根悬臂梁所有，故一般可以按照悬臂梁的置换法位移方程来求解。

3.5.3 超静定次数的确定

按照超静定问题的判断准则，本结构系统由两个物体组成，各自都视为平面任意力系，如此，各自提供三个静力平衡方程，总共六个。而由受力分析可知，A、C 两个固定端各自对应三个约束力，加之 B 处中间铰链一个约束力，共七个约束力因素，这样，不能通过六个静力平衡方程来求出所有约束力，故是超静定问题，约束力因素的个数与静力平衡方程数的差数是1，即为一次超静定问题，意味着要求出所有约束力，除使用静力平衡方程以外，还需找到一个补充方程。

一般超静定的解法阐述会在下面有关内容中展示。

3.5.4 置换法中寻找补充方程

1. 研究梁 AB

解开 A、B 处约束，代之于两处相应的约束力，于 A 处设置换梁，其受力图如图 3－24 所示。此梁中，梁长 $l=4$ m。写出对应此置换梁的左右置换梁的自由端挠度 w_l、w_r 分别如下：

由于 A 点左侧无梁，梁长为零，左置换梁 $w_l=0$，右置换梁显然由两样载荷——均布载荷、自由端 B 的集中力组成，所以，用叠加原理解出 w_r 如下：

$$w_r=-\frac{ql^4}{8EI}-\frac{Y_Bl^3}{3EI}=-\frac{q\cdot 4^4}{8EI}-\frac{Y_B\cdot 4^3}{3EI}=-\frac{640}{EI}-\frac{64}{3EI}Y_B$$

依照悬臂梁的置换法位移方程，并注意到此悬臂梁固定端在左边，配合右手系坐标，有

$$\theta=\frac{w_l-w_r+w_f}{l}$$

式中：w_f——悬臂梁自由端挠度。

将上面的 w_l，w_r 代入 θ 式，并注意到 w_f 此时就是 w_B，得

$$\theta_A=\frac{1}{4}\left(0+\frac{640}{EI}+\frac{64}{3EI}Y_B+w_B\right)=\frac{160}{EI}+\frac{16}{3EI}Y_B+\frac{w_B}{4}$$

由于该角处于固定端位置，故有 $\theta_A=0$，此结果代入上式，得

$$\frac{160}{EI}+\frac{16}{3EI}Y_B+\frac{w_B}{4}=0 \qquad (3-35)$$

此式中出现了两个未知量，一时不得解，故还要继续找关于 Y_B、w_B 的方程，做法同前。

2. 研究梁 BC

解除 B、C 处约束，代之于相应的约束力，于 C 处设置换梁，图 3－25 为其受力图，此梁的梁长 $l=4$ m。

列出此置换梁的左右置换梁的自由端挠度 w_l、w_r，分别列写如下。已见左置换梁为两个不同位置的集中力作用，以叠加原理列解

$$w_l=-\frac{F\cdot 2^3}{3EI}-\frac{F\cdot 2^2}{2EI}\cdot 2+\frac{Y_B\cdot 4^3}{3EI}=-\frac{320}{3EI}-\frac{160}{EI}+\frac{64Y_B}{3EI}$$

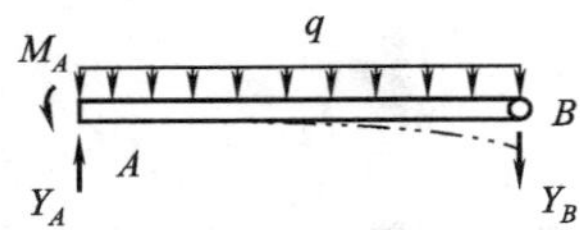

图 3－24 AB 梁的受力图

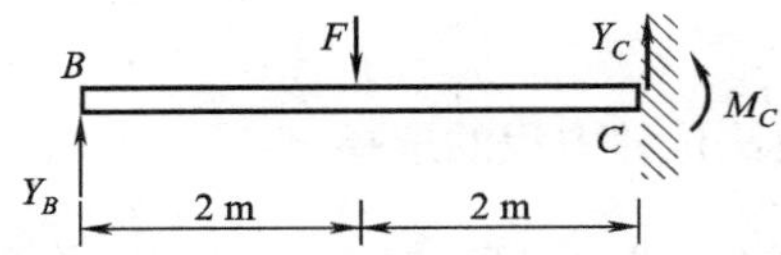

图 3－25 BC 部分梁的受力图

右置换梁有：$w_r=0$。

依照悬臂梁置换法位移方程，且注意到置换梁的固定端在右端、右手系下，有转角公式

$$\theta=\frac{w_l-w_r-w_f}{l}$$

则 C 处转角为

$$\theta_C=\frac{1}{4}\left(-\frac{320}{3EI}-\frac{160}{EI}+\frac{64}{3EI}Y_B-0-w_B\right)=-\frac{80}{3EI}-\frac{40}{EI}+\frac{16}{3EI}Y_B-\frac{1}{4}w_B$$

考虑到 C 处是固定端，则 $\theta_C=0$，整理上式有

$$w_B=-\frac{320}{3EI}-\frac{160}{EI}+\frac{64}{3EI}Y_B \tag{3-36}$$

从而找到了第二个关于 Y_B，w_B 的补充方程。

观察到式(3－35)、式(3－36)中各自都只有变量 Y_B、w_B 未知，故联立求解之，即将式(3－36)代入式(3－35)，得

$$\frac{160}{EI}+\frac{16}{3EI}Y_B+\frac{1}{4}\left(-\frac{320}{3EI}-\frac{160}{EI}+\frac{64}{3EI}Y_B\right)=0$$

整理后，得 $Y_B=-8.75$ kN，与所设方向相反。

趁此机会，将 Y_B 代入式(3－35)或式(3－36)，也将求出 B 处挠度

$$\frac{160}{EI}+\frac{16}{3EI}(-8.75)+\frac{w_B}{4}=0,\quad w_B=-\frac{453.33}{EI}\times10^3\ \text{m}(\downarrow)$$

静定问题，悬臂梁自由端挠度等于给定；超静定题，悬臂梁自由端挠度相容等并。

3.5.5　列静力平衡方程求约束力

1. 分析图 3－24 所示受力

对图 3－24 中力系列写静力平衡方程有：$\sum F_y=0, Y_A-4\cdot q-Y_B=0$，将 q、Y_B 等代入得 $Y_A=71.25$ kN，方向向上。

$$\sum M_A=0,\quad M_A-\frac{q\cdot4^2}{2}-Y_B\cdot4=0$$

将 Y_B 代入得：$M_A=125$ kN·m，方向为逆时针方向。

2. 分析图 3－25 所示受力

对其上力系列写静力平衡方程有 $\sum F_y=0, Y_B-F+Y_C=0$，将 Y_B 代入，得 $Y_C=48.75$ kN，方向向上。

$$\sum M_C=0,\quad -Y_B\cdot4+F\cdot2+M_C=0$$

将 Y_B 代入得 $M_C=-115$ kN·m，方向为顺时针方向。

3.5.6　探路另一途径

对于图 3－24 所示例题而言，用置换法来解答，有其他解题思路，这里也做以陈述，譬如 3.5.4 中用置换法找补充方程时，置换梁设为另一点，过程如下。

AB 梁受力如图 3－24 所示，于 B 处设置置换梁，列写转角公式。

左置换梁自由端挠度：$w_l=-\frac{M_A\cdot4^2}{2EI}+\frac{Y_A\cdot4^3}{3EI}-\frac{q\cdot4^4}{8EI}=-\frac{8M_A}{EI}+\frac{64Y_A}{3EI}-\frac{640}{EI}$。

右置换梁自由端挠度：$w_r=0$。

依照转角位移方程，有：$\theta=\dfrac{w_l-w_r+w_f}{l}$，将上面的 w_l、w_r 代入 θ 式，并注意到 w_f 代表悬臂梁自由端挠度，此时就是 w_B，为了简便，省写 EI，得：

$$\theta_B=\frac{1}{4}\left(-8M_A+\frac{64}{3}Y_A-640-0+w_B\right)=-2M_A+\frac{16}{3}Y_A-160+\frac{1}{4}w_B$$

想法找到 B 处的挠度表达式，又由于悬臂梁置换法挠度方程为：$w=-w_l+\theta\cdot x$，式中，x 表示梁中横截面位置坐标。

将前面相关参数代入上式，得

$$w_B=-\left(-8M_A+\frac{64}{3}Y_A-640\right)+\left(-2M_A+\frac{16}{3}Y_A-160+\frac{1}{4}w_B\right)\times 4$$

$$w_B=w_B$$

由此可知这是一个寻常解，它对于解题本身无帮助，故此路不通。从此，也得出一条经验，在位移方程中已有的未知量，当利用位移方程建立新方程时，重复地要利用某处的未知的位移值，则会出现寻常解情况，此处是因 B 处挠度本身未知，导致这一“无果”之结果。

不得不说，这一抑兴的经验让人会有类似的联想：一部故事片《魂断蓝桥》，其取景于伦敦，最后几个镜头便拍摄于滑铁卢桥，女主人悲剧发生于军车车轮之下，是门第、阶层的压力使得有情人最终分离，商女与军官牵手不成。对比我国的《红楼梦》，风烛柳絲下黛玉葬花式的爱情悲剧则更文艺些。

非熟练的选梁，得到寻常的常解，
不对等的牵手，留下难忘的难过。

且当本节算例是坦克车排队开上了伦敦塔桥左支，对应均布载荷；而塔桥右支正中间是一辆领队装甲车吧，它对应一个集中力。情形参照图 3－22 所示的伦敦塔桥结构。

让人们放开思绪，看看拉弓之势，由于弓箭的对称性，在对称轴上的转角始终是零度，则弓的一半可以处理成悬臂梁模型，虽然弓本身非直杆，按照直杆计算方法可以推广到弓受力的解算，因而，弯弓射箭问题又多了一个思路。

置换法求解悬臂梁，即是悬臂梁置换悬臂梁，此用法增加了置换法适用的梁形种类；本章导出的三角形分布荷载，又增加了置换法使用的荷载范围。置换法位移方程完整性的数学证明，牢固置换法理论立足的基础，坚定了这种方法运用的信心。

喻比中外毁艳名剧，置换天涯何处捉对？

外伸梁位移的置换

有了实用的良方，人们当然地希望它能尽可能地多治病，于是，置换法求解梁挠度和转角的问题向另一类简单支承梁扩展，将其用于解决外伸梁的问题。本章分两大块，一是将前述的置换法位移方程应用于这类梁，包括截断法与置换法的结合；二是仍然讲授外伸梁的置换法图像原理。

生活中的外伸梁的例子犹如家庭里的晾衣杆架在两根横杆之间的情形；此种力学模型较为理想的实例，亦可从双杠项目上找到答案，其双杠的支承方式便是由较光滑的铰链形成的外伸梁；工程中的一端外伸梁也不鲜见，譬如一些公共建筑，做成一榀外伸梁，并以低碳钢为材料，如钢结构等，其制作简单、安装方便，数榀间隔，纵梁组合，便能形成一个大的空间结构。货车防撞杠可以简化成外伸梁模型，利用其相对容易变形的特点，在发生碰撞后以保护其后面的发动机。

4.1 搭车简支梁置换法平台

看一例变通使用简支梁置换法位移方程的计算。

外伸梁承受均布荷载如图4－1所示，设弯曲刚度 EI 为常数，试求梁截面 A、B 处转角 θ_A、θ_B 及截面 D、C 处挠度 y_D、y_C。

倘若将此模型想象成一台载重卡车的主要结构，譬如，A 处是前轴，B 处是后轴，则所要求出的即是车大梁的几个关键处截面的变形和位移，图4－2所示为两排轮解放牌卡车。利用已有的知识，可以采用混合方式求解，就是分段刚化，利用简支梁置换法求解。

分段刚化原理：梁段在弯矩方程、边界条件不变的情况下，其挠曲线一样，这样便可以将计算变形段以外的部分进行刚化处理，而不影响变形段的真实性。

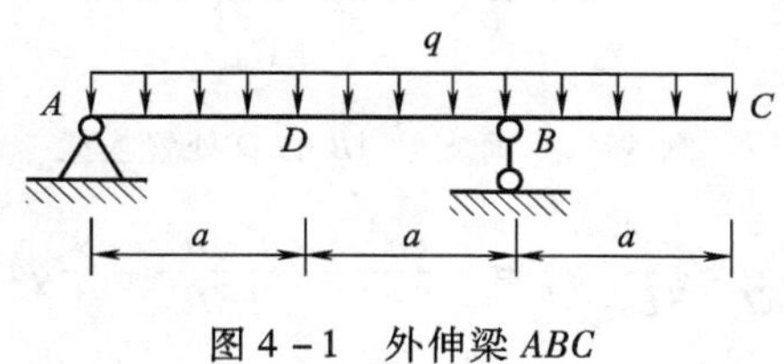

图4－1　外伸梁 ABC

图4－2　两排轮解放牌卡车边梁

4.1.1　刚化 BC，视 AB 为简支梁

先暂时不考虑 BC 段（见图4－1）的变形，根据刚体力学的原理，刚体上的力可以等效变化而

不改变对刚体的外效应即运动效应，当然，此改变会影响刚化对象自身的变形效应，但现在不予考虑，为的是利用工具、简化计算。

将 BC 段上所有的力等效简化于 B 处，以使变形部分成为一段简支梁的挠曲线，故得：

$$F = qa, \quad M = \frac{qa^2}{2}$$

原梁变成图 4－3 所示的形式上的简支梁，故可以借用简支梁的置换法求解。

1. 求 A、B 处的约束力

刚化后 AB 的受力图如图 4－4 所示。

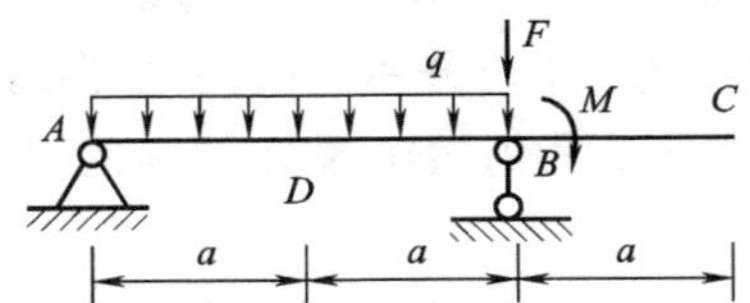

图 4－3 外伸梁 ABC 成形式上的简支梁

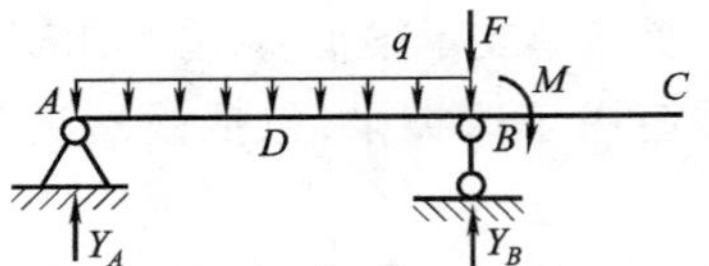

图 4－4 形式上的简支梁 AB 受力图

2. 列写平衡方程

竖直轴的投影式及对 B 点取力矩式分别如下：

$$\left.\begin{aligned}\sum Y = 0, \quad & Y_A - 2qa - F + Y_B = 0 \\ \sum M_B = 0, \quad & -Y_A(2a) + 2qa^2 - M = 0\end{aligned}\right\} \tag{4-1}$$

将 $F = qa$，$M = qa^2/2$ 代入上式，解得 $Y_A = \dfrac{3}{4}qa$，$Y_B = \dfrac{9}{4}qa$。

3. 求 A 处转角 θ_A

于 A 处设置置换梁固定端，有图 4－5 的置换梁简图。

左、右置换梁的挠度分别为：$w_l = 0$，$w_r = -\dfrac{q(2a)^4}{8EI} - \dfrac{qa(2a)^3}{3EI} + \dfrac{9qa(2a)^3}{4\times 3EI} - \dfrac{qa^2}{2}\dfrac{(2a)^2}{2EI} = \dfrac{qa^4}{3EI}$，

由转角位移方程 $\theta = \dfrac{w_l - w_r}{l}$，得 $\theta_A = \dfrac{1}{2a}\left(0 - \dfrac{qa^4}{3EI}\right) = -\dfrac{qa^3}{6EI}$。

4. 求 D 处挠度 Y_D

于 D 处设置置换梁固定端，有置换梁图如图 4－6 所示。

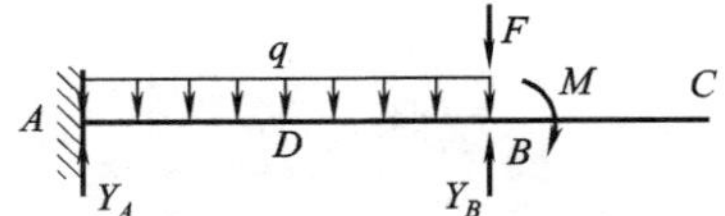

图 4－5 简支梁 AB 的 A 处右置换梁

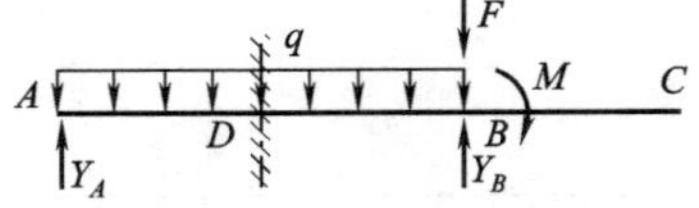

图 4－6 简支梁 AB 的 D 处置换梁

左、右置换梁的挠度分别为：$w_l = \dfrac{3}{4}qa\dfrac{a^3}{3EI} - \dfrac{qa^4}{8EI} = \dfrac{qa^4}{8EI}$，$w_r = -\dfrac{qa^4}{8EI} - \dfrac{qa\cdot a^3}{3EI} + \dfrac{9}{4}qa\dfrac{a^3}{3EI} - \dfrac{qa^2}{2}\cdot\dfrac{a^2}{2EI}$，$w_r = \dfrac{qa^4}{24EI}$，依照挠度位移方程 $w = -\dfrac{l-x}{l}w_l - \dfrac{x}{l}w_r$，其中 $l - x = a$，$x = a$，得 $y_D = -\dfrac{a}{2a}\cdot\dfrac{qa^4}{8EI} - \dfrac{a}{2a}\cdot\dfrac{qa^4}{24EI}$，$y_D = -\dfrac{qa^4}{12EI}$。

5. 求 B 处转角 θ_B

于 B 处设置置换梁固定端，有置换梁图如图 4 - 7 所示。

左、右置换梁的挠度分别为：

$$w_l = \frac{3}{4}qa\,\frac{(2a)^3}{3EI} - \frac{q\,(2a)^4}{8EI} = 0,\quad w_r = 0\text{（刚化段不参与）}$$

由转角位移方程 $\theta = \dfrac{w_l - w_r}{l}$，得 $\theta_B = \dfrac{1}{2a}(0-0) = 0$。

4.1.2　刚化 AB，视 BC 为悬臂梁

此刻再单独考虑 BC 段的变形，刚化 AB 后，B 截面就无转角，BC 段变形为一根悬臂梁，如图 4 - 8所示。

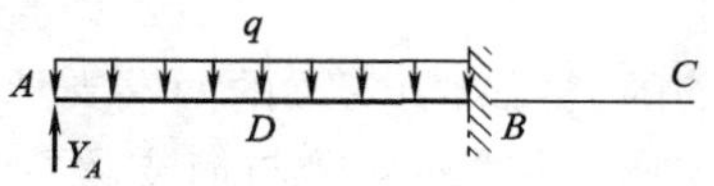

图 4 - 7　简支梁 AB 的 B 处左置换梁

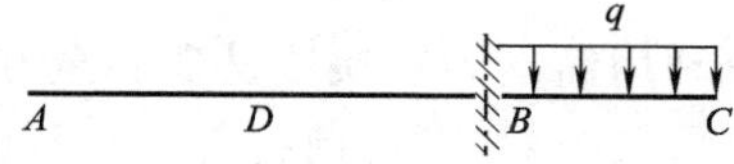

图 4 - 8　形为悬臂梁的 BC 段

下面的做法是：求出此 BC 段的“悬臂梁”的 C 处挠度后，再考虑 AB 段的实际变形，就是解除 AB 段的刚化，这样，一般在 B 处会出现一个横截面的转角变形 θ_B，此转角正对“悬臂梁”固定端的转角为零的位置，使得“悬臂梁”整体转动了角度 θ_B，把此影响考虑进去，即由于存在 θ_B，BC 段会有一个整体转动位移（亦称刚体位移），则 C 处实际位移就应该由“悬臂梁”自由端挠度累加因转角 θ_B 引起的 C 处的横向位移——对应 θ_B 的微弧长。

当然，基于刚求出的 θ_B 结果是零，这样，C 处挠度合成后这时就等于“悬臂梁”在 C 处的挠度，即 $y_C = -\dfrac{qa^4}{8EI}$。

本分段刚化置换法显示出对前述简支梁置换法的灵活应用，本质上，两个支承之间的一段梁皆可视为简支梁段，因其支承位置可以像简支梁一样固定 x 轴，处理时将外伸段刚化，将其上力等效简化至支承处，得到一边的形式上的简支梁，按简支梁求出位移；刚化段单独计算自身的位移，譬如，此段存在自由端，则将其按照悬臂梁来处理；然后通过支承分界处的梁转角，以无缝对接方式求出刚化段的整体位移；几方面结合、叠加，求出最后结果。

最近世界性贸易摩擦狼烟四起，不禁使人想起二战时期争夺所谓“生存空间”的热战，那时的陆战之王是坦克，它在起事时和完结时都是急先锋，图 4 - 9 所示为坦克及其火炮，它以战略上的制造简单、产量规模见长，并以战术上的操纵简便、速度相对快、火力相对猛烈而取胜，而提供这种炮火的炮筒，拆分其支承方式，就可以简化成刚才的例子模型，均布荷载即表示炮筒的自重，于射击精度、炮管寿命而言，身管的变形是要求严格控制的。

图 4 - 9　坦克及其火炮示意图

外伸梁形成之来路，简支梁于支承处外接一段；
外伸梁求解之去途，置换法在跨内用刚化一截。

此是已知约束力求位移,以下反其道而行,看看先有位移,如何求出其他。

4.2 梁形变化中的简支梁再现

通常的简支梁就是一根梁其两端一个由固定铰支座、一个由可动铰支座来支承的构件,细想一下,简支梁的本质特征是:一段连续挠曲线的两端由两个不限制转动的铰链约束。有了这样的认识,凡符合此特征的梁段皆可视为简支梁——精神简支梁,即此两个铰点处摆出了简支梁的架子,就可以套用简支梁置换法位移方程,至于后面能否得到全解,则要使用边界条件、连续条件,无论如何都能够获得此段“简支梁”的关系式——相对于本段的力与位移等式。

4.2.1 求同辨异寻契机

充分利用简支梁置换法是需要全方位开动脑筋的,譬如,简支梁的两端支承的特点可以发散式地拓展,在小变形的前提下,由于都有两个铰支座,一端外伸梁与简支梁受力模型差别不大,诚然,变形位移的模型应另当别论,因为位移是以坐标为准绳的,故可将重点放到外伸梁变身为“简支梁”的坐标间的位置变化关系上来。由此,再考虑坐标变化的调谐,完全可以利用简支梁置换法位移方程。

只要给定两个铰点的受力前后的位置,确认了此段属于连续弹性曲线后,人们仍可以不惧连续梁,将此两点当简支梁的支承看待即可。看以下制造误差梁或不均匀沉降的梁如何处理。

寻找变形谐调关系后,梁的变形直接或间接由列写的置换法位移方程代入,便可获得补充方程,对于此类问题,这是通法。

4.2.2 上弦月形再现简支梁

A、B、C 三支承等截面轴如图 4-10 所示,由于制造误差,导致 C 支承向上偏离水平轴线为 Δ。已知轴有弯曲刚度 EI,$AB=BC=l$,求最大弯矩。

显然,此为已知位移,反求受力的问题。如图 4-10 所示此梁三个支承中,A、H 在一条水平线上,恰似外伸梁支承,C 处则相当于一个外力,其将梁推至偏离水平线为 Δ 处。

视 AC 为一简支梁,则 B 处的约束力便视为简支梁上的一个主动力。能如此处置的原因是 Δ 为微小变形,也应看到,此时 AC 梁已是倾斜放置,依几何关系,先把 Δ 引起的 B 处位移找到。

1. 受力分析

根据平衡原理可知

$$\sum Y=0,\quad R_A=R_B-R_C \tag{4-2}$$

$$\sum M_A=0,\quad -R_B+2R_C=0 \tag{4-3}$$

2. 变形谐调关系

对挠曲线作连线 AC,出现两个直角三角形(见图 4-10),$CD=\Delta$,$BH=\delta$,根据直角三角形相似原理,有

$$\Delta=2\delta \tag{4-4}$$

明月何时照我还,上弦下承位置全。

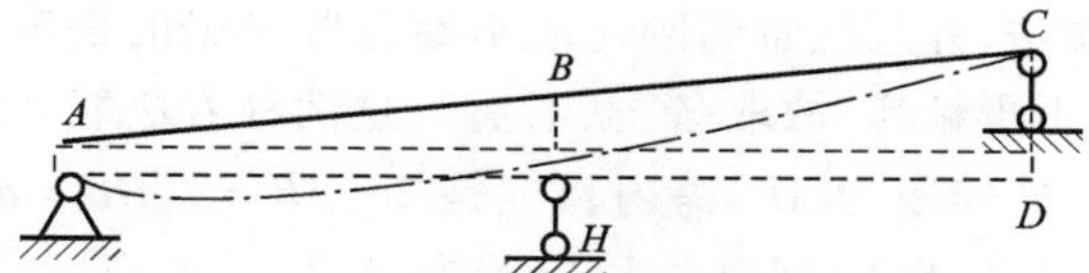

图 4－10　三支承轴挠曲线及计算用梁

3. 以置换法找偏移量与约束力之间的关系

求 B 处挠度，在 B 处设置换梁固定端，有 $w_l=\dfrac{R_A l^3}{3EI}$，$w_r=\dfrac{R_C l^3}{3EI}$。

根据转角方程 $\theta=\dfrac{w_l-w_r}{l}$，得 $\theta_B=\dfrac{1}{2l}\left(\dfrac{R_A l^3}{3EI}-\dfrac{R_C l^3}{3EI}\right)=\dfrac{R_A l^2}{6EI}-\dfrac{R_C l^2}{6EI}$。

根据挠度方程 $w=-w_l+\theta x$，得 $w_B=-\dfrac{R_A l^3}{3EI}+\left(\dfrac{R_A l^2}{6EI}-\dfrac{R_C l^2}{6EI}\right)l=-\dfrac{R_A l^3}{6EI}-\dfrac{R_C l^3}{6EI}$。

而在小变形前提下，B 处的位移已经明确为 δ，于是有：$w_B=\delta$。将 w_B 绝对值代入式(4－4)，得

$$\frac{R_A l^3}{3EI}+\frac{R_C l^3}{3EI}=\Delta \tag{4-5}$$

4. 联立求解

将式(4－2)代入式(4－5)，得 $(R_B-R_C)\dfrac{l^3}{3EI}+R_C\dfrac{l^3}{3EI}=\Delta$，$R_B=\dfrac{3EI}{l^3}\Delta$。

将 R_B 代入式(4－3)，得 $R_C=\dfrac{3EI}{2l^3}\Delta$。

5. 求最大弯矩

根据该梁两跨距离相等、外力皆为横向集中力的情况，最大弯矩发生于中间支承的横截面上，该值是其位置一侧的外力对于其截面形心的力矩代数和，得

$$M_{\max}=R_C l=\frac{3EI}{2l^2}\Delta$$

最大弯矩是设计大跨梁的最重要数据，据此，可以计算出由于制造误差而导致的最大弯曲正应力，从而根据不同材料的强度指标，判断这样的产品水平，哪一些材料制造的可以继续留用，哪一些就已经报废了。

此处还应指出，由于 AC 梁已经倾斜，在对梁进行位移计算时，必须考虑这一整体的刚体位移，将其叠加进该梁按照水平放置而产生的位移中，尤其是转角求解时不要疏漏，挠度犹能靠直观看穿。

另外，从 R_C 与 Δ 的正比关系还透露出古代战场上某种武器——弹石机的部分原理；这种关系也是"压得越紧，反弹越甚"说法的科学注记。

似外伸梁，因两铰处水平线，另一铰充力将梁顶至线外；
像简支梁，由两端连斜直线，剩一铰为力把杆压出线外。

4.3　置换法与截断法的结合解法

简支梁的置换法提供了在简支梁范畴的位移问题的解答，前面内容中也出现过外伸梁分

段刚化进行分步叠加的做法，并且注意到刚化段不参与置换梁的挠度的计算中。为了更加清晰，直接将刚化部分截掉不再粘连，故取名“截断法”，这两种方法能否掺杂使用呢？

现有一端外伸梁 AC，外伸段为 AB，跨内长度是 $2a$，$AB=a$，$BD=a$，$DC=a$，外伸段的自由端作用一个集中载荷 $F=qa$，跨内部分作用有均布荷载 q，设全梁弯曲刚度 EI 为常量（见图 4－11），求外伸端的挠度和转角，并求截面 B 处转角和截面 D 处挠度。

如常先求解梁的约束力，再行求位移。作该梁的受力图，如图 4－12 所示。列平衡方程有：

$$\sum M_B=0, Fa-q(2a)a+Y_C(2a)=0,$$

$$\sum Y=0, -F-q(2a)+Y_B+Y_C=0$$

将已知数据代入平衡方程解得 $Y_c=\dfrac{qa}{2}$，$Y_b=\dfrac{5qa}{2}$。

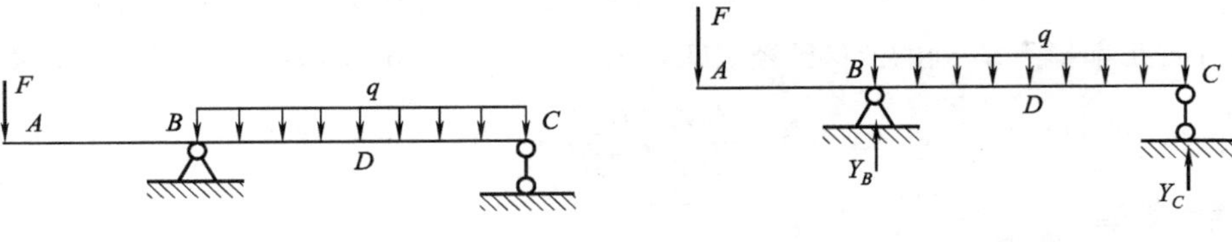

图 4－11 外伸梁 AC　　图 4－12 外伸梁 AC 受力图

4.3.1 分段研究方案

为了利用简支梁的置换法位移方程，按照分段刚化的原则，将外伸梁分解成两段来对待，选无挠度的支承处为分段界。第一步，刚化外伸段，以研究右边形式上的简支梁；第二步，刚化跨内部分，以研究左边形式上的悬臂梁；最后，考虑变形位移的交互影响，采用叠加原理，求出有关位移。在实施分段刚化后，并待荷载向分界处等效简化后，刚化部分便可整体截掉。

4.3.2 刚化并截除外伸段

将外伸段视为刚体，先不考虑其自身的变形，如此，外伸段所有的荷载按照刚体力学的等效简化原则，向截面 B 处进行简化，如图 4－13 所示，然后，假想地截断外伸段，这样，梁 BC 段在形式上成为一简支梁，则此段可以使用简支梁置换法位移方程，能做的原因是：每一段挠曲线由两段端面的内力控制其曲度，这已为曲率公式所证；再由连续性控制在坐标中的上下位置，当挠度为零可无缝对接，与梁是刚体与否无关。

外伸段上荷载向截面 B 等效简化的结果是一个集中力和一个附加力偶矩，大小分别为：

$$F=qa,\quad M_e=qa^2$$

1. 求截面 B 处转角

将置换梁的固定端设置于截面 B，如图 4－14 所示。

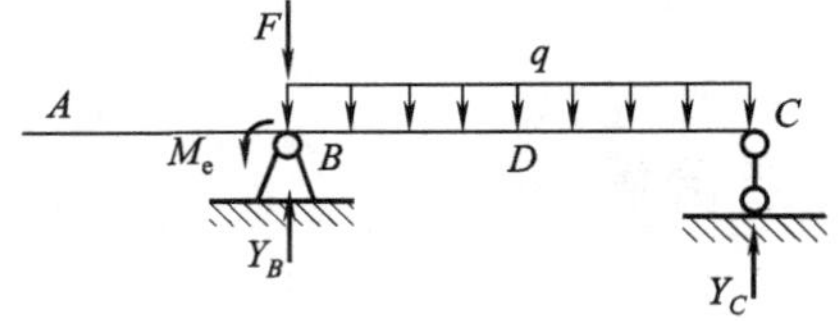

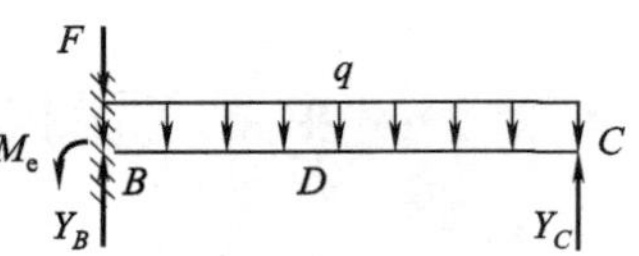

图 4－13 外伸梁 AC 在刚化外伸段时的受力图　　图 4－14 外伸梁 AC 在刚化外伸段时 B 处置换梁受力图

计算置换梁自由端挠度，有：

$$\text{左置换梁 } w_l = 0$$

$$\text{右置换梁 } w_r = -\frac{q(2a)^4}{8EI} + \frac{Y_C(2a)^3}{3EI} = -\frac{2qa^4}{3EI}$$

依照简支梁转角位移方程，有 $\theta = \frac{w_l - w_r}{l}$。

将以上相应参数代入上式，并注意到跨内长度为 $2a$，得

$$\theta_B = \frac{1}{2a}\left[0 - \left(-\frac{2qa^4}{3EI}\right)\right] = \frac{qa^3}{3EI}(\curvearrowleft)$$

2. 求截面 D 处挠度

将置换梁的固定端设置于截面 D（如图 4－15 所示）。

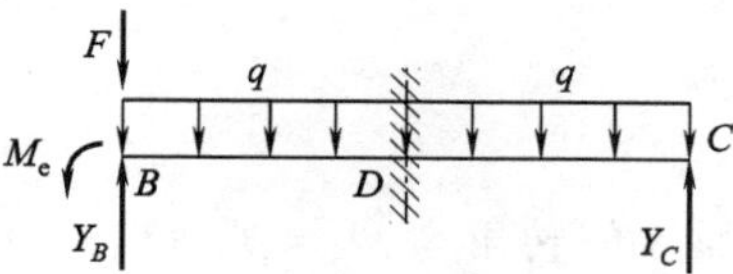

图 4－15 外伸梁 AC 在刚化外伸段时的 D 处置换梁受力

计算置换梁自由端挠度，有

$$\text{左置换梁 } w_l = -\frac{M_e a^2}{2EI} + \frac{\frac{5}{2}qa \cdot a^3}{3EI} - \frac{qa \cdot a^3}{3EI} - \frac{qa^4}{8EI} = -\frac{qa^4}{8EI}$$

$$\text{右置换梁 } w_r = -\frac{qa^4}{8EI} + \frac{\frac{1}{2}qa \cdot a^3}{3EI} = \frac{qa^4}{24EI}$$

由转角位移方程 $\theta = \frac{w_l - w_r}{l}$，并注意到 $l = 2a$，得 $\theta_D = \frac{1}{2a}\left(-\frac{qa^4}{8EI} - \frac{qa^4}{24EI}\right) = -\frac{qa^3}{12EI}(\curvearrowright)$。

再由挠度位移方程 $w = -w_l + \theta \cdot x$，其中位置坐标取 $x = a$，得

$$w_D = \frac{qa^4}{8EI} + \left(-\frac{qa^3}{12EI}\right)a = \frac{qa^4}{24EI}(\uparrow)$$

4.3.3 刚化并截除跨内段

不考虑跨内段变形时，外伸段形如一悬臂梁（见图 4－16）。

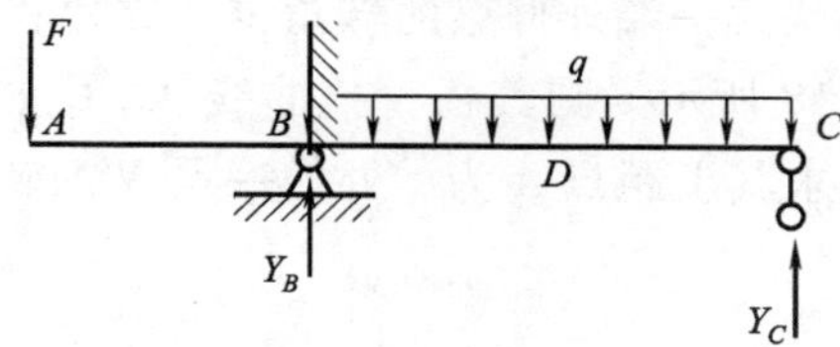

图 4－16 外伸梁 AC 在跨内段刚化时的受力图

1. AB 段自身变形

截面 A 相对于截面 B 的位移，有 $w_{AF} = -\frac{Fa^3}{3EI} = -\frac{qa^4}{3EI}$，$\theta_{AF} = \frac{Fa^2}{2EI} = \frac{qa^3}{2EI}$。

2. 在截面 B 处的转角影响下的 AB 段整体位移

在 B 处转动情况下，A 点相当于绕圆心 B 作圆周运动（见图 4－17），图中 A_1B 虚线段即是 AB 段刚化成直线轴线时，刚体转动后的位置。故此因素下的截面 A 的挠度就是 AA_1，大小为

$$w_{A\theta}=\theta_B\cdot a=\frac{qa^3}{3EI}\cdot a=\frac{qa^4}{3EI}$$

直观判断，B 处转角使得其左侧的外伸段 A 点向下，即此处的挠度应为负值。

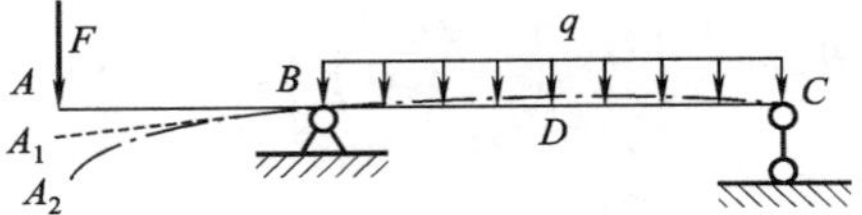

图 4－17 外伸段 AB 挠曲线大致走向

4.3.4 整合求截面 A 的位移

根据挠曲线连续性原理，截面 A 的转角为：$\theta_A=\theta_B+\theta_{AF}$。将相关参数代入该式，得

$$\theta_A=\frac{qa^3}{3EI}+\frac{qa^3}{2EI}=\frac{5qa^3}{6EI}(\curvearrowleft)$$

图 4－17 中 A_1A_2 则是 AB 段视为悬臂梁时，其自由端的挠度。根据挠曲线连续性原理，截面 A 的挠度为：$AA_2=AA_1+A_1A_2$，就是 $w_A=w_{A\theta}+w_{AF}$，将相关参数代入该式，得

$$w_A=-\frac{qa^4}{3EI}-\frac{qa^4}{3EI}=-\frac{2qa^4}{3EI}(\downarrow)$$

注意到在具体使用置换法位移方程时，置换梁的固定端选取也有技巧性，譬如，设置在简支梁的一个支承上，则一个置换梁的梁长变成零，可以省去一半置换梁自由端挠度的计算。

积分法，分段积分，规规矩矩；
置换法，分段刚化，妥妥帖帖。

4.4 一端外伸梁之位移方程怎样得来

用简支梁的置换法位移方程来解外伸梁的问题当然好，轻车熟路的效率高，外伸梁本身存在位移方程否？下面导出置换法解一端外伸梁的转角位移方程和挠度位移方程。

右段外伸梁 ABC 如图 4－18 所示。画其任一挠曲线 $AJBG$ 如图 4－19 所示，点画线 ABC 为变形前梁轴线，与 x 轴重合，求其上距点 A 为 x 处任一点 N 的转角和挠度。

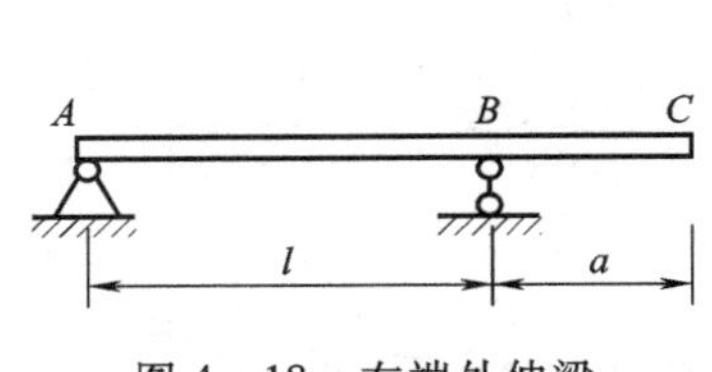

图 4－18 右端外伸梁

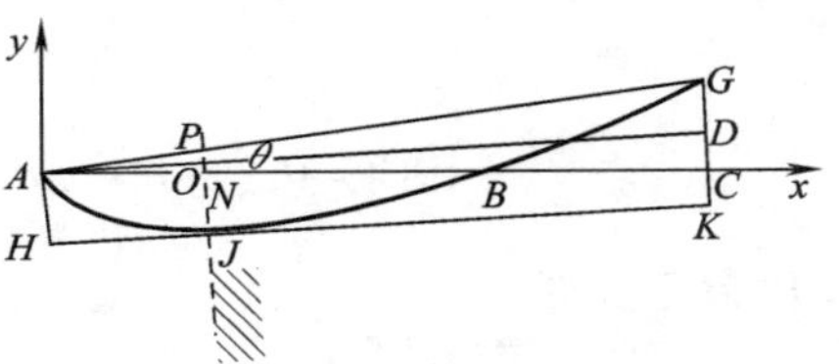

图 4－19 右端外伸梁挠曲线

4.4.1　挠曲线面内图形的边角几何关系

过点 N 作该处挠曲线横截面切向直线 PJ,其与 y 轴几近平行(小变形假设),交挠曲线为点 J,作点 J 切线 HK,则 $NJ \perp HK$。NJ 是挠曲线在该处法线。HK 斜率即近似为点 J 转角 θ(转角定义)。作 AD 平行于 HK,则 AD 斜率与 HK 的相同,即有 $\angle DAC = \theta$。线段 KD 的延长线交挠曲线于点 G。NJ 的延长线交 AD 于点 O。使 $AH \perp HK$、$KG \perp HK$,则四边形 $AHKD$ 为矩形,故 $AH = KD$。则 $AH = DC + CK$,$AH = ON + NJ$,在 θ 很小时(弹性曲线特点),$DC \approx \theta \cdot AC$,故 $AH \approx \theta \cdot AC + CK$,同理,$AH \approx \theta \cdot x + NJ$。

由于 HK 是点 J 处切线,若将置换梁固定端沿 NJ 安设,显然,AH 即为左置换梁的自由端挠度 w_l(悬臂梁挠曲线特点);同理,KG 即为右置换梁的自由端挠度 w_r,而 CG 就是梁 C 处即自由端的挠度 w_C。将 w_l, w_r, w_C 代入以上 AH 的两个表达式,并注意到 $AB = l, BC = a, AC = l + a$,谐调转角、挠度方向的正负号,得

$$w_l = \theta \cdot (l + a) + w_r - w_C \tag{4-6}$$

$$w_l = = \theta \cdot x - w \tag{4-7}$$

至此,用挠曲线所在平面的该线的边角几何关系即推导得到挠度、转角与置换梁的自由端挠度等参量的等量关系。

4.4.2　置换法求一端外伸梁之位移方程

由式(4-8)、式(4-9)可得

$$\theta = \frac{w_l - w_r + w_f}{l + a} \tag{4-8}$$

其中,w_f表示自由端挠度,即为 N 处转角

$$w = -w_l + \theta \cdot x \tag{4-9}$$

N 处挠度即求出。容易证明,该两个位移方程不失一般性,坐标 w 可向上或向下为正,公式能够自洽。式(4-9)亦可写成这样的式子:$w = -w_l + (w_l - w_r + w_f) \cdot x/(l + a)$。

可见,一端外伸梁的转角位移方程和挠度位移方程由置换梁的自由端挠度、本梁外伸自由端挠度、本梁长、本梁所求位置坐标等表示出。

对比简支梁置换法位移方程,发现挠度公式完全一样;另外,转角公式与悬臂梁置换法转角方程含义一样,这能方便人们记忆。

4.4.3　集中荷载作用算例——跳板跳水起式

跳板跳水体育项目的比赛情形如图 4-20 所示,此项目中的器材——跳板的受力模型也是一端外伸梁,并且在自由端作用有一个集中力,在做跳水动作的预备姿势时,该力就是运动员的重力。

1. 求解约束反力

受力图如图 4-21 所示,依平衡方程,得 $Y_A = \dfrac{aF}{l}$,$Y_B = \dfrac{a + l}{l}F$。

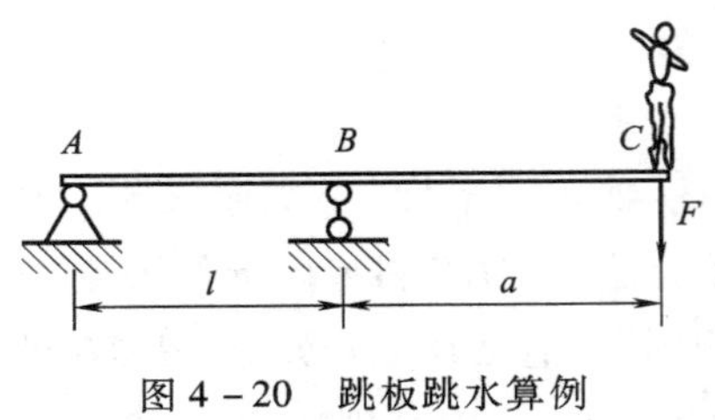

图 4－20 跳板跳水算例

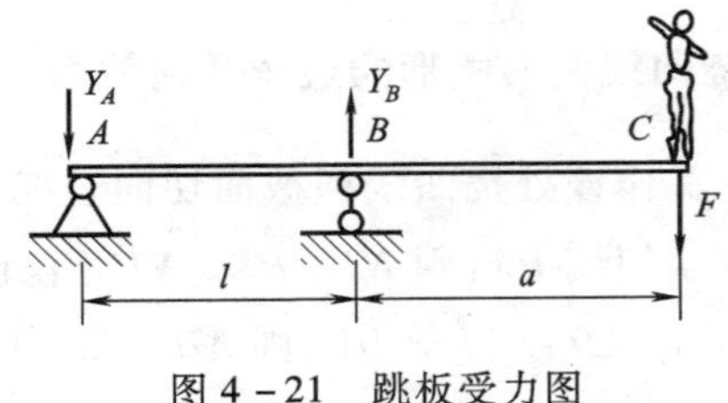

图 4－21 跳板受力图

2. 置换法求解该梁转角、挠度方程

求解思路是，先用置换法将式(4－6)转角位移方程中的 w_C 解出，再分 AB、BC 段求各自置换梁的自由端挠度，然后，代入式(4－8)、式(4－9)即可得到梁转角、挠度的全解。

(1)求解梁 C 处挠度

以 B 处为置换梁固定端(见图 4－22)，则左置换梁上的受力为 Y_A，左置换梁自由端挠度是 $w_l=\dfrac{-Y_Al^3}{3EI}=\dfrac{-al^2F}{3EI}$。

右置换梁上的受力为 F，右置换梁自由端的挠度是 $w_r=-\dfrac{Fa^3}{3EI}$。

因为 B 处设置可动铰支座，所以，B 处挠度为零，将条件 $w_B=0$ 代入式(4－9)，得 $\theta_B=\dfrac{w_l}{l}=\dfrac{-alF}{3EI}$。

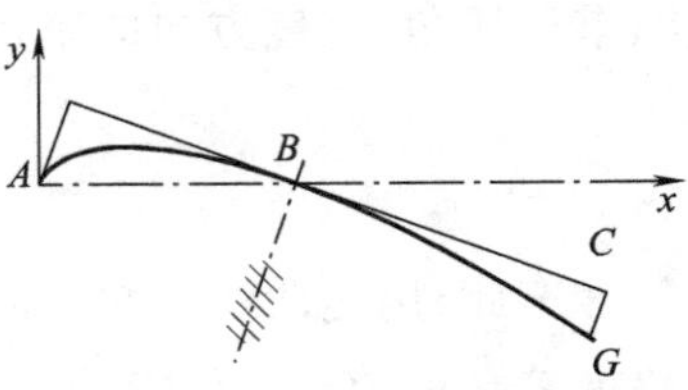

图 4－22 求外伸端挠度的置换梁

再将 θ_B 代入式(4－8)，有 $-\dfrac{Fal}{3EI}=\dfrac{1}{l+a}\left(-\dfrac{Fal^2}{3EI}+\dfrac{Fa^3}{3EI}+w_C\right)$，故得：$w_C=-\dfrac{a^2lF}{3EI}-\dfrac{a^3F}{3EI}$。

(2)求解梁 AB 段转角、挠度方程

置换梁固定端设置于 AB 段距 x 轴原点为 x 的 N 处，则左置换梁自由端挠度是 $w_l=-\dfrac{Y_Ax^3}{3EI}=-\dfrac{aFx^3}{3EIl}$。

右置换梁的自由端挠度是 $w_r=\dfrac{Y_B\,(l-x)^3}{3EI}+\dfrac{Y_B\,(l-x)^2a}{2EI}-\dfrac{(l+a-x)^3F}{3EI}$。

取式(4－8)，将 w_l、w_r、w_C 及约束反力等代入，此处 w_C 即为式(4－8)中 w_f，得

$$\theta=\frac{1}{l+a}\left[-\frac{(l+a)F\,(l-x)^3}{3EIl}-\frac{(l+a)F\,(l-x)^2a}{2EIl}+\frac{F\,(l+a-x)^3}{3EI}-\frac{aFx^3}{3EIl}-\frac{a^2lF}{3EI}-\frac{Fa^3}{3EI}\right]$$

整理得 $\theta=\dfrac{F}{EI}\left[-\dfrac{(l-x)^3}{3l}-\dfrac{(l-x)^2a}{2l}+\dfrac{(l+a-x)^3}{3(l+a)}-\dfrac{ax^3}{3l(l+a)}-\dfrac{a^2l}{3(l+a)}-\dfrac{a^3}{3(l+a)}\right]$。

最终，梁 AB 段转角为 $\theta=\dfrac{F}{EI}\dfrac{a(l^2-3x^2)}{6l}$。

将 w_l，θ 等代入式(4－9)，得 $w=\dfrac{Fax^3}{3EIl}+\dfrac{F}{EI}\dfrac{a(l^2-3x^2)}{6l}\cdot x$。整理后，得梁 AB 段挠度 $w=\dfrac{Fax}{6EIl}(l^2-x^2)$。

(3)求解梁 BC 段转角、挠度方程

同理，将置换梁的固定端设置于 BC 段，左置换梁自由端挠度是

$$w_l = -\frac{aFx^3}{3EIl} + \frac{(l+a)F(x-l)^3}{3EIl} + \frac{(l+a)F(x-l)^2}{2EIl}l$$
$$= \frac{F}{6EI}(2x^3 - 3ax^2 - 3lx^2 + al^2 + l^3)$$

右置换梁的自由端挠度是

$$w_r = \frac{-F}{3EI}(l+a-x)^3 = \frac{-F}{3EI}[l^3 + 3al^2 + 3a^2l + a^3 - 3(l^2 + 2al + a^2)x + 3(l+a)x^2 - x^3]$$

根据式(4－8),将 w_l,w_r,w_C 等代入,得

$$\theta = \frac{1}{l+a}\left[\frac{F}{6EI}(3ax^2 + 7al^2 + 3l^3 + 3lx^2 - 6l^2x - 12alx - 6a^2x + 6a^2l + 2a^3) + \frac{F}{6EI}(-2a^2l - 2a^3)\right]$$

推导出梁 BC 段转角方程

$$\theta = \frac{F}{6EI(l+a)}[3(l+a)x^2 - 6(l+a)^2x + (3l^2 + 7al + 4a^2)l]$$

根据式(4－9),将 w_l,θ,x 等代入,整理得挠度方程如下:

$$w = \frac{-F}{6EI}[2x^3 - 3(l+a)x^2 + (l+a)l^2] + \frac{F}{6EI(l+a)}[3(l+a)x^3 - 6(l+a)^2x^2 + (3l^2 + 7al + 4a^2)lx]$$

从结果上看,跳板的挠曲线和转角曲线都是多次多项函数,说明了跳板在力作用下变形位移用坐标描述的复杂性,这是否能够说明跳板跳水成绩交替上升的内在原因是细微调节呢?其实,运动员们只要按照个人实际站立等体验,适当地调节跨内板长以及支承处的位置,就可以找到个人预期成绩的最佳参数搭配。

外伸梁的转角,享悬臂梁位移方程之含义;
外伸梁的挠度,得简支梁位移方程之函数。

4.5　外伸段在左边的情形

比照本节的置换法位移方程的证明,可以证明当外伸端出现在左边的情形时的位移方程,不再在此处赘述。

4.5.1　外伸段在左边的置换法位移方程

对图 4－23 所示左端外伸梁作类似于右端外伸梁同样的分析证明,将导出的位移方程列写如下:

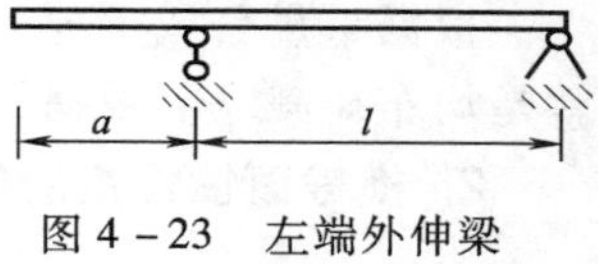

转角
$$\theta = \frac{w_l - w_r - w_f}{a+l} \qquad (4-10)$$

A　B　C

a　l

图 4－23　左端外伸梁

其中,w_f 是外伸梁外伸段的自由端挠度。l 是跨内梁长度,a 则是外伸段的梁长度。

挠度
$$w = w_f - w_l + \theta \cdot x \qquad (4-11)$$

其中符号意义同式(4－10)。

由此看来，位移方程变化不大，转角方程只是自由端的挠度变成负号，其他参数与前面的往右边外伸时一致；挠度方程增加了一项自由端挠度项，是因为这时作为坐标原点的自由端变形后就存在一个挠度的缘故。

4.5.2　某种坦克炮管的变形

既然找到了新公式，那么，就将它用在某种坦克构件的设计计算，坦克的利器是火炮，如图 4－24所示（T59 坦克），这样才使坦克有了真正的威胁。

对坦克进行有效防御的手段就是利用坦克本身，一般坦克具有较长的炮管，以利于增长弹丸停留在炮膛中的时间，使之获得更大的推力，进而使之出炮口的速度增大，射程变远。对炮管的支承方式大体作这样的简化，忽略炮管上的制退器（减少后坐力之用）的微小改变，忽略尾部的占尺寸不大的炮栓等结构，忽略变化较小的横截面的变化，将其视为等直杆，那么，炮管的简化模型就是左段外伸的外伸梁，在未开火的情况下，荷载简化为均布荷载。人们当然想要知道静态炮管的变形情况。

某型坦克的火炮的外形参数如下：外径 $D=173$ mm，内径 $d=125$ mm，管壁厚 $t=24$ mm，炮管外伸段的长度约是 $l=5$ m，两个支承之间的跨内长度约是 $a=2$ m，如图 4－25 所示；该炮管的材料是高强度合金钢，其密度是 $r=77.42\ \text{kN/m}^3$，弹性模量 $E=210$ GPa。

图 4－24　坦克炮装置示意图

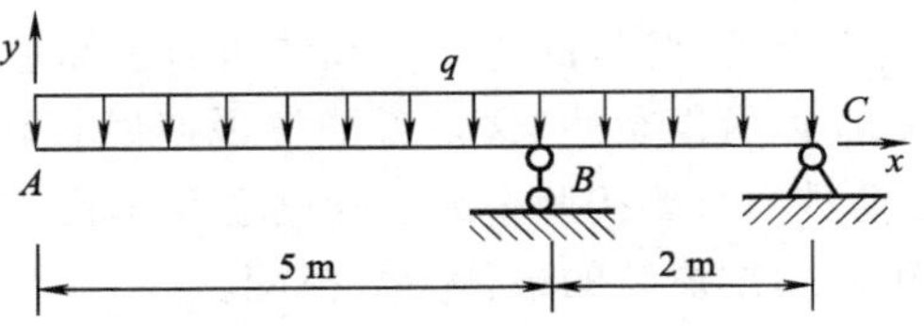

图 4－25　坦克炮管外伸梁 *ABC* 模型

1. 均布荷载数据的确定

先计算炮管的横截面积，再计算单位长度的体积，最后依照材料的密度算出单位长度的重量。

（1）横截面积

炮管的横截面是圆环形状，圆环面积公式是 $A=\frac{\pi}{4}(D^2-d^2)$，代入数据，有

$$A=\frac{\pi}{4}(173^2-125^2)\ \text{mm}^2=11\ 228.64\ \text{mm}^2=11\ 228.64\times10^{-6}\ \text{m}^2$$

（2）长度 1 m 的管身体积

体积公式 $V=Al$，其中杆长 l 取 1 m，得：$V=11\ 228.64\times10^{-6}\times1\ \text{m}^3=11\ 228.64\times10^{-6}\ \text{m}^3$。

（3）长度 1 m 的管身重量

根据重量公式 $W=V\cdot r$，得 $W=11\ 228.64\times10^{-6}\times77.42\times10^3\ \text{N}=869.321\ 3\ \text{N}$，显然，这就是均布荷载 q 的数据，调节单位后可知：$q=869\ \text{N/m}$。

2. 横截面惯性矩的确定

对中性轴的惯性矩 $I_z=\frac{\pi}{64}(D^4-d^4)$，代入数据有

$$I_z=\frac{\pi}{64}(173^4-125^4)\ \text{m}^4=\frac{\pi}{64}(43\ 947\ 491-11\ 978\ 149)\times10^{-12}\ \text{m}^4=31\ 969\ 342\times10^{-12}\ \text{m}^4$$

3. 约束力

对模型进行受力分析，如图 4－26 所示，列平衡方程有

$$\sum M_B = 0,\quad 7q\left(\frac{7}{2}-2\right)-2Y_C = 0,\quad Y_C = \frac{21q}{4}$$

$$\sum Y = 0,\quad -7q + Y_B - Y_C = 0,\quad Y_B = \frac{49q}{4}$$

4. 置换法解位移

(1)解炮口的挠度

取 B 处设为置换梁的固定端，如图 4－27 所示，将相关参数代入有：

左置换梁的挠度 $$w_l = -\frac{q\cdot 5^4}{8EI} = -\frac{625q}{8EI}$$

右置换梁的挠度 $$w_r = -\frac{q\cdot 2^4}{8EI}-\frac{Y_C\cdot 2^3}{3EI} = -\frac{2q}{EI}-\frac{56q}{4EI} = -\frac{16q}{EI}$$

由式(4－10)找出 B 处转角表达式，式中的 $w_f = w_A$，有

$$\theta_B = \frac{1}{5+2}\left(-\frac{625q}{8EI}+\frac{16q}{EI}-w_A\right) = \frac{1}{7}\left(-\frac{497q}{8EI}-w_A\right) \tag{4-12}$$

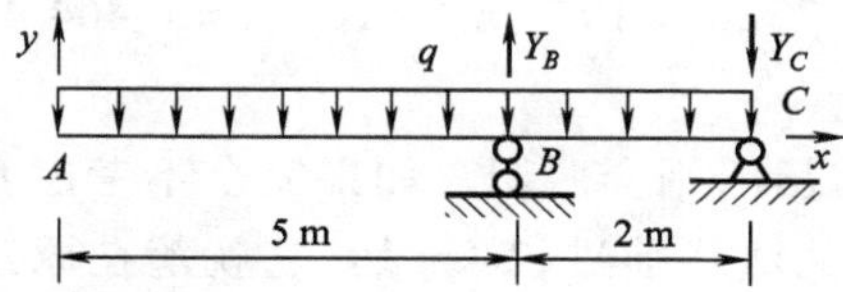

图 4－26　坦克炮管外伸梁 ABC 受力图

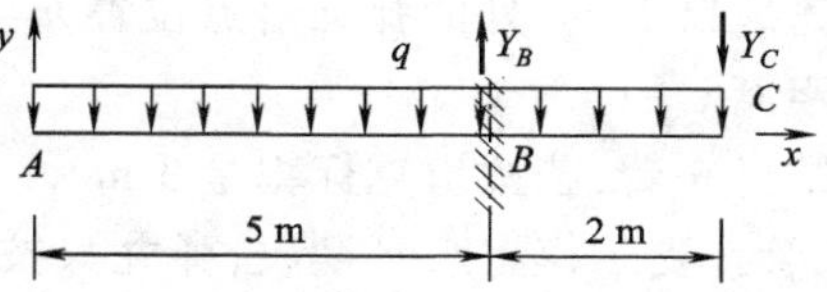

图 4－27　坦克炮管外伸梁 B 处置换梁

此处使用解方程的技巧，又由式(4－11)的挠度条件，即 $w_B = 0$，并将式(4－12)代入，找到 A 截面挠度，得 $0 = \frac{625q}{8EI}+\frac{1}{7}\left(-\frac{497q}{8EI}-w_A\right)\cdot 5 + w_A = \frac{7\times 625q}{EI}-\frac{40\times 497q}{8EI}-40w_A+56w_A$，$w_A = -118.125\frac{q}{EI}(\downarrow)$，此即炮口挠度。

(2)求解炮口的转角

将 A 处设为置换梁的固定端，如图 4－28 所示，并考虑有关参数，有：

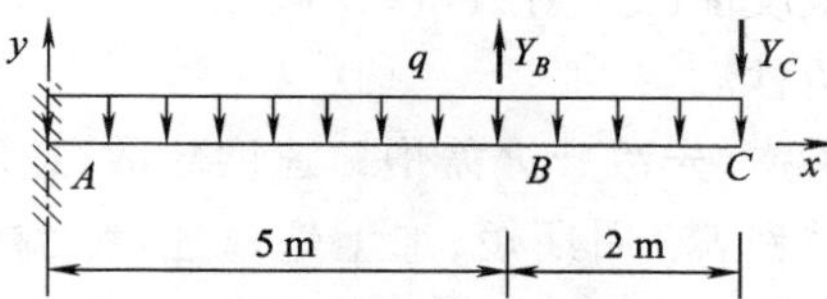

图 4－28　坦克炮管外伸梁 A 处置换梁

左置换梁的挠度：$w_l = 0$，因为梁长为零。

右置换梁的挠度：
$$\begin{aligned} w_r &= -\frac{q\cdot(5+2)^4}{8EI}+\frac{Y_B\cdot 5^3}{3EI}+\frac{Y_B\cdot 5^2}{2EI}\times 2-\frac{Y_C\,(5+2)^3}{3EI} \\ &= -\frac{2401q}{8EI}+\frac{49q}{4}\cdot\frac{125}{3EI}+\frac{49q}{4}\cdot\frac{25}{EI}-\frac{21q}{4}\cdot\frac{343}{3EI} \\ &= -83.708\,3\frac{q}{EI} \end{aligned}$$

找出转角方程式(4-10),并注意到 $a+l=7$,得 $\theta_A=\frac{1}{7}\left[0+83.7083\frac{q}{EI}-\left(-118.125\frac{q}{EI}\right)\right]$,即 $\theta_A=28.8333\frac{q}{EI}$,逆时针转动,也就是炮口朝地面倾斜。

5. 炮管如何低头

现在把均布荷载 q、炮管材料的弹性模量 E 和截面的惯性矩 I_z 代入已求出的位移中,看看实际变形几何。

炮口挠度 $w_A=-118.125\frac{q}{EI}=-118.125\times\frac{869}{210\times10^9\times31.9693\times10^{-6}}\text{ m}=15.2901\times10^{-3}\text{ m}=15.29\text{ mm}$,水平放置的炮管的炮口将要比另一端下降 1.5 cm。

$$\theta_A=28.8333\frac{q}{EI}=28.8333\times\frac{869}{210\times10^9\times31.9693\times10^{-6}}\text{ rad}=3.7322\times10^{-3}\text{ rad}$$

转角似乎不大,假如就以此转角位置投射弹丸,即以炮口横截面法线方向射弹,并不考虑地心引力的下拉作用,以常用的 2 km 的直射距离来计算,标靶处的偏离是多少呢?

如果炮的轴线原来设计是按照直线加工完成,射击时也取正常平原上的平射状态,考虑炮口向下的转角后,则需要关注跑靶的可能,只计此因素的跑偏数据如下:

距离炮口 2 km 处的弹丸落点位置 $h=\theta_A\cdot S=3.7322\times10^{-3}\times2\times10^3\text{ m}=7.4644\text{ m}$,其中 S 是距离。

从结果来看,若按坦克标靶是 3 m×3 m 的立面设计,则会脱靶。如果完全不考虑其他条件,将炮管按支承模型水平摆放,弹丸只按照横截面的法线前进,2 km 后,它就落在原定靶心下方约 7.5 m 的位置处;如果考虑炮管实际装设高度为 2 m 左右,这样发射,要么擦战友头皮掠过,要么直接命中前面己方人员!假如炮弹就按这条线走,那将很快掉弹,由此例可以悟出"失之毫厘谬以千里"的道理。

6. 引发的设计矛盾

所谓直射距离,指直接瞄准开火能命中的距离,譬如,弹丸在 2 km 内飞行时,要以更快的速度、尽可能短的时间里到达目标,也即赶在地球引力将它拉到不到 2 m 的地面前要做到这一点,弹丸必须要有较高的出口速度,提高此速度的一个途径是增加炮管的长度以增加炸药推动弹丸的时间,目前弹丸在炮口的实测速度在 1~2 km/s 的范围,使得弹丸在炮膛内的运动时间就是几毫秒,再遍数一下炮管报废前的发射数量,一般在一千发以下,故对于高膛压的坦克炮而言,炮管的寿命一般不超过两秒。

这样,坦克的设计会让人头痛,先敌开火需炮口速度超敌,速度大则身管长,炮筒长则重量大,重量大则油耗大,油耗大又"趴窝"周期短,加上炮口速度太高,烧蚀磨损增加而降低炮管寿命,停修时间长则增加战损概率,另外加上造价等因素,形势有一点像苏德战场的 T34 与虎豹之争——是群狼凶还是恶虎狠。有数据得出,二战时的坦克因机械故障等等因素报损的超过一半,令人吃惊。

坦克炮平,似梁一端外伸,炮口自垂一厘米五;
目标靶远,距车四里开外,弹丸跑靶七公尺半。

图 4-29 所示为一款远程火箭发射车,其弹体的托架方式仍然可以视为外伸梁。

倘若遇见两端外伸梁该如何处理呢?可以借鉴已有的做法,譬如,提出双端外伸梁解决的一般步骤:

(1)刚化一端外伸段,将荷载等效简化至支承处,暂缓考虑其变形。

(2)用截断-置换法,以一端外伸梁的位移方程解算。

(3)单独计算刚化的外伸段自身的变形,其形为悬臂梁。

(4)补齐考虑刚体位移,使“一端外伸梁”与“悬臂梁”无缝连接,即得出力与位移的最后结论。

当然,也有其他方案可选。

图4-29　远程火箭弹托架外伸梁

依照一端外伸梁弹性位移的置换法位移方程建立的方程式,经过对两端外伸梁置换法图像的逻辑推理,列出求解两端外伸梁位移的置换法位移方程如下:

$$Q(x)=\frac{w_l(x)-w_r(x)-w_{fl}+w_{fr}}{a+l+b}$$

$$w(x)=-w_l(x)+Q(x)\cdot x+w_{fl}$$

式中:w_{fl}——左外伸段自由段挠度;

w_{fr}——右外伸段自由段挠度;

a——左外伸段长度;

l——外伸梁跨内长度;

b——右外伸段长度,其他同前。

可以证明,两端外伸梁置换法位移方程普遍适用于简支梁、右端悬臂梁、左端悬臂梁、右端外伸量、左端外伸梁和两端外伸梁等六种梁形,公式见附录。

一物多用,导出网联物联,加人工智能,2G上6G;
两式并进,引入连续条件,填边界位移,2式下6形。

连续梁的置换法延续

回忆一下梁的划分，连续梁即为简单梁形的连接而得，从能否经过静力平衡方程求解出所有未知约束力这一点，区别为静定连续梁和超静定连续梁。连续梁的例子不胜枚举，本章即求解其受力位移问题，先是灵活运用简支梁的位移方程，再讨论超静定解法程序，介绍超静定问题一般解法的置换法实现，最后举例超静定梁，列举了简支梁置换法于此环境中的使用，推出了力元素分布表、消元步骤进行图等助推工具；最后使用截断－置换法的糅合和引入置换法与逐段刚化法结合的运用以解桥梁问题，全章特点为引领置换法。

静定连续梁的实例最著名的当属我国泉州市的洛阳桥，用巨型石条搭建而成，桥总长八百多米，记住另外一个八百，这就是此桥创立的“筏型基础”比欧洲早 800 年！近期我国高速铁路的迅猛发展使得人们坐火车旅行时很容易就发现了高架桥的静定性质——基本大梁也是一孔一孔搭接而成，就是一段一段搭上桥墩来铺通的，就选型而言，铁路桥大多采用简支梁形是与列车特殊荷载作用相适宜的，如果有人提出疑问，现在几乎都用无缝钢轨、是连续的呀，可其断面相对梁的断面而言太小，在计算梁横截面内力时可以忽略。列车不能横冲直撞，而只能循“轨”蹈矩，则是常识。

静定连续梁简单说就是在外形上支承、支墩多于两个而组合在一起的梁，另外，在梁的受力分析时可以由静力平衡方程求解所有约束力的问题，故称其为静定连续梁。正如其名，它们的受力变形问题，仿照前述的简支梁、悬臂梁和外伸梁解之即可，并无原则的区别。

图 5－1 所示为江西影剧院礼堂二楼外前廊连续梁实景，图 5－2 所示为长桥连续梁速写画，远眺老八一大桥，为在中学农场劳动期间所作。

图 5－1　礼堂二楼前廊连续梁

图 5－2　长桥连续梁

对于利用置换法求解，注意到静定连续梁由于其挠曲线不是一直连续的，故求解时就在挠曲线的间断处分段研究即可。前面的简单梁的置换法知识都能用到，熟悉了它们，静定连续梁便不在话下。

超静定连续梁多见于市内外大大小小的公路桥梁（见图 5－3、图 5－4），关于超静定连续梁的问题，前面内容曾有涉及，此处可以通过数例来进一步梳理和加深。

图 5－3　首都机场二楼外前廊超静定连续梁

图 5－4　公路桥梁超静定连续梁

5.1　问题分析中的简支梁导向

一些梁的问题这样出现：从支座本身条件出发，譬如，每一个支座是由同种材料同一尺寸制成，根据强度观点，它们将具有同一的强度，即它们能够经受的最大力是一样的，不过千万不要形成这样的错觉，即每一个支座在工位时的承受力一样，就像两只鞋底磨损程度有别。经验告诉大家，一根梁在一条直线上布置多个支承，每一个支承一般不可能受同样的力，比如三个人抬起一根长形木头，居中间的那位一定承受较大的压力，哪一位笑说中间的人可以被抬起来，那他要偷懒也是完全可能的。他们所受压力究竟有无差异？是与三个位置导致的梁的变形相关的，一般可以猜想，中间的人前后都是木料，所以负担最重。

可以发现，简支梁作用了主动力，依照静力平衡方程求出约束反力后，就以置换法位移方程求出整个位移。简言之，一根梁在所有受力都已知的情况下，就可以得出位移的结论，用这个具体的道理来研究一下相关的问题。

5.1.1　连续梁中有支座横向位移

已知梁上作用有均布荷载 q，梁的弯曲刚度为 EI，支承 A、B 和 C 之间的距离是：$AB=BC=l$，要求出使 A、B、C 支座都受同一量值的约束力时，支座 B 处偏离水平连线 AC 的距离 d，如图 5－5(a)所示。

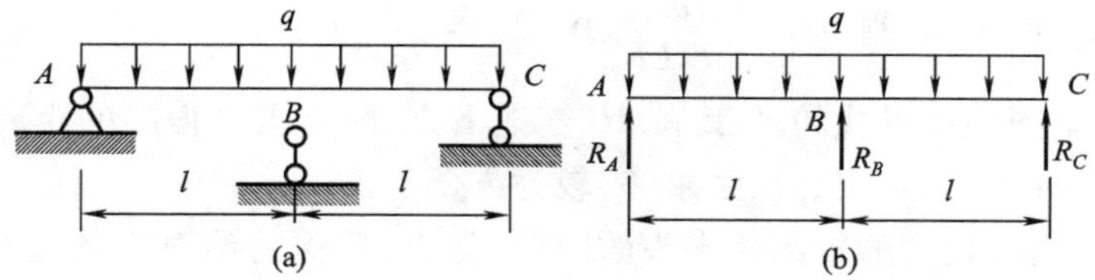

图 5－5　简支梁 AC 加一支座 B 及其受力图

由于简支梁置换法位移方程现成，故可以将三个支承的梁视为简支梁，其中间支承无非是一个支反力而已。结合具体问题来看，图中似有 q 进 R_B 退，似以变形代反力之势。

从梁的结构上看该梁是超静定梁，因为 A 处是一个固定铰支座，对应两个约束反力因素；B、C 两处是可动铰支座，各自对应一个约束反力，q 作用后，梁与支座 B 靠接，这样，共有四个反力因素，而平面任意力系能够提供三个静力平衡方程，反力因素与平衡方程的差值是一，这通常是一个超一次静定问题。

再行审题发现，因为总的主动力大小已知，依照上下平衡原理，等于已经给出了三个支座的约束反力大小，那么，现在看到的问题是所有外力（包括主动力和约束力）都是已知的情况。

5.1.2 脑洞大开 漏水沉降

发挥想象力，做脑力试验，演绎梁变形的过程。设想图 5－5 所示 B 支座由力 R_B 替代，这在受力关系上是允许的，其起初位置在 AC 连线上，从经验知道，这位置上的 R_B 大于 R_A、R_C，不符合要求。之后，向 R_B 减小方向动作——往下降，盯住其值降至与其他两力相等时的位置，停住，则此横向位移便是欲求偏离量。实际上，整个过程是观察了“简支梁 AC”的挠曲线的逐渐变化。

综上，以简支梁来对待，无需搬用解超静定问题的步骤，可以根据题目的本意，直接用置换法位移方程求解线位移，这在数学上是可解的，因为梁的受力全部已知，且 A、C 处位置不动，恰似简支梁的支承。

支承 B 处正所谓：反力位移，此消彼长；张弓搭箭，以柔克刚。

先事受力分析，画受力图如图 5－5(b) 所示。依题意有：$R_A = R_B = R_C = \dfrac{2ql}{3}$。

5.1.3 寻找 B 处位移

设立正常直角坐标系，将置换梁固定端设置于 B 处，求出左右置换梁挠度：

$$\text{左置换梁有 } w_l = \frac{R_A l^3}{3EI} - \frac{ql^4}{8EI}, w_l = \frac{2ql}{3} \cdot \frac{l^3}{3EI} - \frac{ql^4}{8EI} = \frac{16ql^4 - 9ql^4}{72EI} = \frac{7ql^4}{72EI}$$

$$\text{右置换梁有 } w_r = \frac{R_C l^3}{3EI} - \frac{ql^4}{8EI}, w_r = \frac{2ql}{3} \cdot \frac{l^3}{3EI} - \frac{ql^4}{8EI} = \frac{16ql^4 - 9ql^4}{72EI} = \frac{7ql^4}{72EI}$$

将左右置换梁的挠度代入转角方程 $\theta = \dfrac{w_l - w_r}{l}$，该方程里 l 在本问题中为 $2l$，得 $\theta_B = 0$。

这说明 B 处是转角的零位，且是 ABC 挠曲线最大挠度处，将有关值代入挠度方程，可以得到此挠度：$w = -w_l + \theta \cdot x$。

这里转角是零，取 $x = l$，得：$w = -\dfrac{7ql^4}{72EI} + 0 \cdot l = -\dfrac{7ql^4}{72EI}$（↓）

显然，这就是本问题要寻找的 d，其在 AC 连线下方，即支座 B 偏移的距离。

本题在有条件查表时，可用叠加法求解，较为方便。

倘若这便是上面所提到的抬起长木头的问题，那么，要保持绝对平均主义，使三位中的每一位都承受一样的压力，则需要中间者塌着一点肩膀。

本问题的举一反三，倘若可动铰支承分列多个，比如 3、4、5 等，且由于规格一样，对它们的受力要求是等大，欲知各支承偏离梁两端连线的距离，该怎样求出？这便是照虎画猫之事了。

区分静定超静定，源于求力行不行，
尽知主动被动力，位移方程圆位移。

通过本节内容可知,已知外力,也就是荷载、约束力等,无可争议地就解出了位移,如此简单地解答连续梁,似乎没有更多地涉及超静定问题本身,超静定问题将在之后章节讨论。

5.2 超静定问题的一般解法

超静定问题,另一提法是静不定问题,指通过求解静力平衡方程不能解出所有约束反力因素的问题。

5.2.1 超静定次数

约束反力因素的数量是在直角坐标系里,受力研究对象的受力的分量个数。一般根据数学原理,一个方程解出一个相关的未知量,倘若对象的受力分量个数比能列出的独立的平衡方程少,那么,所有这些分量皆能凭借静力方程求出,则此问题为静定问题;相反,力分量个数多于平衡方程数,则仅凭这些方程,数学上无解,就超静定了。如果反力因素比静力方程多出一个,就称为超一次静定问题,以此类推。

所能列出的静力平衡方程描述了研究对象的基本平衡条件,对于超静定问题,它们是必要条件,但要全部解出这些反力,还需补充其他条件,并将其转化为包含有未知反力的方程,在此就称它们为补充方程,显然,依照数学原理,超几次静定就需补充几个方程。

5.2.2 寻找变形几何关系

需要补充的方程从哪里入手寻求呢?包含未知反力因素的关系在变形分析中就存在,就属所谓的材料的本构关系等,具体寻找此关系时,就是弄清该未知反力所对应的约束类型,及能够提供何种位移的控制,或者说能够允许该处有何种位移。列成数学表达式往往就是某轴向绝对伸长为某个值,或某扭转角等于某个值,对于梁而言,就是某转角等于某值,某挠度等于某值,诸如此类。

人们摆放四脚衣柜或方凳等家具时,往往发现一般只有三条腿是落实的,即所谓的三角形稳定性。一旦逐渐装满衣物或人体往上面坐下时,则家具的四只脚感觉都会落实、四平八稳,显然,每只脚的变形与其承受的力是相适应的,着力大的腿变形也大,这便是力与变形的关系,通过将家具材料做实验测试,此关系可以表示成数学等式。

几十年前,特别是南方许多河流中,当木船逆水行舟时仍然以靠纤夫拉纤的方式行进,对船进行受力分析,船匀速行进,其所获得的前进动力全由纤绳拉力提供,纤绳由主纤和帮纤组成,每一纤夫各拉一根纤绳,大家合力将拉力传导给主纤绳而拉动船只。由于个人的力气不相等,这样,船所获得的动力便是这些不同大小的力汇聚而成的。如果想要知晓每个纤夫出力的份额,只要量测每人所拉纤绳的伸长程度便可推算而知。

试验这样做:将每人用的纤绳一头系在牢靠的地方,一头加力拉,则在一定力气的范围内,加一个单位的力,纤绳就伸长一个单位的长度,如此类推,可测出力与绳伸长的固定比例关系。若将此结论应用到推算纤夫拉船的问题上,就可借助于直接类比的方式计算出力的大小等。想知道纤夫使了多大劲,量一下他的纤绳的伸长量、并代入他的拉力试验所确定的力与伸长比例关系推算便知。

梁在力作用下其轴线发生挠曲，即梁各截面处不同的位置上发生不同的挠度，其规律是，在一定力的量值范围内，同一位置上的力增加一个单位，则该力位置上的位移也增加一个单位。这里的位移可以是挠度，也可以是转角。

5.2.3 多余约束、多余约束力

可以对超静定梁进行大胆的想象，譬如，对于一直梁由一个固定铰支座和两个可动铰支座在一条水平线上支承时，可以认为其中一个可动铰支座是“多余”的，当然，是指对梁的静力平衡维持而言是多余的，少一个刚好平衡，形式上可求。将选定的“多余”的支座（或其他约束）去掉，代之于此处相应的约束反力，那么，问题便变成了简支梁、静定梁，只不过其上还作用有一个主动力形式的“多余反力”。要注意，将问题进一步严密起来，还要厘清“多余反力”与“多余约束”的区别：按照力的性质，多余反力是可以沿其作用线移动而不改变对物体的作用效果的，故此处只有多余反力不行，它们一定对应多余约束的位移状况，如所述去除了一个可动铰支座，此处多余反力垂直于杆轴线，为了全面复原，还应加上横向位移为零的条件，因为它是多余约束。此时的横向位移为零就是所谓的“变形谐调关系”，人们似乎看见了“多余反力”逐渐将梁的挠曲线推移至“多余约束”处，反力的大小和方向就“谐调”于此。

5.2.4 解超静定一般程序

有了以上认识，求解超静定问题的一般步骤就可以简述为：

①对研究对象进行受力分析，列出所有的静力平衡方程。

②判定超静定性质，若是，则判断超静定次数。

③根据超静定次数，寻找同样数量的变形谐调关系。

④将所得到的变形谐调关系，依照物性关系即本构关系列写成带有未知反力的方程。具体写这些方程的工具是已有的置换法位移方程。

⑤联立所有反力方程求解出所有约束反力因素。

5.2.5 两端固定梁的超静定解法

先从结构较为简单的超静定梁看起。

已知两端固定端梁 AB 具有弯曲刚度 EI[见图 5-6(a)]，跨度为 l，分别在 A 端、B 端固定，梁上满布均布荷载 q，求该梁的固端弯矩和剪力。另外，求解最大挠度。

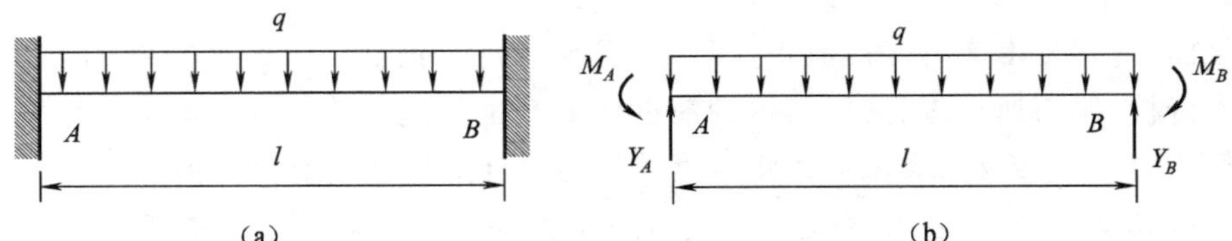

图 5-6 两端固定端梁 AB 及其受力图

1. 对梁进行受力分析

作梁 AB 的受力图如图 5-6(b)所示。按照受力图列写静力平衡方程

$$\sum Y = 0,\quad Y_A - ql + Y_B = 0 \tag{5-1}$$

$$\sum M_A = 0,\quad M_A - \frac{ql^2}{2} + Y_B l - M_B = 0 \tag{5-2}$$

通过对受力图和平衡方程的判断，得出该梁为二次超静定问题。

2. 置换法计算约束力

找到“多余约束”的位置，在其上设置置换梁的固定端，目的是在此处使用转角位移方程或挠度位移方程，因为该处的位移已经被限制住，其位移显然是已知的了，原则上就可以列写带有未知约束反力因素的方程，当然，此即补充方程。根据本问题的需要，要求找出两个补充方程，路径有多种，当然，此处仍然介绍置换法。

(1)在 A 处设置置换梁(见图 5-7)，得到左置换梁挠度，有 $w_{lA}=0$，置换梁自由端挠度符号的第二个下标字母，表示置换梁固定端位置所在。右置换梁挠度为

$$w_{rA}=-\frac{ql^4}{8EI}+\frac{Y_Bl^3}{3EI}-\frac{M_Bl^2}{2EI}$$

为了节省笔墨，后面略写 EI 常数。由转角位移方程 $\theta=\frac{w_l-w_r}{l}$，考虑到固定端 A 处的转角等于零，得

$$\frac{ql^3}{8}-\frac{Y_Bl^2}{3}+\frac{M_Bl}{2}=0 \tag{5-3}$$

(2)在 B 处设置置换梁(见图 5-8)，得到左置换梁挠度，有 $w_{lB}=-\frac{ql^4}{8}+\frac{Y_Al^3}{3}-\frac{M_Al^2}{2}=0$，由转角位移方程 $\theta=\frac{w_l-w_r}{l}$，考虑到固定端 B 处的转角等于零，得

$$-\frac{ql^3}{8}+\frac{Y_Al^2}{3}-\frac{M_Al}{2}=0 \tag{5-4}$$

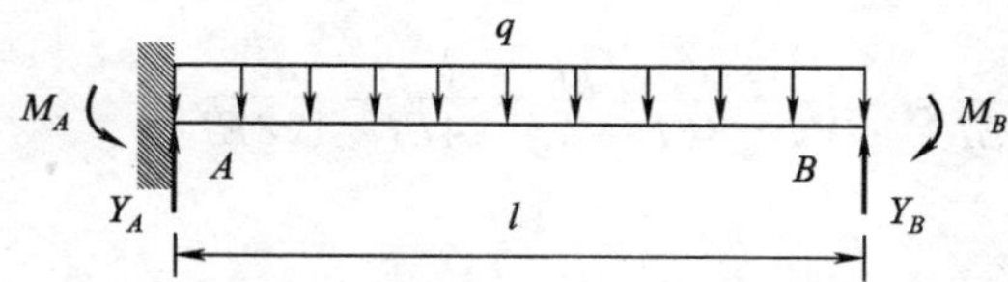

图 5-7　固定端在 A 处的置换梁

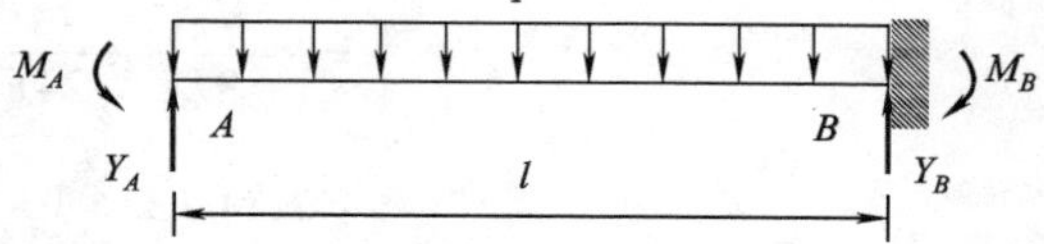

图 5-8　固定端在 B 处的置换梁

(3)欲联立以上方程解出未知约束反力，则按照消元法的求解模式整理式(5-1)至式(5-4)，每一式依约束力下标字母排序，并且集中力排在力偶之前，即 Y_A、M_A、Y_B、M_B，已知参量放置在等号右边，具体操作如下。

式(5-1)有 $Y_A+Y_B=ql$，式(5-2)有 $M_A+lY_B-M_B=\frac{ql^2}{2}$，式(5-3)有 $-\frac{Y_Bl^2}{3}+\frac{M_Bl}{2}=-\frac{ql^3}{8}$，式(5-4)有 $\frac{Y_Al^2}{3}-\frac{M_Al}{2}=\frac{ql^3}{8}$，借用矩阵方法求解，得到增广矩阵如下：

$$\begin{bmatrix}1 & 0 & 1 & 0 & ql\\ 0 & 1 & l & -1 & \frac{ql^2}{2}\\ 0 & 0 & -\frac{l^2}{3} & \frac{l}{2} & -\frac{ql^3}{8}\\ \frac{l^2}{3} & -\frac{l}{2} & 0 & 0 & \frac{ql^3}{8}\end{bmatrix}$$

对矩阵每行命名,从上到下分别为行①、②、③和④,进行矩阵计算。

行①$\times\left(-\dfrac{l^2}{3}\right)$,得$-\dfrac{l^2}{3}Y_A-\dfrac{l^2}{3}Y_B=-\dfrac{ql^3}{3}$,将其+④,也即与式$\dfrac{l^2}{3}Y_A-\dfrac{l}{2}M_A=\dfrac{ql^3}{8}$相加,得行⑤$\begin{bmatrix}0 & -\dfrac{l}{2} & -\dfrac{l^2}{3} & 0 & -\dfrac{5ql^3}{24}\end{bmatrix}$。

行⑤取代行④。行②$\times\left(\dfrac{l}{2}\right)$,得:$\dfrac{l}{2}M_A+\dfrac{l^2}{2}Y_B-\dfrac{l}{2}M_B=\dfrac{ql^3}{4}$,将其+⑤,也即与式$-\dfrac{l}{2}M_A-\dfrac{l^2}{3}Y_B=-\dfrac{5ql^3}{24}$相加,得行⑥$\begin{bmatrix}0 & 0 & \dfrac{l^2}{6} & -\dfrac{l}{2} & \dfrac{ql^3}{24}\end{bmatrix}$。行⑥取代行⑤。行③$\times\dfrac{1}{2}$,得$-\dfrac{l^2}{6}Y_B+\dfrac{l}{4}M_B=-\dfrac{ql^3}{16}$,将其+⑥,也即与式$\dfrac{l^2}{6}Y_B-\dfrac{l}{2}M_B=\dfrac{ql^3}{24}$相加,得行⑦$\begin{bmatrix}0 & 0 & 0 & -\dfrac{l}{4} & -\dfrac{ql^3}{48}\end{bmatrix}$。

显见,由行⑦得:$-\dfrac{l}{4}M_B=-\dfrac{ql^3}{48}$,故$M_B=\dfrac{ql^2}{12}$,这样,获得了第一个约束力,继续扩大成果。

将M_B代入行③,得$-\dfrac{l^2}{3}Y_B+\dfrac{l}{2}\cdot\dfrac{ql^2}{12}=-\dfrac{ql^3}{8}$,$-\dfrac{l^2}{3}Y_B=-\dfrac{ql^3}{8}-\dfrac{ql^3}{24}$,$Y_B=\dfrac{ql}{2}$。将$Y_B$、$M_B$代入行②,得$M_A+l\left(\dfrac{ql}{2}\right)-\dfrac{ql^2}{12}=\dfrac{ql^2}{2}$,$M_A=\dfrac{ql^2}{12}$。将$Y_B$代入行①,得$Y_A+\dfrac{ql}{2}=ql$,$Y_A=\dfrac{ql}{2}$。

(4)求最大挠度

将置换梁设置于距离A处为$x=l/2$处,以挠度方程求之。

左置换梁挠度w_l为:
$$w_l=-\frac{M_A\,(l/2)^2}{2EI}+\frac{Y_A\,(l/2)^3}{3EI}-\frac{q\,(l/2)^4}{8EI}$$
$$=-\frac{M_Al^2}{8EI}+\frac{Y_Al^3}{24EI}-\frac{ql^4}{128EI}=-\frac{ql^2}{12}\cdot\frac{l^2}{8EI}+\frac{ql}{2}\cdot\frac{l^3}{24EI}-\frac{ql^4}{128EI}$$
$$=2.604\,2\times10^{-3}\frac{ql^4}{EI}$$

右置换梁挠度w_r为:$w_r=2.604\,2\times10^{-3}\dfrac{ql^4}{EI}$。依照挠度方程,得到全梁最大挠度$w_{\max}$
$$w_{\max}=-\frac{x}{l}w_r-\frac{l-x}{l}w_l=-\frac{1}{2}\cdot2.604\,2\times10^{-3}\frac{ql^4}{EI}-\frac{1}{2}\cdot2.604\,2\times10^{-3}\cdot\frac{ql^4}{EI}$$
$$=-2.604\,2\times10^{-3}\frac{ql^4}{EI}$$

此题解中反映,置换法的位移方程极快地转换成了补充方程。梁如果超静定,则多余约束释放,补充方程何来?位移方程充当。

5.3 超静定连续梁问题

求解的关键在于瞄准置换梁的装设位置,争取一次套用位移方程就能解出某个参数,这样便能躲开求解联立方程的麻烦,实在一次不能找准关键,那么,逐个节点列写位移方程,总能解决问题,这叫“死磨硬泡”。

5.3.1 “车要拐弯了,请注意把好扶手!”

当乘坐公共汽车出行时,不时地会听到以上提醒语。人若在公共汽车上无座位,为了防止车子在刹车时“前仰”加速时“后合”,就要抓紧扶手、把手等,防止碰伤,车厢里便会时不时地出现一些“颠轿”现象,此时扶手、把手就是防止人体动变的工具,起到保障车辆整体平稳的作用。

1. 车棚顶铰式把手

譬如,车棚顶的一种把手如图 5 - 9 所示,其力学模型如图 5 - 10 所示,它是如何赋予人们以“定力”的呢?

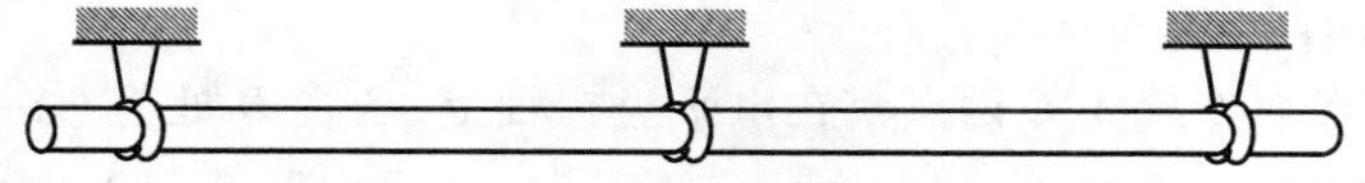

图 5 - 9　车棚顶铰式把手示意图

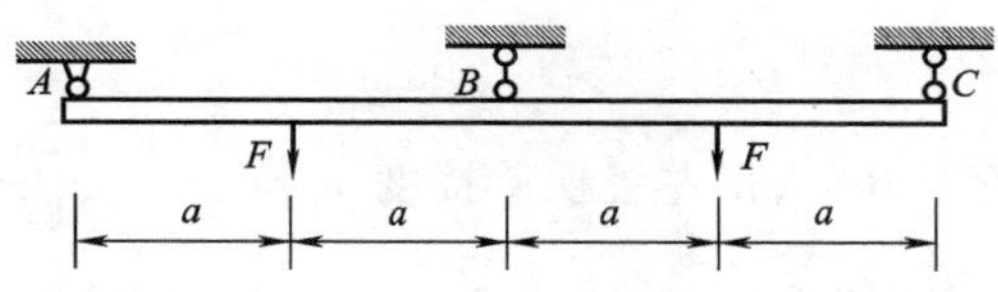

图 5 - 10　车棚顶铰式把手的受力模型

把手支承处的情况如此分析,A 处的约束简化成固定铰支座,是因为此处把手允许轻微地转动,即此处有转动的自由,但不允许有线位移;B、C 处皆失去上下线位移的自由,但是可以轻微地轴向线位移,两处皆存在转动的自由,所以,简化成两个可动铰支座。

将把手的受力情况进行受力分析,可得图 5 - 11 所示的受力图,当然,此图是忽略了人体晃动时产生的、在杆件轴线方向的集中力的分量后、两人下拉力相等等因素所画成的。

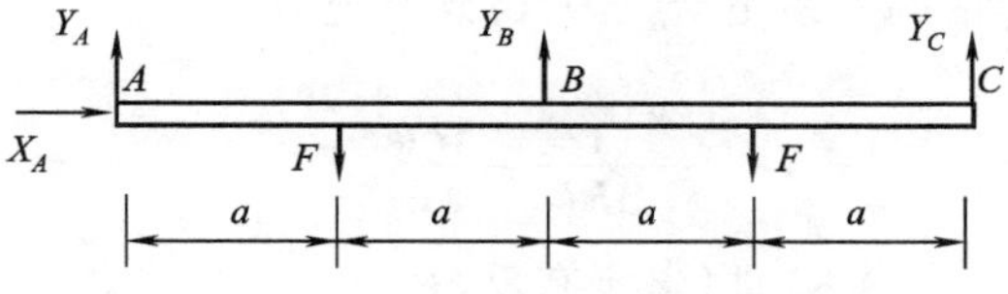

图 5 - 11　车棚顶铰式把手的受力图

此问题的已知条件可以如此表示,把手杆件的弯曲刚度是 EI,人体下拉力量的竖直分量是 F,支承 A、B 和 C 与力 F 作用位置的水平分布为等距离,间隔为 a。求解支承 A、B 和 C 处的约束力;另外,求解力 F 作用处的位移。

(1)受力分析

先画该模型的受力图,如图 5 - 11 所示。取右手系直角坐标,A 处是固定铰支座,对应的约束力是 X_A、Y_A,即不约束杆在 A 处的角位移,故此处不存在约束力偶;B 处是可动铰支座,杆在此处既可以转动,又可以在杆轴方向轻微地移动,故只存在竖直方向的约束力 Y_B;C 处约束性质与 B 处相同,故有 Y_C。

列写平衡方程，按照平面任意力系规则，可列写三个。

$$\sum X = 0, \quad X_A = 0$$

$$\sum Y = 0, \quad Y_A + Y_B + Y_C - 2F = 0 \tag{5-5}$$

$$\sum M_B = 0, \quad -2Y_A a + Fa - Fa + 2Y_C a = 0, \quad Y_A = Y_C \tag{5-6}$$

将式(5-6)代入式(5-5)，得

$$Y_B + 2Y_C - 2F = 0, \tag{5-7}$$

可见，三个平衡方程可以解出三个未知反力因素，但是，此处的反力因素有四个，这就意味着还需要一个关于这四个反力的方程。

(2)寻找变形谐调关系

如果仔细观察可以发现 A、C 两点都在水平坐标轴上，若视 B 处为“多余约束”，则 AC 为“简支梁”，AC 梁即为原来连续梁的“相当静定系统”。从受力图 5-11 中可知，AC 梁段的挠曲线在主动力 F、形式上的主动力 Y_B 的作用下，使得在位置 B 处的挠度符合此处的约束特点——无横向线位移，就是 $w_B=0$。

(3)以置换法找几何关系

将置换梁的固定端设置于 B 处，得左置换梁挠度 w_l：$w_l = \dfrac{Y_A\,(2a)^3}{3EI} - \dfrac{Fa^3}{3EI} - \dfrac{Fa^2}{2EI}a = \dfrac{8Y_A a^3}{3EI} - \dfrac{5Fa^3}{6EI}$；右置换梁挠度 w_r：$w_r = \dfrac{Y_C\,(2a)^3}{3EI} - \dfrac{Fa^3}{3EI} - \dfrac{Fa^2}{2EI}a = \dfrac{8Y_C a^3}{3EI} - \dfrac{5Fa^3}{6EI}$，考虑到式(5-6)的结果，有 $w_r = \dfrac{8Y_A a^3}{3EI} - \dfrac{5Fa^3}{6EI}$。

依照转角方程 $\theta = \dfrac{w_l - w_r}{l}$，得到 B 处转角 $\theta_B = \dfrac{w_l - w_r}{4a} = 0$。

又依照挠度方程 $w = -w_l + \theta \cdot x$，这里 x 是位置坐标，取 $x = 2a$，得到 B 处挠度：$w_B = -\dfrac{8Y_A a^3}{3EI} + \dfrac{5Fa^3}{6EI}$，不忘变形谐调关系是 $w_B = 0$，得到补充方程

$$-\frac{8Y_A a^3}{3EI} + \frac{5Fa^3}{6EI} = 0 \tag{5-8}$$

(4)联立式(5-5)至式(5-8)，以求所有反力

直接求解式(5-8)，得 $\dfrac{8Y_A a^3}{3EI} = \dfrac{5Fa^3}{6EI}$，$Y_A = \dfrac{5}{16}F$。

将 Y_A 代入式(5-6)，得 $Y_C = \dfrac{5}{16}F$。

将 Y_A 代入式(5-7)，得 $Y_B + 2\left(\dfrac{5}{16}F\right) - 2F = 0$，$Y_B = \dfrac{11}{8}F$。

(5)求集中力 F 作用处的位移

将置换梁的固定端设置于左边力 F 的作用处，得

$$w_l = \frac{5Fa^3}{48EI}, w_r = \frac{Y_B a^3}{3EI} + \frac{Y_B a^2}{2EI}(2a) - \frac{F\,(2a)^3}{3EI} - \frac{F\,(2a)^2}{2EI}a + \frac{Y_C\,(3a)^3}{3EI} = -\frac{Fa^3}{48EI}$$

由转角方程 $\theta=\frac{w_l-w_r}{l}$,得到力 F 处角位移:$\theta_F=\frac{1}{4a}\left(\frac{5Fa^3}{48EI}+\frac{Fa^3}{48EI}\right)=\frac{Fa^2}{32EI}$(↶)。

又由挠度方程 $w=-w_l+\theta\cdot x$,此处 x 取 a,得到力 F 处的线位移

$$w_F=-\frac{5Fa^3}{48EI}+\frac{Fa^2}{32EI}a=-\frac{7Fa^3}{96EI}(\downarrow)$$

2. 铰式把手的另法求位移

关于求解位移,也还有第二条路径,就是运用逐段刚化原理,以截断法拆成小梁来解。

(1)求力 F 作用处位移

如图 5-12 所示,注意到 B 处是可动铰支座,其使挠曲线的横向位移限制在了零位,故 AB 段本身成为一个简支梁的梁段,进而可以单独使用置换法的位移方程。值得注意的是,独立研究 AB 段挠曲线时,不要忘了受力关系的平衡性。由于这时无须考虑 BC 段变形,将 BC 段刚化,其上所有力等效简化至 B 处右趋近截面。图 5-12 中,$M_F=Fa$,$M_{YC}=Y_C(2a)=5Fa/8$。

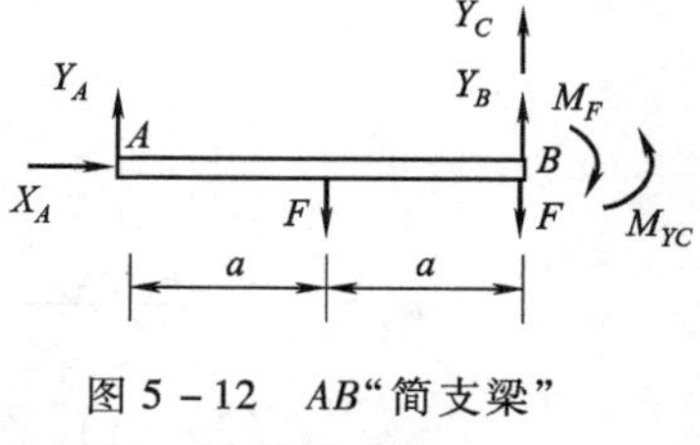

图 5-12　AB“简支梁”段的受力图

B 处的集中力综合效果 $F_B=-F+Y_B+Y_C=-F+\frac{11}{8}F+\frac{5}{16}F=\frac{11}{16}F(\uparrow)$

B 处的力偶综合效果 $M_B=-M_F+M_{YC}=-Fa+\frac{5}{8}Fa=-\frac{3}{8}Fa$(↷)

(2)求 AB 梁中 F 作用处位移

在 F 作用处设置换梁固定端,有:

$$w_l=\frac{Y_Aa^3}{3EI}=\frac{5F}{16}\cdot\frac{a^3}{3EI}=\frac{5Fa^3}{48EI}$$

$$w_r=\frac{F_Ba^3}{3EI}+\frac{M_Ba^2}{2EI}=\frac{11F}{16}\cdot\frac{a^3}{3EI}-\frac{3Fa}{8}\cdot\frac{a^2}{2EI}=\frac{Fa^3}{24EI}$$

依照转角位移方程,即得 F 处转角:$\theta_F=\frac{w_l-w_r}{l}=\frac{1}{2a}\left(\frac{5Fa^3}{48EI}-\frac{Fa^3}{24EI}\right)=\frac{Fa^3}{32EI}$(↶)。

根据挠度方程,并且取 $x=a$,即得 F 处横向位移

$$w_F=-w_l+\theta_Fx=-\frac{5Fa^3}{48EI}+\frac{Fa^2}{32EI}a=-\frac{7Fa^3}{96EI}(\downarrow)$$

由于问题的对称性,右边 BC 段上的力 F 的横向位移也是上式结果,而转角要注意,因为挠曲线对称,则在同一个直角坐标系下,对称位置的角位移绝对值相等,但正负号相反。

人们可能会问到此问题:力 F 作用处的线位移是否是此段挠曲线中最大挠度呢?由于力 F 位置在此段的正中,如此推测较为合理,事实上也接近于最大挠度,下面看最大挠度的求解及结论。

3. 铰式把手的最大挠度

于支座 A 与左边的集中荷载 F 作用处之间的任意位置设置置换梁的固定端,用置换法位移方程将此段的挠度通式表示出来,而后再根据函数极值的求解方法确定挠度函数的驻点坐标,将此坐标代入此挠度函数中便可求出最大挠度。

(1)计算左右置换梁挠度

列写图 5-13 的左右置换梁的挠度:

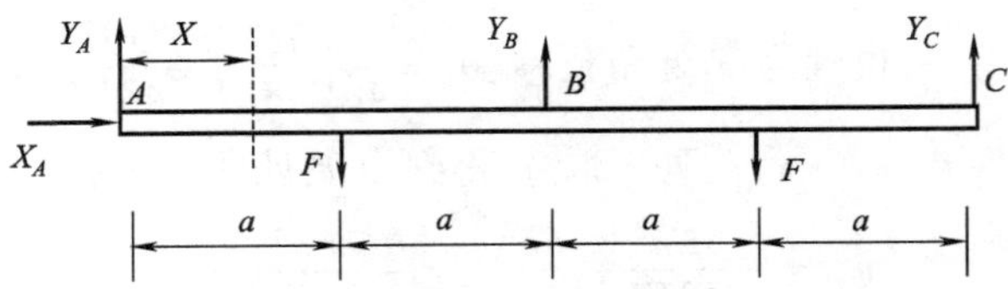

图 5－13 车棚顶铰式把手的受力图及 x 处左右置换梁

$$w_l=\frac{Y_A x^3}{3EI}=\frac{5F}{16}\cdot\frac{x^3}{3EI}=0.104\ 2\,\frac{Fx^3}{EI}$$

$$w_r=-\frac{F\ (a-x)^3}{3EI}-\frac{F\ (a-x)^2}{2EI}\cdot 3a+\frac{Y_B\ (2a-x)^3}{3EI}+\frac{Y_B\ (2a-x)^2}{2EI}\cdot 2a-$$
$$\frac{F\ (3a-x)^3}{3EI}-\frac{F\ (3a-x)^2}{2EI}\cdot a+\frac{Y_C\ (4a-x)^3}{3EI}$$

为了简明，省写弯曲刚度 EI。

$$w_r=-\frac{F}{3}(a^3-3a^2x+3ax^2-x^3)-\frac{F}{2}(a^2-2ax+x^2)\cdot 3a+$$
$$\frac{Y_B}{3}(8a^3-12a^2x+6ax^2-x^3)+\frac{Y_B}{2}(4a^2-4ax+x^2)\cdot 2a+$$
$$-\frac{F}{3}(27a^3-27a^2x+9ax^2-x^3)-\frac{F}{2}(9a^2-6ax+x^2)a+$$
$$\frac{Y_C}{3}(64a^3-48a^2x+12ax^2-x^3)$$

进一步省略力 F，得

$$w_r=-\frac{a^3}{3}+a^2x-ax^2+\frac{x^3}{3}-\frac{3a^3}{2}+3a^2x-\frac{3}{2}ax^2+$$
$$\frac{1}{3}\cdot\frac{11}{8}(8a^3-12a^2x+6ax^2-x^3)+\frac{1}{2}\cdot\frac{11}{8}(8a^3-8a^2x+2ax^2)-$$
$$9a^3+9a^2x-3ax^2+\frac{x^3}{3}-\frac{9a^3}{2}+3a^2x-\frac{ax^2}{2}+\frac{1}{3}\cdot\frac{5}{16}(64a^3-48a^2x+12ax^2-x^3)$$

为了减少分式列写的麻烦，式中系数转换成小数表示，并为减少误差而保留小数点后面四位数，有

$$w_r=-1.833\ 3a^3+4a^2x-2.5ax^2+0.333\ 3x^3+$$
$$0.458\ 3(8a^3-12a^2x+6ax^2-x^3)+0.687\ 5(8a^3-8a^2x+2ax^2)-$$
$$13.5a^3+12a^2x-3.5ax^2+0.333\ 3x^3+0.104\ 2(64a^3-48a^2x+12ax^2-x^3)$$

整理后得 $$w_r=0.501\ 9a^3-1.2\times10^{-3}a^2x-0.624\ 8ax^2+0.104\ 2x^3$$

(2)计算转角表达式

根据简支梁转角方程 $\theta=\dfrac{w_l-w_r}{l}$，此处 $l=4a$，将上面 w_l、w_r 代入，得

$$\theta(x)=\frac{1}{4a}\left(0.104\ 2\,\frac{Fx^3}{EI}-0.501\ 9\,\frac{Fa^3}{EI}+1.2\times10^{-3}\frac{Fa^2x}{EI}+0.624\ 8\,\frac{Fax^2}{EI}-0.104\ 2\,\frac{Fx^3}{EI}\right)$$
$$=\frac{1}{4a}\left(-0.501\ 9\,\frac{Fa^3}{EI}+1.2\times10^{-3}\frac{Fa^2x}{EI}+0.624\ 8\,\frac{Fax^2}{EI}\right)$$

(3)计算挠度函数的驻点

依照挠度与转角的微分关系 $w'(x)=\theta(x)$,若要寻得挠度 w 的驻点坐标,只需令挠度的一阶导数等于零即可,也即令 $\theta(x)=0$,下面将式 $\theta(x)$ 如此做,得一个一元二次方程

$$0.6248ax^2+0.0012a^2x-0.5019a^3=0$$

解此方程,遵循一元二次方程的根的表达式 $x_{1,2}=\dfrac{-s\pm\sqrt{s^2-4rt}}{2r}$,此问题中,$r=0.6248a$,$s=0.0012a^2$,$t=-0.5019a^3$,代入根表达式,得

$$x_{1,2}=\frac{1}{1.2496a}\left[-0.0012a^2\pm\sqrt{1.44\times10^{-6}a^4-4\times0.6248a(-0.5019a^3)}\right]$$

考虑根的物理意义,负值的根去掉,得:$x=0.8953a$,也就是离开支座 A 为 $x=0.8953a$ 处,梁的转角为零,此处挠度最大。

(4)计算最大挠度

将已经求出的驻点值代入简支梁挠度方程 $w=-w_l+\theta\cdot x$,并注意到此处转角等于零,得到最大挠度

$$w_l=0.1042\frac{F}{EI}\cdot(0.8953a)^3=0.0748\frac{Fa^3}{EI}$$

$$w_{\max}=-0.0748\frac{Fa^3}{EI}-0=-0.0748\frac{Fa^3}{EI}(\downarrow)$$

人们在力 F 作用处的旁边一点儿找出了最大挠度,与力 F 作用处的挠度对照一下,有下面的计算。

将力 F 作用处的挠度除以最大挠度,得 $\dfrac{w_F}{w_{\max}}=\dfrac{0.0729}{0.0748}=97.46\%$。

从结果中看出,力 F 作用处的挠度接近最大挠度,在无须精确知道挠度值的情况下,可把力 F 作用处的挠度近似当作最大挠度。一般而言,此时位移越大,人体感觉越轻柔舒适;位移越小,人体获得的定力则越充足到位。

若是因为方向盘打得太急造成车体左右摇晃时,铰式把手的受力变形问题,该如何仿照上面的解法求解,其实,从俯视图方向投影,得到的力学模型是一样的,其结论也就一目了然了。

车棚顶铰式把手问题除去荷载不同外,与后八轮大卡车的边梁模型(见图 5-14),与公路旁的防撞护栏的模型(图 5-15,临摹照片,捷克南部)一致。

图 5-14　后八轮大卡车边梁-超静定连续梁

图 5-15　公路旁边防撞护栏-超静定连续梁

5.3.2 减小把手位移的一种改进

公共汽车箱体内的零部件的设计可以多样，车棚顶上也可能是这样的把手，如图 5 - 16 所示。

图 5 - 16 所示把手受力模型为图 5 - 17 所示，即 A、B 和 C 处都失去了位移——包括线位移、部分角位移，除去 B 处可以轻微地转动杆轴向运动外，其他自由度全部丧失，因此 A、C 都简化成刚性结点。此把手无论主视图还是俯视图，都具有同样的力学特性和力学模型，所以，不管是前仰后合还是左右摇摆，求解步骤应为一个。

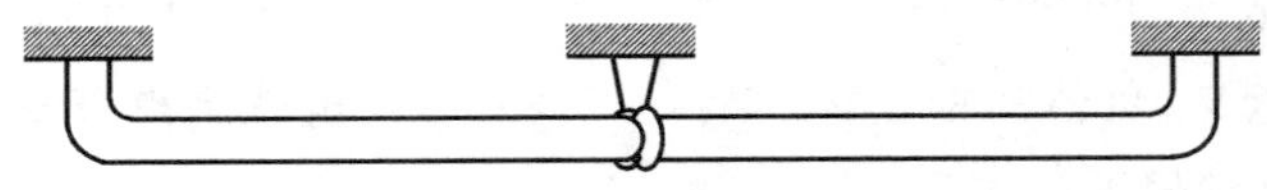

图 5 - 16　车棚顶固式把手示意

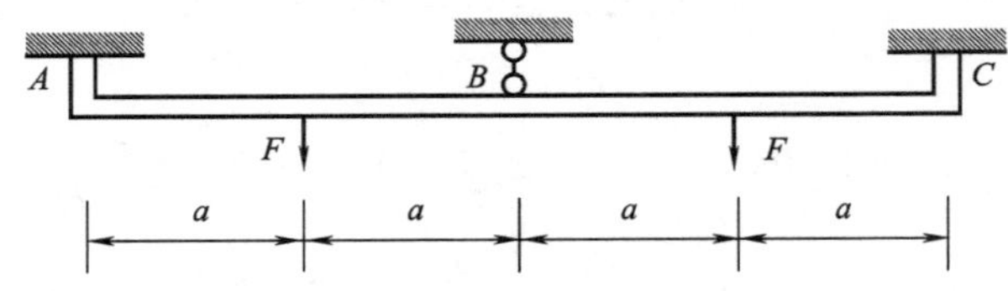

图 5 - 17　车棚顶固式把手的受力模型

针对此图的计算如下。

已知：杆件弯曲刚度为 EI，各个控制面距离为 a，假设人体重量相等，人体下拉力的竖直分量为 F。试求 A、B 和 C 处的约束反力，另外，算出力 F 处的位移情况。

1. 受力分析

该模型的受力图如图 5 - 18 所示。仍然取一般的右手系直角坐标系。列写平衡方程如下：

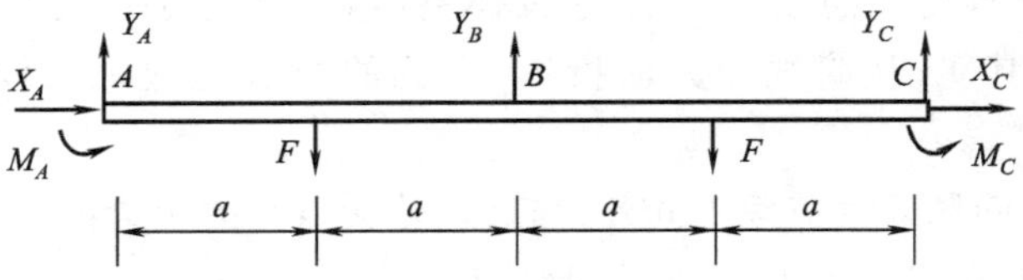

图 5 - 18　车棚顶固式把手的受力图

$$\sum X = 0, \quad X_A + X_C = 0 \tag{5-9}$$

$$\sum Y = 0, \quad Y_A + Y_B + Y_C - 2F = 0 \tag{5-10}$$

$$\sum M_B = 0, \quad M_A - 2Y_A a + 2Y_C a + M_C = 0 \tag{5-11}$$

下面进行超静定次数判定，由于式中 X_A、X_C 在一个物体上且共线，故无法求它们的值，主要因为 X_A、X_C 两力引起的变形是轴向拉压，这样，可以剔除式(5 - 9)并这两个反力因素，剩下的约束反力因素共五个，剩下的方程共两个，所以，是超静定三次问题。为了解出此五个反力因素，那就需要另外找出三个补充方程。

2. 寻找变形几何关系

释放 B 处“多余约束”，则 Y_B为“多余反力”；释放 A、C 处的转动约束，则 M_A、M_C为“多余反力偶”。观察剩下的结构构型为一根简支梁，这就是此问题的“相当静定系统”，也即原来的超静定梁在受力关系上等同于此“简支梁”，当然，“主动力偶”M_A、M_C现在未知，如图 5－19 所示，但其妨碍不了适用于简支梁的置换法的使用。

（1）梁 B 处变形谐调关系

B 处无偏移，即有 $w_B=0$，故找出 w_B的具体表达式后，就可以得到一个补充方程。

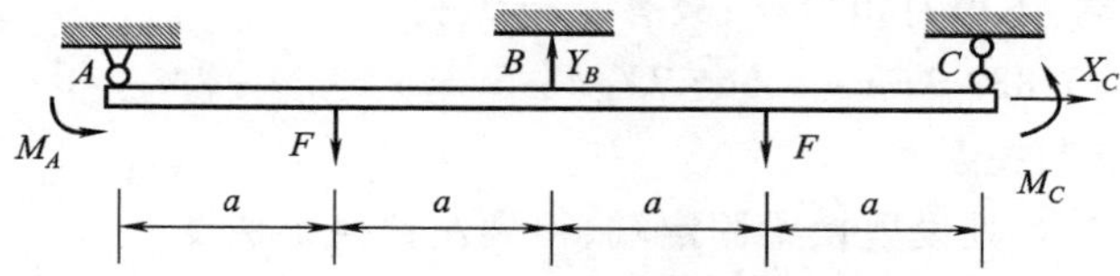

图 5－19　车棚顶固式把手的相当静定系统

将置换梁的固定端设于 B 处，得左置换梁挠度

$$w_l=-\frac{M_A\ (2a)^2}{2EI}+\frac{Y_A\ (2a)^3}{3EI}-\frac{Fa^3}{3EI}-\frac{Fa^2}{2EI}a=-\frac{2M_Aa^2}{EI}+\frac{8Y_Aa^3}{3EI}-\frac{5Fa^3}{6EI}$$

右置换梁挠度

$$w_r=\frac{M_C\ (2a)^2}{2EI}+\frac{Y_C\ (2a)^3}{3EI}-\frac{Fa^3}{3EI}-\frac{Fa^2}{2EI}a=\frac{2M_Ca^2}{EI}+\frac{8Y_Ca^3}{3EI}-\frac{5Fa^3}{6EI}$$

由 $\theta=\dfrac{w_l-w_r}{l}$，此处 $l=4a$，B 处转角为

$$\begin{aligned}\theta_B&=\frac{1}{4a}\left(-\frac{2M_Aa^2}{EI}+\frac{8Y_Aa^3}{3EI}-\frac{5Fa^3}{6EI}-\frac{2M_Ca^2}{EI}-\frac{8Y_Ca^3}{3EI}+\frac{5Fa^3}{6EI}\right)\\&=-\frac{M_Aa}{2EI}+\frac{2Y_Aa^2}{3EI}-\frac{M_Ca}{2EI}-\frac{2Y_Ca^2}{3EI}\end{aligned}$$

又由挠度方程，且取 $x=2a$，得

$$\begin{aligned}w_B&=\frac{2M_Aa^2}{EI}-\frac{8Y_Aa^3}{3EI}+\frac{5Fa^3}{6EI}+\left(-\frac{M_Aa}{2EI}+\frac{2Y_Aa^2}{3EI}-\frac{M_Ca}{2EI}-\frac{2Y_Ca^2}{3EI}\right)2a\\&=\frac{M_Aa^2}{EI}-\frac{4Y_Aa^3}{3EI}+\frac{5Fa^3}{6EI}-\frac{M_Ca^2}{EI}-\frac{4Y_Ca^3}{3EI}\end{aligned}$$

看到此处的约束不允许有横向位移，即 $w_B=0$，即可得到关系式

$$M_A-\frac{4Y_Aa}{3}+\frac{5Fa}{6}-M_C-\frac{4Y_Ca}{3}=0 \tag{5-12}$$

（2）梁 A 处变形谐调关系

于 A 处设置换梁，得到左右置换梁挠度

$$w_l=0$$

$$w_r=-\frac{Fa^3}{3EI}-\frac{Fa^2}{2EI}(3a)+\frac{Y_B\ (2a)^3}{3EI}+\frac{Y_B\ (2a)^2}{2EI}(2a)-\frac{F\ (3a)^3}{3EI}-\frac{F\ (3a)^2}{2EI}a+\frac{Y_C\ (4a)^3}{3EI}+\frac{M_C\ (4a)^2}{2EI}$$

为了提高计算速度，可将上式数字系数写成小数形式，为同一目的，省写弯曲刚度常量，则

上式变为

$$w_r = -1.8333Fa^3 + 6.6667Y_Ba^3 - 13.5Fa^3 + 21.3333Y_Ca^3 + 8M_Ca^2$$
$$= -15.3333Fa^3 + 6.6667Y_Ba^3 + 21.3333Y_Ca^3 + 8M_Ca^2$$

利用转角位移方程 $\theta = (w_l - w_r)/l$，取 $l = 4a$，得到 A 处转角

$$\theta_A = \frac{1}{4a}(0 + 15.3333Fa^3 - 6.6667Y_Aa^3 - 21.3333Y_Ca^3 - 8M_Ca^2)$$
$$= 3.8333Fa^2 - 1.6667Y_Ba^2 - 5.3333Y_Ca^2 - 2M_Ca$$

由于 A 处是固定端，不得有角位移，故有 $\theta_A = 0$，得

$$3.8333Fa - 1.6667Y_Ba - 5.3333Y_Ca - 2M_C = 0 \qquad (5-13)$$

(3)梁 C 处变形谐调关系

类同于前段(2)，在 C 处设置换梁固定端，得到左置换梁挠度

$$w_l = -\frac{M_A(4a)^2}{2EI} + \frac{Y_A(4a)^3}{3EI} - \frac{F(3a)^3}{3EI} - \frac{F(3a)^2}{2EI}a + \frac{Y_B(2a)^3}{3EI} + \frac{Y_B(2a)^2}{2EI}(2a) - \frac{Fa^3}{3EI} - \frac{Fa^2}{2EI}(3a)$$

省写 EI，以小数表达系数，得

$$w_l = -8M_Aa^2 + 21.3333Y_Aa^3 - 15.3333Fa^3 + 6.6667Y_Ba^3$$
$$w_r = 0$$

上面数据代入转角方程，得

$$\theta_C = (w_l - w_r)/l = \frac{1}{4a}(-8M_Aa^2 + 21.3333Y_Aa^3 - 15.3333Fa^3 + 6.6667Y_Ba^3 - 0)$$
$$= -2M_Aa + 5.3333Y_Aa^2 - 3.8333Fa^2 + 1.6667Y_Ba^2$$

注意到 C 处与 A 处一样，转角为零，故

$$-2M_A + 5.3333Y_Aa - 3.8333Fa + 1.6667Y_Ba = 0 \qquad (5-14)$$

3. 联立式(5-10)、式(5-11)、式(5-12)、式(5-13)和式(5-14)，求解约束反力

欲定位精准，增北斗精密。因为将要面临解答五元一次方程组，具体的求解过程可以有多种，为了尽量减少计算工作量，使得消元法替代的运算次数较少，先制成“力元素分布表”(见表5-1)，以便全面观察力元素的整体着落，运筹入手、路径和落脚。

表5-1 力未知元素分布表

元素 / 方程号	Y_A	M_A	Y_B	Y_C	M_C
(5-10)	√		√	√	
(5-11)	√	√		√	√
(5-12)	√	√		√	√
(5-13)			√	√	√
(5-14)	√	√	√		

根据对元素分布表的观察，再做出引导列写算式的步骤进行图，如图5-20所示。步骤进行图必先作为草图试拟求解线路，以连接线跨接方程表示代换关系，联立方程的特点是有些像“迷宫”，捷径需要探索。

步进图中的数码表示的是方程号码，步进方向是由左向右，当然，方程本身的号码顺序就表明方程衍进的方向。每两个方程替代一次，一般就消掉一个元素，按此规律，一直做到方程(5-21)以

后，即求出一个未知元素 Y_C，这便是成果的开始，一般溯源而上，可以求出所有未知反力。

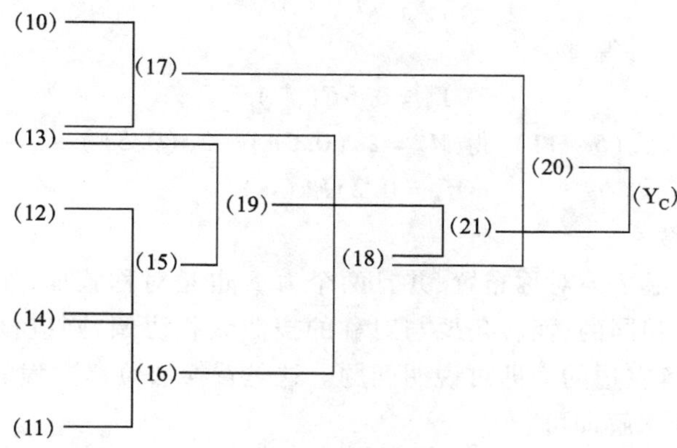

图 5－20　步骤进行图

分别消去的元素是：M_A、Y_B、Y_A 和 M_C，具体计算如下。

将式(5－12)代入式(5－14)，消去 M_A 得

$$-2(1.333\,3Y_Aa-0.833\,3Fa+M_C+1.333\,3Y_Ca)+5.333\,3Y_Aa-3.833\,3Fa+1.666\,7Y_Ba=0$$

$$2.666\,7Y_Aa-2.166\,7Fa-2M_C-2.666\,6Y_Ca+1.666\,7Y_Ba=0 \quad (5-15)$$

将式(5－11)代入式(5－14)，消去 M_A 得

$$-2(2Y_Aa-2Y_Ca-M_C)+5.333\,3Y_Aa-3.833\,3Fa+1.666\,7Y_Ba=0$$

$$1.333\,3Y_Aa+4Y_Ca+2M_C-3.833\,3Fa+1.666\,7Y_Ba=0 \quad (5-16)$$

将式(5－10)代入式(5－13)，消去 Y_B 得

$$3.833\,3Fa-1.666\,7(-Y_A-Y_C+2F)a-5.333\,3Y_Ca-2M_C=0$$

$$0.499\,9Fa+1.666\,7Y_Aa-3.666\,6Y_Ca-2M_C=0 \quad (5-17)$$

将式(5－13)代入式(5－16)，消除 Y_B，得

$$1.333\,3Y_Aa+4Y_Ca+2M_C-3.833\,3Fa+(3.833\,3Fa-5.333\,3Y_Ca-2M_C)=0$$

$$Y_A=Y_C \quad (5-18)$$

将式(5－13)代入式(5－15)，消除 Y_B，得

$$2.666\,7Y_Aa-2.166\,7Fa-2M_C-2.666\,6Y_Ca+(3.833\,3Fa-5.333\,3Y_Ca-2M_C)=0$$

$$2.666\,7Y_Aa+1.666\,6Fa-4M_C-7.999\,9Y_Ca=0 \quad (5-19)$$

将式(5－17)代入式(5－18)，消去 Y_A，得

$$0.499\,9Fa+1.666\,7Y_Ca-3.666\,6Y_Ca-2M_C=0$$

$$0.499\,9Fa-1.999\,9Y_Ca-2M_C=0 \quad (5-20)$$

将式(5－18)代入式(5－19)，消去 Y_A，得

$$2.666\,7Y_Ca+1.666\,6Fa-4M_C-7.999\,9Y_Ca=0$$

$$-5.333\,3Y_Ca+1.666\,6Fa-4M_C=0 \quad (5-21)$$

将式(5－20)代入式(5－21)，消去 M_C，得

$$-5.333\,3Y_Ca+1.666\,6Fa-2(0.499\,9Fa-1.999\,9Y_Ca)=0$$

$$Y_C=0.5F(\uparrow)$$

将 Y_C 代入式(5－21)，得 $-5.333\,3(0.5F)a+1.666\,6Fa-4M_C=0$

$$M_C=-0.25Fa(\frown)$$

将 Y_C、M_C 代入式(5－13),得 $1.6667Y_Ba=3.8333Fa-5.3333(0.5F)a-2(-0.25Fa)$

$$Y_B=F(\uparrow)$$

将 Y_C 代入式(5－18),得

$$Y_A=0.5F(\uparrow)$$

将 Y_A、Y_C 和 M_C 代入式(5－11),得 $M_A=2a(0.5F)-2a(0.5F)-(-0.25Fa)$,整理后有

$$M_A=0.25Fa(\curvearrowleft)$$

4. 求力 F 处的位移

图 5－19 所示结构显示为对称布置,并且两个力 F 也是对称施加,如此,可以判断两个力处向下的线位移应该是相同的,而转角要与对称的挠曲线相协调,则应该是绝对值相等,正负号相反。如此,以下求解左边的力即可说明问题。这是置换法位移方程的本源功用,将置换梁设置于力 F 作用位置处求解即可。

左置换梁挠度 $$w_l=-\frac{M_Aa^2}{2EI}+\frac{Y_Aa^3}{3EI}=0.0417\frac{Fa^3}{EI}$$

右置换梁挠度 $$w_r=\frac{Y_Ba^3}{3EI}+\frac{Y_Ba^2}{2EI}(2a)-\frac{F(2a)^3}{3EI}-\frac{F(2a)^2}{2EI}a+\frac{Y_C(3a)^3}{3EI}+\frac{M_C(3a)^2}{2EI}$$

$$=0.0417\frac{Fa^3}{EI}$$

将上面参数代入转角方程,得 $\theta_F=(w_l-w_r)/l=\frac{1}{4a}\left(0.0417\frac{Fa^3}{EI}-0.0417\frac{Fa^3}{EI}\right)=0$。

将上面参数代入挠度方程,取 $x=a$,得

$$w_F=-w_l+\theta\cdot x=-0.0417\frac{Fa^3}{EI}+0=-0.0417\frac{Fa^3}{EI}(\downarrow)$$

目前,人们已经看到了两种车棚顶把手的受力和变形情况和计算结果,为了明了起见,将它们的数值结果写入一张表当中,以利于对比结论,得到各自特点,见表 5－2。

表 5－2 铰支式、固定式把手的受力、变形结果对比表

	A 处反力	F 处挠度	B 处反力	F 处挠度	C 处反力
铰支式	5F/16	0.072 9	11F/8	0.072 9	5F/16
固定式	0.5F	0.041 7	F	0.041 7	0.5F
铰/固百分比(%)	62.5	174.8	137.5	174.8	62.5

表中显示,铰支式把手,其 B 支座承担了大部分拉力,但在力 F 作用处的横向位移则将比固定式把手在此处增加近 75%。当然,铰支式把手的优点是装配时工艺简单方便。反过来,固定式把手制作费力,但更为牢靠。

从对比可以看出,第二种车棚顶把手会给人们更强的"定力"。

像固定式把手一样的约束情况,可以描述另一些结构,譬如机器里的固端梁、桥梁等。其实,人们在船上凭栏眺望、上下甲板,在健身房里对镜子搁脚亮相、压腿练功,在鞍马上面倒立腾空、托马斯全旋,推拉一些公共建筑的大门和旧式火车上下车时,都会感觉到类似的结构的"给力"。

同时不使蛮力,也可以给出较大的变形,人体会有舒适感。

方程较多,以元素分布表作初;
代换很乱,用步骤进行图指路。

5.4　桥梁中的几种置换方法

某型立交桥梁的力学模型如图 5 - 21 所示，其中一整段三个局部支承的构造样式如图 5 - 22 所示。以此方式连成长桥。

在大一点的城市的人们一般出门便能看见立交桥，加以注意的话，桥与墩的连接方式便采用如此形式的结构，橡胶夹钢板弹性承垫起的作用是隔振，它会允许梁的水平方向的轻微走动，故可以视其为可动铰支座。

三桥墩的梁 ABC，其在 A 处设固定铰支座，B、C 处为可动铰支座，梁作用有均布荷载。已知，均布荷载集度 $q=15$ N/mm，梁长 AC 为 4 m，试求梁的约束力。

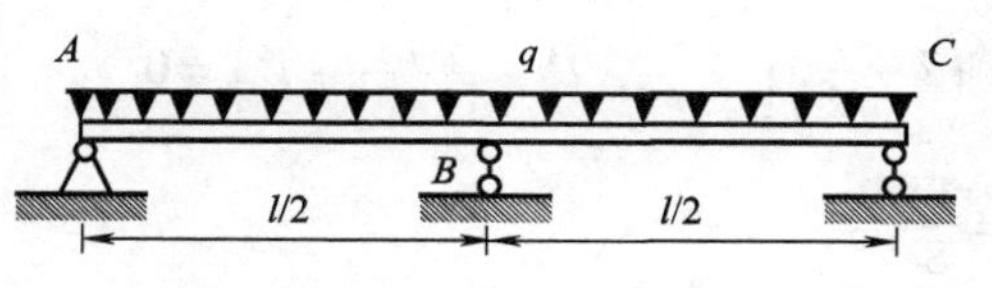

图 5 - 21　超静定连续梁 ABC

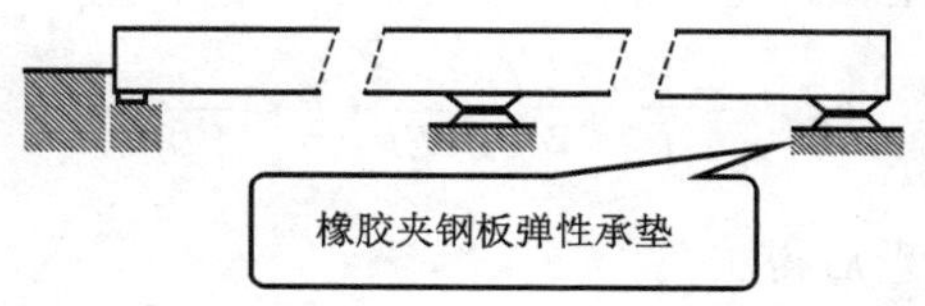

图 5 - 22　超静定连续梁结构简图

5.4.1　利用简支梁置换法平台求解

一般都能借助于简支梁的置换法来处理连续梁的问题，道理很简单，如果一个支承处的两边存在其他支承，则此时的此支承就能提供一个关系式，此式就是变形协调关系，那么，梁的求解就是通过此等式而获得补充方程。

1. 受力图

受力图如图 5 - 23 所示。依照约束类型，解除约束，代之于约束力。列出四个约束力因素：X_A，Y_A，Y_B 和 Y_C。

2. 判断超静定次数

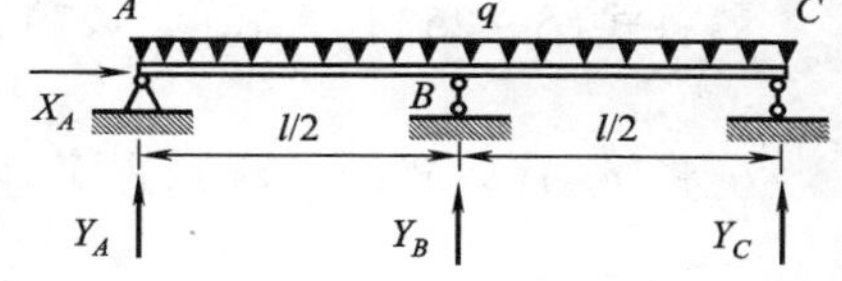

图 5 - 23　连续梁 ABC 受力图

按照结构静定性质的判定规则，该梁为一个整体，依照平面任意力系平衡原理，至多只能提供三个独立的平衡方程，即一个维持左右平衡的方程，一个维持上下平衡的方程，第三个即为维持转动平衡的方程，这三个静力平衡方程中，却会出现前述四个未知约束力因素，套进超静定次数的概念，此问题就是一次超静定问题，这就意味着需要寻找一个补充方程方可求出所有约束力。

3. 静力平衡方程

列写图 5 - 23 的静力平衡方程，有

$$\sum X = 0,\quad X_A = 0$$

$$\sum Y = 0,\quad Y_A + Y_B + Y_C - ql = 0 \tag{5 - 22}$$

$$\sum M_A = 0,\quad \frac{l}{2}Y_B + l\cdot Y_C - \frac{l}{2}ql = 0,\quad \frac{l}{2}Y_B + l\cdot Y_C - \frac{ql^2}{2} = 0 \tag{5 - 23}$$

4. 寻找补充方程

可以用置换法位移方程来构造补充方程，由于约束，已知 B 处的挠度为零，就在此处列写挠度方程，即 $w_B=0$。

将置换梁固定端设于 B 处,得到左置换梁挠度 $w_l=\frac{Y_A}{3EI}\left(\frac{l}{2}\right)^3-\frac{q}{8EI}\left(\frac{l}{2}\right)^4$,整理后得

$$w_l=\frac{Y_A}{24EI}\cdot l^3-\frac{q}{128EI}\cdot l^4$$

得到右置换梁挠度 $w_r=\frac{Y_C}{3EI}\left(\frac{l}{2}\right)^3-\frac{q}{8EI}\left(\frac{l}{2}\right)^4$,整理后得

$$w_r=\frac{Y_C}{24EI}\cdot l^3-\frac{q}{128EI}\cdot l^4$$

简支梁的置换法挠度方程为 $w=-\frac{x}{l}\cdot w_r-\frac{l-x}{l}\cdot w_l$,注意到此时,$w=w_B=0$, $x=\frac{l}{2}$,则有

$$w_B=-\frac{1}{l}\cdot\frac{l}{2}\left(\frac{Y_C}{24EI}\cdot l^3-\frac{q}{128EI}\cdot l^4\right)-\frac{1}{l}\cdot\left(l-\frac{l}{2}\right)\left(\frac{Y_A}{24EI}\cdot l^3-\frac{q}{128EI}\cdot l^4\right)=0$$

整理后得

$$Y_C+Y_A=\frac{3}{8}ql \tag{5-24}$$

式(5-24)就是补充方程。

5. 联立所列式(5-22)、式(5-23)和式(5-24),求约束力

式(5-24)变为

$$Y_A=\frac{3}{8}ql-Y_C \tag{5-25}$$

又式(5-23)变为

$$\frac{1}{2}Y_B+Y_C=\frac{1}{2}ql,Y_B=ql-2Y_C \tag{5-26}$$

将式(5-26)代入式(5-22),得

$$Y_A+ql-2Y_C+Y_C-ql=0,\quad Y_C=Y_A \tag{5-27}$$

将式(5-25)代入式(5-27),得 $Y_C=\frac{3}{8}ql-Y_C,Y_C=\frac{3}{16}ql$。

将 Y_C 代入式(5-27),得 $Y_A=\frac{3}{16}ql$。

Y_C 代入式(5-26),得 $Y_B=ql-2\cdot\left(\frac{3}{16}ql\right)=\frac{5}{8}ql$,求解完成。

其实,条条大路通罗马,还有其他途径求解以上约束力。

5.4.2 利用截断-置换法求解

实际上,倘若一条挠曲线存在两点位于一条直线上,而将自变量 x 轴置于该直线上,即重合放置,此挠曲线便可视为简支梁的挠曲线了。故此题的 AB、BC 段曲线可分别作为简支梁挠曲线来对待,所应寻找的补充方程便可由 ABC 曲线的连续光滑条件而获得。

(1)将 AB 段视为一简支梁,即在 B 处摘断 BC,于 B 处设置置换梁固定端,如图 5-24 所示。

图 5-24 所示左置换梁挠度为:$w_l=\frac{Y_A}{3EI}\left(\frac{l}{2}\right)^3-\frac{q}{8EI}\left(\frac{l}{2}\right)^4$,经整理,得

$$w_l=\frac{Y_A}{24EI}l^3-\frac{q}{128EI}l^4$$

由于图5－25所示右置换梁的梁长为零，故 $w_r=0$。将 w_l，w_r 代入简支梁置换法转角方程 $\theta_B=\dfrac{w_l-w_r}{l}$，得 $\theta_B=\dfrac{2}{l}\left(\dfrac{Y_A}{24EI}l^3-\dfrac{q}{128EI}l^4-0\right)$，整理后得

$$\theta_B=\frac{Y_A}{12EI}l^2-\frac{q}{64EI}l^3 \tag{5-28}$$

(2)将 BC 段视为一简支梁，即在 B 处摘断 AB，于 B 处设置置换梁固定端，如图5－25所示。

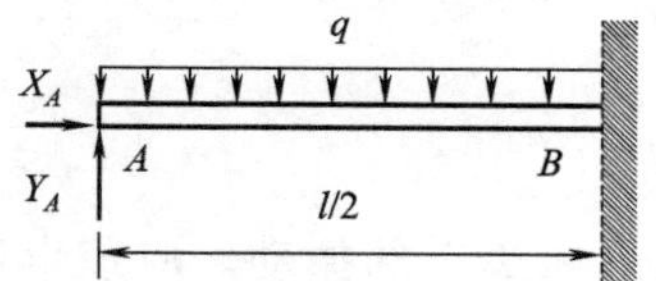

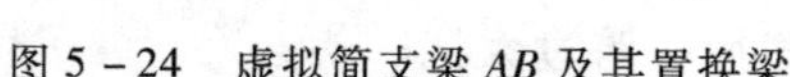

图5－24 虚拟简支梁 AB 及其置换梁

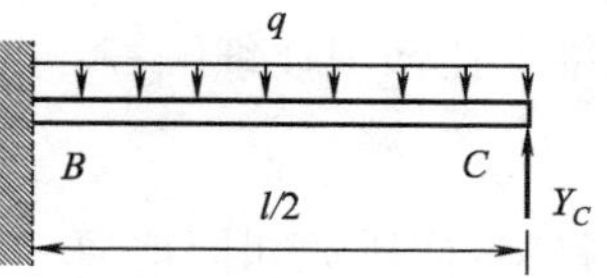

图5－25 虚拟简支梁 BC 及其置换梁

求左右置换梁挠度，得 $w_l=0$， $w_r=\dfrac{Y_C}{3EI}\left(\dfrac{l}{2}\right)^3-\dfrac{q}{8EI}\left(\dfrac{l}{2}\right)^4$ 经整理后，得

$$w_r=\frac{Y_C}{24EI}l^3-\frac{q}{128EI}l^4$$

将 w_l，w_r 代入简支梁转角位移方程 $\theta_B=\dfrac{w_l-w_r}{l}$，得 $\theta_B=\dfrac{2}{l}\left(0-\dfrac{Y_C}{24EI}l^3+\dfrac{q}{128EI}l^4\right)$，整理后得

$$\theta_B=-\frac{Y_C}{12EI}l^2+\frac{q}{64EI}l^3 \tag{5-29}$$

通过式(5－28)、式(5－29)，得到了两种表示 B 处转角的等式，考虑到 B 处本身的连续性、光滑性，可以以此来建立补充方程，即 B 处转角唯一存在，即 θ_B 是一个值，将式(5－28)、式(5－29)恒等起来，得 $\dfrac{Y_A}{12EI}l^2-\dfrac{q}{64EI}l^3=-\dfrac{Y_C}{12EI}l^2+\dfrac{q}{64EI}l^3$，移项后归并，得 $\dfrac{1}{12EI}l^2(Y_A+Y_C)=\dfrac{q}{32EI}l^3$，进一步整理，得

$$Y_A+Y_C=\frac{3ql}{8} \tag{5-30}$$

将式(5－30)代入前述的静力平衡方程，就可以求出所有的约束力。

从获得的结论可知，此例好比三个一样高的人抬木头——当然是刚刚伐倒的粗细一样的大原木，两头的人承受压力一样大，中间那位则承受了超过一半的原木重量的压力，这抑或是"中流砥柱"在固体力学中的解释例子。

本解法采用分而治之的原则，化小了代用置换法位移方程的计算。本问题人们也可以尝试用外伸梁置换法求解。

5.4.3 三铰支墩改为两端固定式的变化——一跨过江愿景

人们利用聚合思维方式，也可以将此问题视为前面的固定式把手问题的改变——去掉 B 处的可动铰支座后的结构，并且，梁上荷载换成均布荷载，这样，又与本章梁两端固定问题发生联系。将三铰支墩桥中的梁两端由铰支承换成固定端，但是，去除梁中间铰支承，其他条件不变，那么约束反力有何变化呢？还是将各自的结果列表对比一下(见表5－3)。

表 5－3 三铰支墩改为两端固定式桥梁的约束反力对比

	左端竖直约束力	左端反力偶	正中竖直约束力	右端反力偶	右端竖直约束力
三铰支墩梁	$3ql/16$	0	$10ql/16$	0	$3ql/16$
两端固端梁	$ql/2$	$ql^2/12$	0	$ql^2/12$	$ql/2$

表中显示，三铰支墩梁中间的支墩除去、两边的支墩形式改为固定端后，则其上的竖向约束力增加了 166.7%，并且，两端还出现了约束力偶，这是对材料不利之处。当然，梁的功能是由人设计、为人服务的，改进后的开间增大、跨度变宽了。至于墩台的锚固方式、具体构造等处理，则由桥梁专业知识详细解答。

两岸给力，一江不羁。

人们当然希望桥面如同地面一样厚实、稳固，这样可以减少车的振动。应该申明，目前还没有造出如此刚强的材料，就以简支梁或两端固支方式而一跨过大江。

有了两跨梁的经验，人们也想尝试找出三跨连续梁的受力变形关系。

5.4.4 逐段刚化－置换法结合解长桥

连续梁 $ABCD$，如图 5－26 所示，桥墩简化为：A 处是固定铰支座，B、C 和 D 处分别是可动铰支座，位置关系是：$AB=BC=CD=l$，$CH=l/3$，$HD=2l/3$。弯曲刚度的设置是 AB 和 CD 段都为 EI，而 BC 段有所加强，定为 $1.1EI$。荷载简化情况如下：AB 段作用着均布荷载 q，在 CD 段的 H 位置处作用有集中力 $F=ql$。现需要解出支承处的约束力。

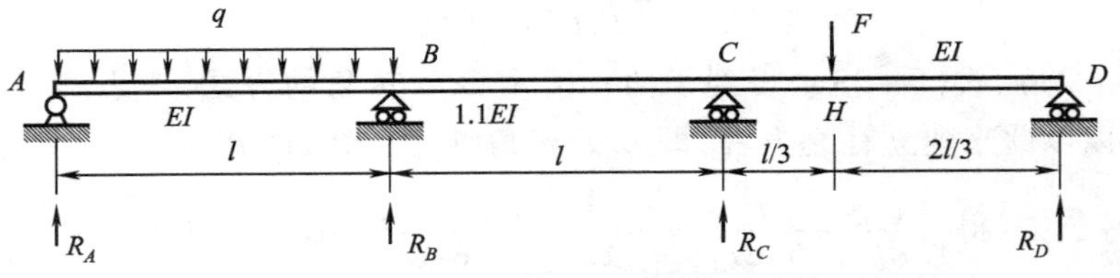

图 5－26 连续梁 $ABCD$ 及其受力图

依照静定性质判别方法可知，此结构为二度超静定。因此，需要寻找出两个补充方程，仍视整梁是由 AD 简支梁作基本梁而加 B 和 C 支墩组成，继而 B 和 C 就限定了 AD 挠曲线的位置，这是再好不过的变形谐调条件，就在这两个“多余约束”处装设置换梁的固定端，直接套用简支梁置换法位移方程，便转化成了补充方程，思路得来全不费功夫，当然，且看如何运用逐段刚化手法。

1. 受力分析

如果按字母顺序先消除 R_A，则在列写静力平衡方程时，将 R_A 单独写于等号左边

$$\sum Y=0,\quad R_A=2ql-R_B-R_C-R_D \qquad (5-31)$$

$$\sum M_B=0,\quad R_A=-0.83333ql+R_C+2R_D \qquad (5-32)$$

2. 寻找变形谐调关系

利用 $ABCD$ 四点皆在同一水平线上的特点，若认定 AD 即为一根简支梁的两端，那么 B、C 两点就是位移已知的位置，即变形谐调处所在。

(1)列 B 处变形几何关系

于 B 处设置换梁的固定端，省写常量 EI(以下类同)，有左置换梁自由端挠度

$$w_{lB}=0.333\,33R_Al^3-0.125ql^4$$

由于右置换梁是变刚度梁，可选用逐段刚化法解此悬臂梁的自由端挠度，若将此挠度写成 w_{rB}，则其分解为自左到右的力 R_C 单独作用时的 w_l；力 F 单独作用的 w_2；力 R_D 单独作用的 w_3 三部分分述如下，受力图如图 5－27 所示。

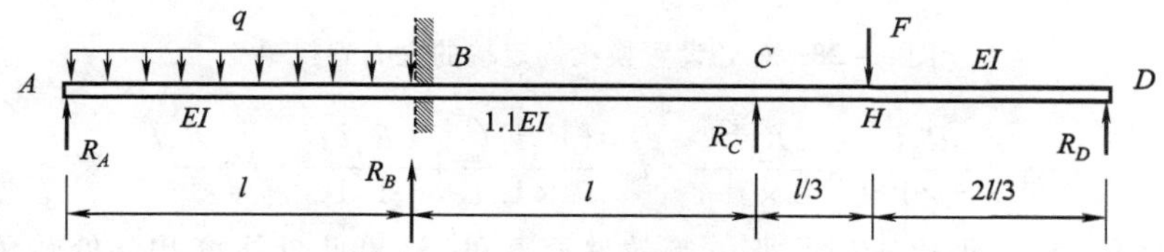

图 5－27　B 处设置换梁固定端的左右置换梁

①力 R_C 单独作用时，自由端挠度由两项组成，一是 C 处挠度，二是 C 处的转角引起的自由端的刚体位移：$w_1=\dfrac{R_Cl^3}{3\times1.1}+\dfrac{R_Cl^2}{2\times1.1}\cdot l$。

②力 F 单独作用，先刚化 CD 段，将 F 等效移至 C 处，计算此处挠度和此处转角引起的 CD 段刚体位移带来的自由端挠度，共四项，其中两项由 F 引起，另外两项由等效时的附加力偶引起；再刚化 BC 段，计算 H 处的挠度和此处转角引起的自由端挠度，共两项，合计共六项

$$w_2=-\frac{(ql)l^3}{3\times1.1}-\frac{(ql)l^2}{2\times1.1}\cdot l-\frac{\left(ql\cdot\dfrac{l}{3}\right)l^2}{2\times1.1}-\frac{\left(ql\cdot\dfrac{l}{3}\right)l}{1.1}\cdot l-\frac{(ql)\left(\dfrac{l}{3}\right)^3}{3}-\frac{(ql)\left(\dfrac{l}{3}\right)^2}{2}\cdot\left(\frac{2l}{3}\right)$$

③力 R_D 单独作用，先刚化 CD 段，将 R_D 等效移至 C 处，计算此处挠度和此处转角引起的自由端挠度，共四项，其中两项由 R_D 引起，另外两项由等效时的附加力偶引起；再刚化 BC 段，计算 D 处的挠度，合计共五项

$$w_3=\frac{R_Dl^3}{3\times1.1}+\frac{R_Dl^2}{2\times1.1}\cdot l+\frac{(R_Dl)l^2}{2\times1.1}+\frac{(R_Dl)l}{1.1}\cdot l+\frac{R_Dl^3}{3}$$

故得 $w_{rB}=w_1+w_2+w_3$，将上面的具体数据代入，有

$$w_{rB}=0.757\,58R_Cl^3-1.261\,52ql^4+2.454\,55R_Dl^3$$

由挠度位移方程有：$w=-\dfrac{l-x}{l}w_l-\dfrac{x}{l}w_r$，认出式中元素意义，并且已知 B 处挠度为零的条件，得到下式：

$$\frac{-1}{3l}(3l-l)(0.333\,33R_Al^3-0.125ql^4)-\frac{l}{3l}(0.757\,58R_Cl^3-1.261\,52ql^4+2.454\,55R_Dl^3)=0$$

考虑到先解 R_A，上式整理成

$$R_A+1.136\,35R_C+3.681\,83R_D-2.267\,26ql=0\tag{5-33}$$

如此便找出了第一个补充方程，对于 C 处情形，自然就照套此做法。

(2)列 C 处变形几何关系

于 C 处设置换梁的固定端，由于左置换梁是变刚度梁，可选用逐段刚化法解此悬臂梁的自由端挠度，若将此挠度写成 w_{lC}，则其分解为自左到右的力 R_A 单独作用时的 w_1；力 q 单独作用的 w_2；力 R_B 单独作用的 w_3 三部分分述如下，受力图如图 5－28 所示。

①力 R_A 单独作用时，先刚化 AB 段，将 R_A 等效移至 B 处，计算此处挠度和此处转角引起的 AB 段刚体位移带来的自由端挠度，共四项，其中两项由 R_A 引起，另外两项由等效时的附加力偶引起；再刚化 BC 段，计算 A 处的挠度，共一项，合计共五项

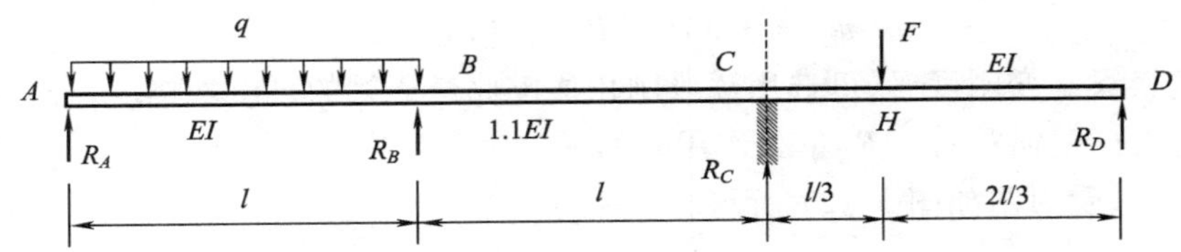

图 5－28 C 处设置换梁固定端的左右置换梁

$$w_1=\frac{R_Al^3}{3\times1.1}+\frac{R_Al^2}{2\times1.1}\cdot l+\frac{(R_Al)l^2}{2\times1.1}+\frac{(R_Al)l}{1.1}\cdot l+\frac{R_Al^3}{3}$$

②力 q 单独作用，先刚化 AB 段，将 q 等效移至 B 处，计算此处挠度和此处转角引起的自由端挠度，共四项，其中两项由 ql 引起，另外两项由等效时的附加力偶引起；再刚化 BC 段，计算 A 处的挠度，合计共五项

$$w_2=-\frac{(ql)l^3}{3\times1.1}-\frac{(ql)l^2}{2\times1.1}\cdot l-\frac{\left(ql\dfrac{l}{2}\right)l^2}{2\times1.1}-\frac{\left(ql\dfrac{l}{2}\right)l}{1.1}\cdot l-\frac{ql^4}{8}$$

③力 R_B 单独作用，自由端挠度由两项组成，一是 B 处挠度，二是 B 处的转角引起的自由端的刚体位移 $w_3=\dfrac{R_Bl^3}{3\times1.1}+\dfrac{R_Bl^2}{2\times1.1}\cdot l$。故得 $w_{lC}=w_1+w_2+w_3$，将上面 w_1、w_2、w_3 的具体内容代入，有左置换梁自由端挠度

$$w_{lC}=2.454\ 55R_Al^3+0.757\ 58R_Bl^3-1.564\ 4ql^4$$

再计算右置换梁的自由端挠度，得

$$w_{rC}=-\frac{(ql)}{3}\left(\frac{l}{3}\right)^3-\frac{(ql)}{2}\left(\frac{l}{3}\right)^2\cdot\frac{2l}{3}+\frac{R_Dl^3}{3}$$

找挠度位移方程，有 $w=-\dfrac{l-x}{l}w_l-\dfrac{x}{l}w_r$，已知式中各项含义，并且已知 C 处挠度为零的条件下，可得下式

$$\frac{-l}{3l}(2.454\ 55R_Al^3+0.757\ 58R_Bl^3-1.564\ 4ql^4)-\frac{2l}{3l}(0.333\ 33R_Dl^3-0.049\ 39ql^4)=0$$

考虑到先清除 R_A，上式整理成

$$R_A+0.308\ 64R_B+0.271\ 6R_D-0.677\ 59ql=0 \tag{5－34}$$

3. 联立解方程求出约束力

式(5－31)、式(5－32)、式(5－33)和式(5－34)称为“祖式”，以下代入等消元法得到的式子依次便可称为“子式”和“孙式”等。代掉 R_A，再视情况代掉易代者。将式(5－32)代入式(5－31)，得

$$2.833\ 33ql-R_B-2R_C-3R_D=0 \tag{5－35}$$

式(5－32)代入式(5－33)，得

$$-0.833\ 33ql+R_C+2R_D+1.136\ 35R_C+3.681\ 83R_D-2.267\ 26ql=0$$

$$2.136\ 35R_C+5.681\ 83R_D-3.100\ 59ql=0 \tag{5－36}$$

式(5－32)代入式(5－34)，得

$$-1.510\ 92ql+R_C+2.271\ 6R_D+0.308\ 64R_B=0 \tag{5－37}$$

式(5－35)、(5－36)和(5－37)三式即为前四式的子式，现在全面观察一下子式情况，它们只含三个力元素 R_B、R_C 和 R_D，恰可解之，因为式(5－36)中无力 R_B，故式(5－35)代入

式(5-37)后，替掉 R_B，即与式(5-36)形成二式二力元素问题，继之便可解出力答案。

将式(5-37)代入式(5-35)，得

$$R_C = 1.66294ql - 3.5161R_D \tag{5-38}$$

式(5-38)便是孙式。此时式(5-36)和式(5-38)中各只有同样的两个力，于是，将式(5-38)代入式(5-36)，就会解出一个力：

$$-3.10059ql + 2.13635 \times (1.66294ql - 3.5161R_D) + 5.68183R_D = 0$$

整理得

$$R_D = 0.24704ql$$

顺势将 R_D 代入式(5-38)，可得到：$R_C = 0.79433ql$。再将 R_C、R_D 代入式(5-37)，得 $R_B = 0.50356ql$。追溯最先代掉的 R_A，将 R_C、R_D 代入式(5-32)，得 $R_A = 0.45508ql$。

至此，在支承处的约束力都解出的情况下，加上已知的主动荷载，则可以按照截面法方便地求出此连续梁的内力分布，画出内力图，帮助梁的强度设计，就不再赘述。若要预测该梁的位移，运用置换法仍是容易之事。

> 无论一孔二孔三孔的各种梁，皆认简支梁挠曲线一条；
> 不管两处三处四处之控制面，都管变形几何谐调数项。

4. 试求连续梁中间跨的跨正中挠度

发现连续梁的 B、C 处支承是在水平线上，还可以带来一个好处，这便是中间跨 BC 还是可以视为一段简支梁的挠曲线，此简支梁就是以 B、C 为两端的梁，自然，别忘记了 AB 段、CD 段对这段的牵制，但是，B、C 处的约束已经将挠度限为零，至于转角则未得到限制，那就通过刚化 AB、CD 段后，让等效简化到 B、C 支承上的荷载来表达吧。

(1)"简支梁 BC"的受力分析

刚化 AB、CD 段，将荷载、约束力等分别向 B、C 处简化，如图5-29所示。得到梁上受力如下。

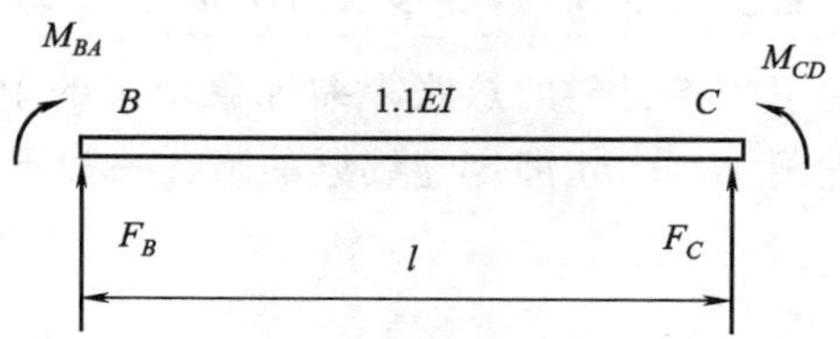

图5-29 连续梁的 BC 段的受力图

①B 处受力为 F_B 和 M_{BA}，$F_B = R_A + R_q + R_B$，$M_{BA} = M_{RA} + M_{Rq}$。式中力值为平移过来的 $R_A = 0.45508ql$，$R_q = -ql$；B 处本身 $R_B = 0.50356ql$，附加力偶 $M_{RA} = R_A l = 0.45508ql^2$，$M_{Rq} = -ql \cdot l/2 = -0.5ql^2$。故得：$F_B = R_A + R_q + R_B = 0.45508ql - ql + 0.50356ql = -0.04136ql$，$M_{BA} = M_{RA} + M_{Rq} = 0.45508ql^2 - 0.5ql^2 = -0.04492ql^2$，负号表示与图中指向相反。

②C 处受力为 F_C 和 M_{CD}，$F_C = R_C + R_F + R_D$，$M_{CD} = M_F + M_{RD}$。式中力值为平移过来的 $R_F = -ql$，$R_D = 0.24704ql$；C 处本身 $R_C = 0.79433ql$，附加力偶 $M_F = -R_F l/3 = -0.33333ql^2$，$M_{RD} = 0.24704ql^2$，故得：$F_C = R_C + R_F + R_D = 0.79433ql - ql + 0.24704ql = 0.04137ql$，$M_{CD} = M_{RF} + M_{RD} = -0.33333ql^2 + 0.24704ql^2 = -0.08629ql^2$，负号表示与图中指向相反。

(2)BC 段跨正中挠度

在跨正中设置换梁的固定端，得左置换梁挠度如下：

$$w_l=\frac{M_{BA}}{2\times1.1}\left(\frac{l}{2}\right)^2+\frac{F_B}{3\times1.1}\left(\frac{l}{2}\right)^3=\frac{-0.04492ql^2l^2}{2\times1.1\times4}-\frac{0.04136ql}{3\times1.1}\cdot\frac{l^3}{8}$$
$$=-6.67167\times10^{-3}ql^4$$

得右置换梁挠度如下：

$$w_r=\frac{M_{CD}}{2\times1.1}\left(\frac{l}{2}\right)^2+\frac{F_C}{3\times1.1}\left(\frac{l}{2}\right)^3=\frac{-0.08629ql^2}{2\times1.1}\frac{l^2}{4}+\frac{0.04137ql}{3\times1.1}\cdot\frac{l^3}{8}$$
$$=-8.23863\times10^{-3}ql^4$$

取用简支梁置换法位移方程 $w=-\frac{l-x}{l}w_l-\frac{x}{l}w_r$，其中 $x=l/2$，有关变量代入后，可解出所求挠度

$$w=-\frac{l-\frac{l}{2}}{l}(-6.67167\times10^{-3}ql^4)-\frac{\frac{l}{2}}{l}(-8.23863\times10^{-3}ql^4)=7.45515\times10^{-3}ql^4$$

即 BC 段跨正中的挠度为 $7.45515\times10^{-3}\frac{ql^4}{EI}$。

连续梁的两跨、三跨等问题已经解决，它实际上给出了此类问题的解答思路，不仅高铁的高架桥更多的是一段一段的简支梁连接，其位移直接使用简支梁置换法位移方程解出，不费力气；而且多跨超静定梁，也可以效法以上问题的解决过程。其实，在土木工程中，为了防备材料的热胀冷缩现象带来的附加应力，较大体量建筑在一定长度的位置都要设置伸缩缝，因此，超静定连续梁的跨数一般不会太多。诚然，超静定度越大，加减乘除的计算就越多，人们这时可借计算机编制简单程序计算从而达到省力目的，譬如，使用 Matlab 等帮忙，用公式消元法去做，解线性方程组不是复杂之事。

简支梁很停当，串接起来就是连续梁；
置换法本领强，位移列出就是补充方。

其实，在土木工程中，为了防备材料的热胀冷缩现象带来的附加应力，较大体量建筑在一定长度的位置都要设置伸缩缝，因此，超静定连续梁的跨数一般不会太多。

第6章 简单结构肢体的置换

简单结构这里指组成结构的基本组元较少而且结构的约束方式较为简单的结构。这样，结构定义当中的一些刚架(框架)、桁架、排架、组合结构等都可以包括在内。譬如，悬臂式刚架、门式刚架等，好比街头的红绿灯柱、码头的门式吊车等。这类结构在荷载的作用下会发生变形和位移，因此当然要对其量值进行计算，以设计出符合要求的、功能对应的产品。

本章先叙思路，再分门别类地解变刚度异形刚架、有(无)侧移刚架、门式刚架等；为配合求解过程中的联立方程，后部正式提出了辅助工具——力元素表和步进图，再用对称原理以简化运算等，横充直装的"工序工法"此章全面铺开，势如打开门户、直面深蓝。

置换法的另一特点是能够将结构组元的直杆部分视为梁段，且无论它是水平放置，还是竖直放置，进而有针对性地列写转角挠度位移方程，方程中包含力、位移、直杆部分外形尺寸等参数，正如前述，它搭建了一个关于结构尺寸、荷载、约束力、内力和变形关系的平台。对于静定结构，在已知参数足够多的条件下，可以依靠它直接求解问题；若是超静定结构，它又是求解超静定问题的补充方程的良好的源头表达式，可以根据位移条件来列写变形协调关系。本章就是巧妙地利用置换法来解简单结构的受力位移问题。

简单结构形如雨棚结构、后台护栏、桌椅板凳(图6－1，江西影剧院)、简易塔台(图6－2，国家兵器试验中心)等，形状及组成都较为简单、结点连杆较少者。

图6－1　后台护栏结构

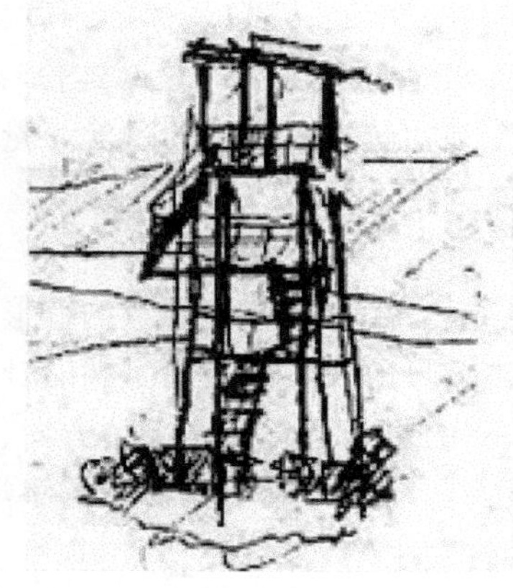

图6－2　简单塔台结构

6.1　简单结构解答思路

在求解简单结构的问题时，首先应该对结构的组成有一个大体的判断，由于刚架的具体组元的划分可以有多种形式，在以置换法求解时，当然以能够使用置换法位移方程列出有关变量为指针进行分析；其次，大体按照结构力学中对结构的建造过程划分方式，判断基本结构和附属结构等，以确定求解的先后次序，减少往复计算，径直奔向最后解。一般情况下，先从附属结构入手。

中医诊病，望闻问切。

6.1.1　知己知彼战不殆

以往证明并获得的置换法位移方程，对于左右手直角坐标系是自适应的，用于结构后，转角方程仍然可以在旋转的直角坐标系中使用。如果一定取用右手直角坐标系，则挠度方程也是通行的。由于结构本身简单，故一些问题里的挠度正负号直观判断、处置。譬如，遇见竖直杆件，一般采用绕垂直于纸面轴逆时针转动90°的视角来看待，此时的杆件轴线标注上 x 坐标，不论左、右手直角坐标系统结论一样等。斜直杆也可类似地处理。

6.1.2　组件合件靠装配

置换法的位移方程皆来自于一段段直杆模型，这就使得用它们来解答结构问题时，先要将结构“离散化”为直杆部分，一般首先解出每一“独立段”的相对于自身在未变形时的“相对变形(位移)”，包括转角和挠度，然后，按照杆轴线的连续性原则，将离散而求出的位移严丝合缝地“缝合起来”，便得到最后的位移结论。

离散出来的直杆段一般由两个结点为界，表述时可简称其为“点串”，结构便成点串连接体，受力变形后，点串作为整体看待时，便发生线位移和角位移。

此处提出以下几个概念，以利于说明计算操作过程，判明其中各类位移的清晰含义。

相对变形(位移)——比对自身直线轴线段的变形(位移)。

绝对变形(位移)——比对结构变形前的直角坐标系的变形(位移)。

牵连位移——杆件的直线段整体的刚体位移。

一般情况下，绝对变形(位移)是牵连位移与相对变形(位移)的复合结果，即累加的情况，可见，相关的概念是在解答程序里的过渡参量，为求解服务的。

6.1.3　断肢再植防错位

具体操作时应注意，每个刚性结点的变形后的转角不管从哪一支的横截面起算都是一个值；无缝接合的正负号所代表的转向是顺时针为负，逆时针为正；相对转角缝合时对该连接杆件整体的刚体位移的影响是转向相反的方向，因为是要把转过的横截面再按照原位转回去才能连接而无间断等。建议每段单元标识按字母顺序排列，如此，无论是转角还是挠度，都容易接续，而避免疏漏，发生错误。

欲达事功，先利其器。

解算结构的过程中，一般都会遇到联立静力平衡方程和补充方程的情形，方程皆是关于力变量的一次方程，在用高斯消去法求解时，应注意以下几点忠告：

(1)求解环节里，最好先将力符号的下标字母顺序按照一个方向列写，如按照英语字母的排列顺序，确定一个等待消除的变量的次序方向，譬如，消去排位靠前的变量，那么，在计算进程中尽量以字母顺序靠后者替代靠前者，并且维持这个方向一直做下去，一般可达到求出某一既定变量的目的。

(2)一般先计算包含力的变量较多的方程，在它们之间互相代换，可能较快地得到解答，否则，有可能绕来绕去的反而不容易得到答案。

(3)可以借用一些简单的图、表等方式来标出进程，以免在联立方程较多的情况下走弯路。因为是多元一次函数的问题，可以如前所述借用矩阵方法求解，在具体求解时也可画出进程框图来规划步骤，以做到有的放矢，避免解出线性相关的式子或者解出寻常解，即重复求解而白费功夫。

草画结构挠曲线，截断结构直杆段，计算结构相对值，缝合结构位移间。

6.2　弯曲刚度是变化的肢体的置换

从大到大规模工业化生产、小到合作社类的批量生产等角度，人们见到的多是等刚度的结构，其以规模效益取胜。当然，随着人们对于个性化产品的需求不断地增大，一些产品的工艺品化，以别样而赢得人们的青睐，这也是国家领导人提出的“大众创业，万众创新”号召的根据之一。

6.2.1　静定刚架问题求解程序

将置换法应用于静定刚架位移求解的一般步骤：

(1)观察刚架构造，对刚架进行静力分析。

(2)列写静力平衡方程，求出支反力。

(3)判定各构成段的位置在加载过程中的有关位移，包括自身变形以及随连接部分的刚体位移，给予线位移、角位移大致变化、定位，可采用连续的挠曲线定性地描写。

(4)在有固支端处截出一“悬臂梁”，将其他连续部分刚化，其上荷载静力等效简化至该“悬臂梁”的“自由端”处，写出此“自由端”的位移。

(5)按构成顺序，一段段地摘取直线段作为“简支梁”，再按简支梁的置换法位移方程计算该段变形，此变形即为“相对变形(位移)”。

(6)依部分与整体的连续的挠曲线关系，尤其是角位移连续条件，列写关系式。

(7)有关位置的位移即由该段的置换法公式先求其在该段的相对位移、再由其在整体坐标中的关系而算出，就是每处的位移由连续缝合的各个相关的相对位移和牵连位移复合而成。

6.2.2　异形刚架具有不同的弯曲刚度组元

Z形平面刚架(Z形架)受集中力 F 作用，如图 6-3 所示，各杆弯曲刚度：AB 段、CD 段均为 EI；BC 段为 $2EI$。杆的变形是线弹性的，不计剪力及轴力对变形的影响。求截面 A、B、C 的线位移、角位移。已知：$AB=CD=3a$，$AC=BD=4a$，$AB\perp AC$，$BD\perp CD$。

Z形架有一些像体育器具中的、增加弹性的弹跳器一类，或是其他装备的储能结构。

该结构由 AB、BC 和 CD 三个点串组成，所以按此三段分别离散研究，对象以外部分则刚化处理。由问题的条件算出：$\sin\theta=4/5$，$\cos\theta=3/5$。

1. 受力分析

刚架整体受力图如图 6-4 所示。

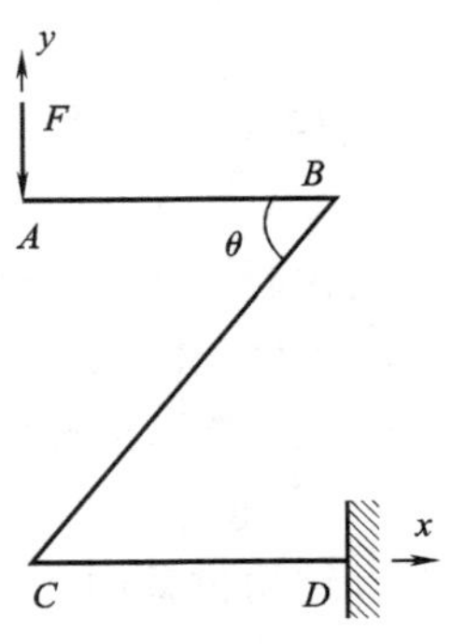

图 6－3 Z 形刚架

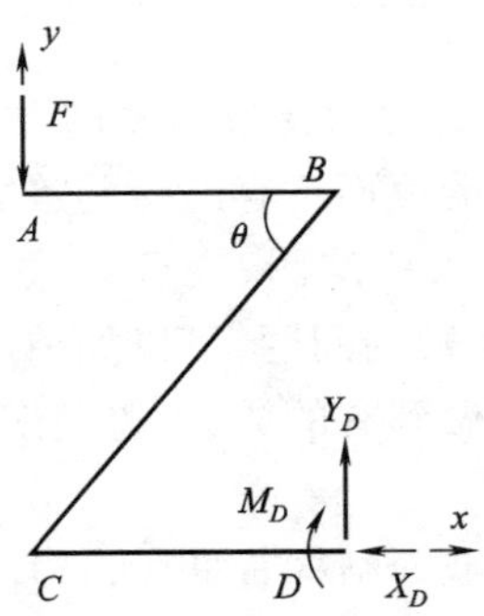

图 6－4 Z 形刚架整体受力图

平衡方程有 $\sum X = 0, X_D = 0$；$\sum Y = 0, Y_D = F$；$\sum M_D = 0, M_D = 3Fa$。

2. *CD* 段变形

截出 CD，刚化 ABC，其上载荷等效简化至 C 点，得一“悬臂梁”如图 6－5 所示。写出 C 处位移为转角

$$\theta_C = \frac{F\ (3a)^2}{2EI} = \frac{9Fa^2}{2EI}(\curvearrowleft) \qquad (6-1)$$

水平线位移 $x_C = 0$。竖直线位移直接由悬臂梁自由端挠度公式得到

$$y_C = \frac{-F\ (3a)^3}{3EI} = -\frac{9Fa^3}{EI}(\downarrow) \qquad (6-2)$$

3. *BC* 段变形

截 BC 如图 6－6 所示，即为绕垂直于纸面的轴转过一定的角度所看到的水平梁。AB、CD 两段刚化，其上载荷分别等效简化至 B、C 两点。F、Y_D 向 BC 的垂直方向投影。以置换法解 B、C 处相对转角和相对线位移，就是视变形前的 BC 位置为一简支梁，计算该“梁”的变形。

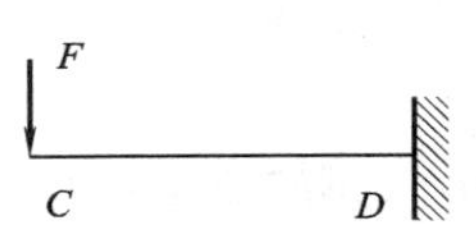

图 6－5 刚架 CD 段模型

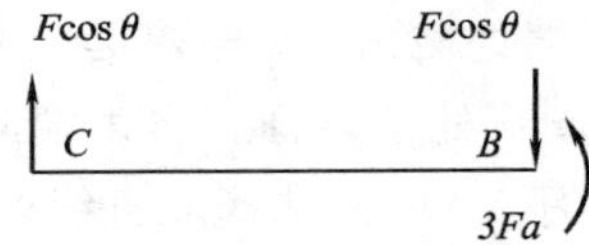

图 6－6 刚架 BC 段模型

你是直杆，便是梁。

(1) B 处相对转角

在 B 处设置置换梁的固定端，则有

$$w_l = \frac{F\cos\theta\ (5a)^3}{3(2EI)} = \frac{12.5Fa^3}{EI}, w_r = 0$$

取用简支梁置换法位移方程，有 B 处相对于原来横截面的转角

$$\theta_{B1} = \frac{12.5Fa^3/EI - 0}{5a} = \frac{2.5Fa^2}{EI}(\curvearrowleft) \qquad (6-3)$$

(2) C 处相对转角

仿照 B 处转角的求法，在 C 处设置换梁固定端，有 $w_l = 0$；$w_r = -\frac{F\cos\theta\ (5a)^3}{3(2EI)} + \frac{(3Fa)(5a)^2}{2(2EI)}$，$w_r = \frac{6.25Fa^3}{EI}$，依置换法位移方程，有 C 处相对于原来横截面的转角

$$\theta_{C1}=\frac{0-6.25Fa^3/(EI)}{5a}=\frac{-1.25Fa^2}{EI}(\frown) \tag{6-4}$$

(3) B 点相对于 C 点线位移

B 点随 θ_{C1} 转动的刚体线位移，即 B 点相对于变形前的位移 $d_{B1}=|\theta_{C1}|\cdot 5a$。

将式(6-4)代入可得 $d_{B1}=\dfrac{6.25Fa^3}{EI}$，其方向向上、向左，就是以 CB 为半径、与 θ_{C1} 转向相反、B 处刚体位移所画出的位移矢量。

把 d_{B1} 向 x，y 轴投影，有

$$d_{B1x}=d_{B1}\cdot\sin\theta=-\frac{5Fa^3}{EI}(\leftarrow) \tag{6-5}$$

$$d_{B1y}=d_{B1}\cdot\cos\theta=\frac{3.75Fa^3}{EI}(\uparrow) \tag{6-6}$$

(4) B 处位移

因为 D 处是固定端，也就是起算的原位，可从 CD 段累加上来。依挠曲线连续性，由式(6-1)、式(6-3)和式(6-4)，B 处角位移为

$$\theta_B=\theta_C+\theta_{B1}-\theta_{C1}=\frac{4.5Fa^2}{EI}+\frac{2.5Fa^2}{EI}+\frac{1.25Fa^2}{EI}=\frac{8.25Fa^2}{EI}(\curvearrowleft) \tag{6-7}$$

上式中的第三项取负号的理由是该面转过的角度应该反向转动此角度才能与原来的横截面严丝合缝。

B 随 θ_C 转动的刚体线位移 $d_{B2}=|\theta_C|\cdot 5a$。将式(6-1)代入得 $d_{B2}=\dfrac{45Fa^3}{2EI}(\nwarrow)$。将 d_{B2} 向 x，y 轴投影

$$d_{B2x}=d_{B2}\cdot\sin\theta=-\frac{18Fa^3}{EI}(\leftarrow) \tag{6-8}$$

$$d_{B2y}=d_{B2}\cdot\cos\theta=\frac{27Fa^3}{2EI}(\uparrow) \tag{6-9}$$

将式(6-5)、式(6-8)相加，为 B 处 x 向位移

$$x_B=d_{B1x}+d_{B2x}=-\frac{5Fa^3}{EI}-\frac{18Fa^3}{EI}=-\frac{23Fa^3}{EI}(\leftarrow)$$

同理，将式(6-2)、式(6-6)和式(6-9)相加，为 B 处 y 向位移

$$y_B=y_C+d_{B1y}+d_{B2y}=-\frac{9Fa^3}{EI}+\frac{3.75Fa^3}{EI}+\frac{27Fa^3}{2EI}=\frac{8.25Fa^3}{EI}(\uparrow) \tag{6-10}$$

4. AB 段变形

隔出 AB 如图 6-7 所示。将 B 处视为固支端，求此“悬臂梁”的变形。

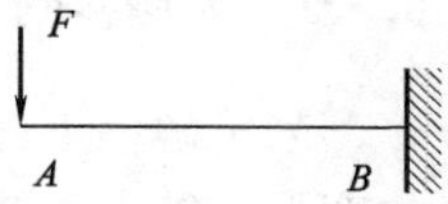

图 6-7　刚化 BCD 后的 AB 段

A 相对 B 转角：

$$\theta_{A1}=\frac{F(3a)^2}{2EI}=\frac{9Fa^2}{2EI}(\curvearrowleft) \tag{6-11}$$

A 相对 B 线位移：

$$y_{A1}=-\frac{F(3a)^3}{3EI}=-\frac{9Fa^3}{EI}(\downarrow) \tag{6-12}$$

A 相对 B 水平位移：$x_{AB}=0$。

A 处随 θ_B 转动的刚体线位移：$y_{A2}=|\theta_B|\cdot 3a$。

将式(6-7)代入题中，有：

$$y_{A2}=\frac{8.25Fa^2}{EI}\cdot 3a=-\frac{24.75Fa^3}{EI}(\downarrow) \tag{6-13}$$

A 处角位移：依挠曲线连续性、并考虑正负号，有 $\theta_A = \theta_{A1} + \theta_B$，将式(6－11)、式(6－7)代入得

$$\theta_A = \frac{9Fa^2}{2EI} + \frac{8.25Fa^2}{EI} = \frac{12.75Fa^2}{EI}(\curvearrowleft)$$

A 处 x 向位移：
$$x_A = x_{AB} + x_B = x_B = -\frac{23Fa^3}{EI}(\leftarrow)$$

将式(6－13)、式(6－12)、式(6－10)相加，为 A 处 y 向位移：$y_A = y_{A2} + y_{A1} + y_B$，整理得

$$y_A = -\frac{24.75Fa^3}{EI} - \frac{9Fa^3}{EI} + \frac{8.25Fa^3}{EI} = -\frac{25.5Fa^3}{EI}(\downarrow)$$

5. 简支梁置换法位移方程的拓展上位

观察 A、B 和 C 三点线位移结果可知，A 点向下、向左位移；B 点向上、向左位移；C 点向下位移。若将数据放大想象，“就是上梁不正下梁歪”。

通过寻找结点处的变形连续条件，进行变形方程的简单分式的四则运算而方便地求出静定刚架多处的角位移、线位移，并且是累搭积木的方式，一级一级上台阶。该方法原理简明，无须弯曲位移、置换法以外的概念便可得到精确解析解，鉴于此前未见涉及此法的教科书，故其不失为计算静定刚架位移的又一有效方法而新鲜出炉。

简支梁，置换法，一步一步上鸭架，
异形架，刚度差，亦步亦趋缝刚架。

6.3　拆解无侧移简单结构

简单结构中，无线位移的各个结点之间的挠曲线就是相应各段的简支梁的挠曲线，并注意结点处的无缝连接关系，即结点两边的挠曲线是在结点之处连续的关系。这时一旦搞通了求解原理，那么即便是结构问题，解题思路也会变成通衢，熟练之后似破竹之势。

假定两个相邻结点的连线在受力变形过程中一直处于平行关系，即使出现了其连线方向上的线位移，但未发生其连线的角位移，则称为该两个结点之间一段是无“侧移”段，简称此点串无侧移。一个结构中有侧移、无侧移可以混搭发生。

6.3.1　无侧移刚架被视为平面连续梁系统

来了解一下此类结构的受力特点、变形特点，在不计拉伸压缩变形等变形的条件下，当结构变形后结点无线位移，可将两个结点之间连续的杆段视为简支梁，整个结构就成为“梁的组合体系”，且梁的支承位置不动。而每一组成部分可看成是在特定位置上的“简支梁”、“悬臂梁”或者“外伸梁”，如此这般判定，便可使用相应梁的置换法位移方程。

以下是结点都无侧移的例子。

6.3.2　结点无线位移刚架的位移问题

弯曲刚度为 EI 的刚架如图 6－8 所示，已知，$JC = CK = l$，$HD = 2l$，$HA = AJ = DB = BK = 0.5l$，C 处设置一个中间铰链，不计轴力、剪力影响，求刚架上 A、B 间的相对线位移。

此问题的刚架模型让人们想象出一些实际结构，如首饰链子和机器中的链带的一环等，譬

如，力 F 作用处就是左右另一框的接触处，当然，首饰链子无多少受力、变形的考量，挂得住即可；受力机器里的链带等，其受力变形是需要根据机器工作时的功能而作技术要求的。比如本问题的相对线位移的量值就会影响链带的长短、松紧。事实上，如果力 F 处改为半圆形曲杆后，所带来的位移相对误差不超过 6.9%。

整体分析受力，由于结构对称、荷载对称，中间铰 C 处存在水平方向反力。依照结构构型，四个刚接点无线位移，故可将 KD、DH、HJ 三段视为简支梁。

脱开中间铰 C，原图静定基的受力图如图 6－9 所示。

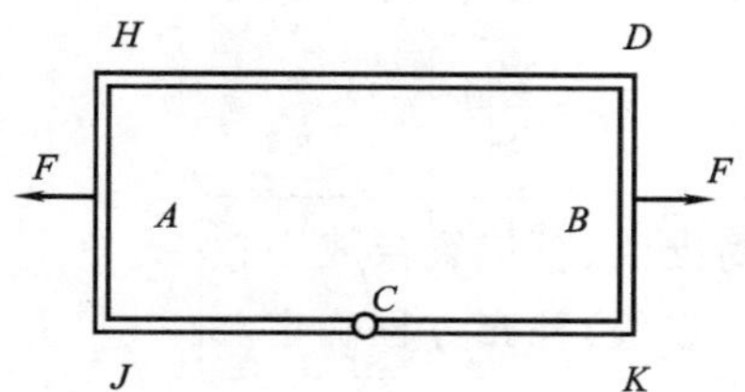

图 6－8　矩框 $JKDH$ 及其受力

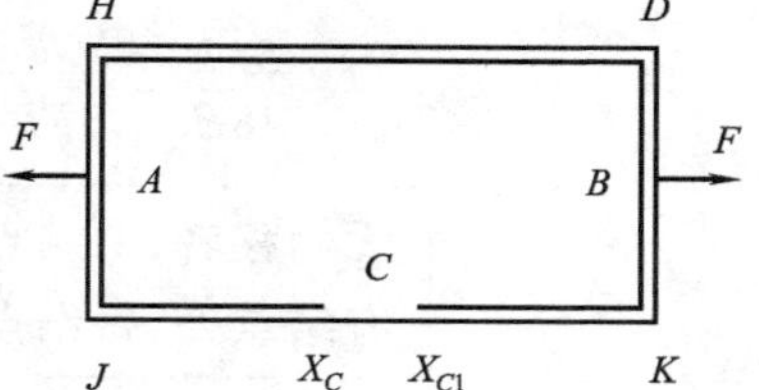

图 6－9　矩框 $JKDH$ 及其受力图

（1）依照平衡条件有

$$\sum X = 0, \quad -F + X_C - X_{C1} + F = 0, \quad X_C = X_{C1} \tag{6-14}$$

即作用与反作用，依性质判断，需补充方程。因为“梁”HJ 与“梁”DH 共有一个刚接点，所以产生了变形谐调。

（2）研究“梁”HJ

刚化 JC（见图 6－10），力 X_C 等效地移向结点 J。刚化 $CKDH$，所有荷载等效地向结点 H 处简化，则 H 处有：X_{C1}、F、M_{XC1}、M_F，其中：$M_{XC1} = -X_{C1}l$，$M_F = \dfrac{Fl}{2}$。

欲求 H 处转角，于 H 处设置换梁固定端，绕垂直于纸面的轴逆时针转动 90°，此时 JH 以外被“截断”，则左置换梁挠度 $w_l = \dfrac{F}{3EI}\left(\dfrac{l}{2}\right)^3 + \dfrac{F}{2EI}\left(\dfrac{l}{2}\right)^2 \dfrac{l}{2} - \dfrac{X_C l^3}{3EI} = \dfrac{5Fl^3}{48EI} - \dfrac{X_C l^3}{3EI}$；右置换梁挠度 $w_r = 0$。

依转角方程，得

$$\theta_H = \frac{1}{l}\left(\frac{5Fl^3}{48EI} - \frac{X_C l^3}{3EI} - 0\right) = \frac{5Fl^2}{48EI} - \frac{X_C l^2}{3EI} \tag{6-15}$$

（3）研究“梁”HD

“梁”HD 受力图如图 6－11 所示，图中忽略了轴向力，其上面的力是由该结构其他部分都刚化而等效简化得到，其中 $M_{XC} = X_C l$，其他同前。下面求 H 处转角，将置换梁的固定端设于 H 处，有

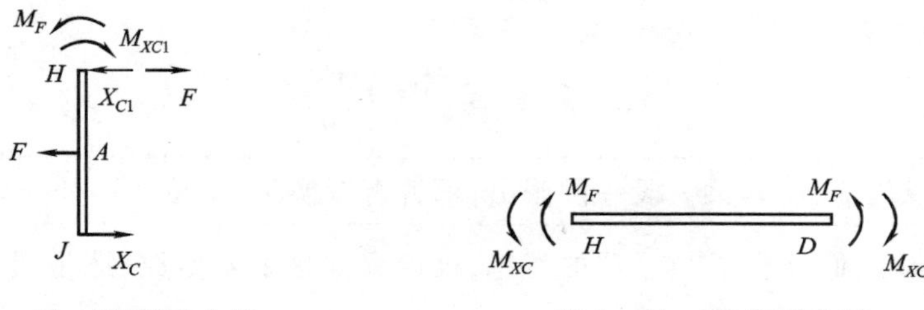

图 6－10　HJ 梁受力图　　　　图 6－11　HD 段受力图

$$w_l = 0,\quad w_r = -\frac{M_{XC1}(2l)^2}{2EI} + \frac{M_F\ (2l)^2}{2EI}$$

注意到式(6-14)并代入 M_{XC1}，有 $w_r = -\frac{2X_C l^3}{EI} + \frac{Fl^3}{EI}$，根据转角方程，有

$$\theta_H = \frac{1}{2l}\left(0 + \frac{2X_C l^3}{EI} - \frac{Fl^3}{EI}\right) = \frac{X_C l^2}{EI} - \frac{Fl^2}{2EI}$$

(4)解反力

根据刚接点处转角唯一性规律，上一式 θ_H 与式(6-15)结合，得

$$\frac{5Fl^2}{48EI} - \frac{X_C l^2}{3EI} = \frac{X_C l^2}{EI} - \frac{Fl^2}{2EI},\quad X_C = \frac{29}{64}F$$

> 无侧移者，两结点之间视为简支梁，直接置换放心；
> 有结点处，每结点转角实为一定值，补充方程确定。

(5)解 A、B 间位移

这又回到了置换法位移方程的作用本源，研究 HJ，求 A 点挠度，于 A 处设置换梁固定端，绕垂直于纸面的轴逆时针转动 90°，有以下参量：

左置换梁挠度　$w_l = -\frac{X_C}{3EI}\left(\frac{l}{2}\right)^3 = -0.018\ 9\frac{Fl^3}{EI}$

右置换梁挠度 $w_r = \frac{X_{C1}}{3EI}\left(\frac{l}{2}\right)^3 - \frac{F}{3EI}\left(\frac{l}{2}\right)^3 + \frac{Fl}{2}\cdot\frac{1}{2EI}\left(\frac{l}{2}\right)^2 - \frac{X_{C1}l}{2EI}\left(\frac{l}{2}\right)^2$

$$= 0.018\ 9\frac{Fl^3}{EI} - 0.041\ 7\frac{Fl^3}{EI} + 0.062\ 5\frac{Fl^3}{EI} - 0.056\ 6\frac{Fl^3}{EI}$$

$$= -0.016\ 9\frac{Fl^3}{EI}$$

把上式代入转角公式，得

$$\theta_A = \frac{1}{l}\left(-0.018\ 9\frac{Fl^3}{EI} + 0.016\ 9\frac{Fl^3}{EI}\right) = -0.001\ 98\frac{Fl^2}{EI}$$

上式 $\theta_A = -0.001\ 98\frac{Fl^2}{El}$等代入挠度方程，得

$$w_A = 0.018\ 9\frac{Fl^3}{EI} - 0.001\ 98\frac{Fl^2}{EI}\cdot\frac{l}{2} = 0.017\ 9\frac{Fl^3}{EI}$$

考虑到对象的约束条件，因为结点无侧移，HJ 一直处在一根竖直线上，w_A 就是偏离此竖直线的挠度。

根据对称原理，B 处也有一个大小相等、方向相反的挠度，所以，经整合后，AB 间相对位移是

$$\Delta_{AB} = 2w_A = 0.035\ 8\frac{Fl^3}{EI}(\leftarrow\ \rightarrow)$$

> 结点无线位移，简单梁一段一段截出；求解有置换法，梁位移一处一处跟进。

此类问题让人们领会了“直装”的意思，谁说梁都是平着摆放，那是惯常俗套，只管需要和合宜，梁全向可支。

6.4　整合有侧移简单结构

如果简单结构里出现了结点侧移情况，就是相邻结点串存在横向线位移，并且改变的是各个相连段的结点连线的相对倾角，也即不考虑相对变形时，“梁段”已经有了一个整体的刚体位移。相邻点串如果发生连线方向的线位移，此段虽然不发生侧移，但是其往往昭示着有拐角的相邻段发生了侧移。而各段的挠曲线的连续性关系是保持不变的，这是原则。如此一来，用转角来缝合各段的挠曲线时考虑该改变的倾角就变得十分重要，也十分关键。

现有一分布荷载作用的 Γ 刚架，如图 6 - 12 所示，已知：载荷 q，刚度 EI，杆长 $AB = a$，$BC = 2a$，求 A 截面水平位移。

例行先求约束力：

$$\sum M_C = 0,\quad -2qa \cdot a + Y_A \cdot a = 0,\quad Y_A = 2qa$$
$$\sum X = 0,\quad 2qa + X_C = 0,\quad X_C = -2qa$$

6.4.1　判断有否结点侧移

由于 A 处可动铰的性质，B 点有垂直于 BC 的线位移，线段 BA 变形后移到 B_1A_1 位置，如图 6 - 13所示，因此，该刚架是有侧移的问题，B 点侧移。

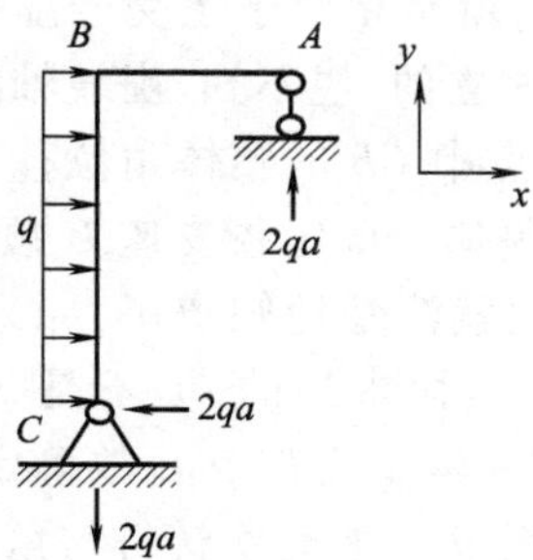

图 6 - 12　均布荷载 Γ 型刚架及受力图

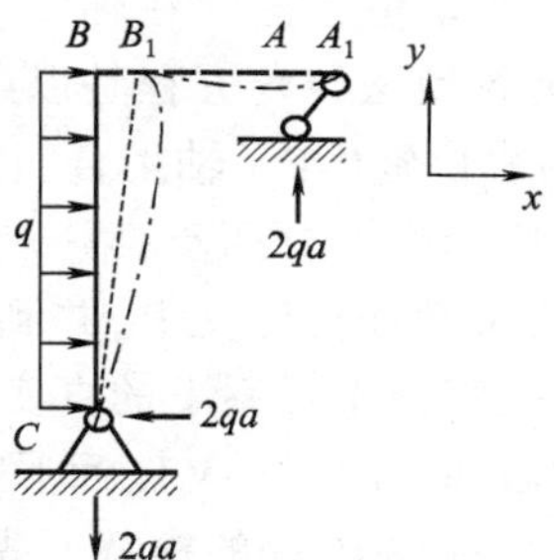

图 6 - 13　均布荷载 Γ 型刚架及位移图

接下来是结点连线倾角的判断，挠曲线大致形状为点画线所示，虚线 CB_1 表示的是结点 C、B 的连线整体绕 C 点顺时针转动的事实，将此转动的角度标为倾角 α。

6.4.2　确定“梁 B_1A_1”的 B_1 处转角

于 B_1 处设置置换梁固支端，如图 6 - 14 所示，有 $w_l = 0$，$w_r = \dfrac{(2qa)a^3}{3EI} = \dfrac{2qa^4}{3EI}$，将左右置换梁挠度代入简支梁置换法转角方程，得

$$\theta_B = \frac{1}{a}\left(0 - \frac{2qa^4}{3EI}\right) = -\frac{2qa^3}{3EI}(\frown) \tag{6-16}$$

这里将转角的下标标为 B，是因为梁 B_1A_1 与梁 BA 只是平行线位移，无相对转动，在忽略高阶微量的条件下，B 处与 B_1处的转角相同，图中的可动铰支座的偏移是夸大了的。这时，由于不存在牵连位移的转动，故转角既是相对转角，又是绝对转角。

6.4.3 确定“梁 CB_1”的 B_1 处转角

于 B_1 处设置置换梁固支端，如图 6－15 所示，此时，观察的对象是绕垂直于纸面的轴逆时针转动 90°，所见到的“水平段”，有

$w_l=\frac{(2qa)(2a)^3}{3EI}-\frac{q(2a)^4}{8EI}=\frac{10qa^4}{3EI}$，$w_r=0$，将左右置换梁挠度代入简支梁置换法转角方程，得

$$\theta_{B1}=\frac{1}{2a}\left(\frac{10qa^4}{3EI}-0\right)=\frac{5qa^3}{3EI}(\curvearrowleft)$$

转角 θ_{B1} 是什么性质的角呢？是相对转角。

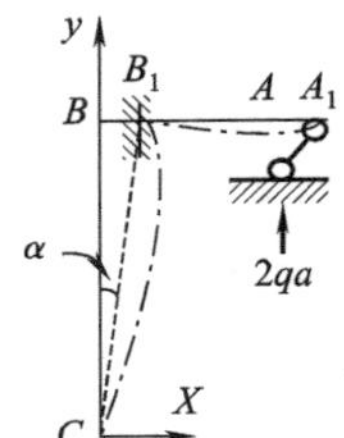

图 6－14 均布荷载 Γ 型刚架 B_1A_1 梁及置换

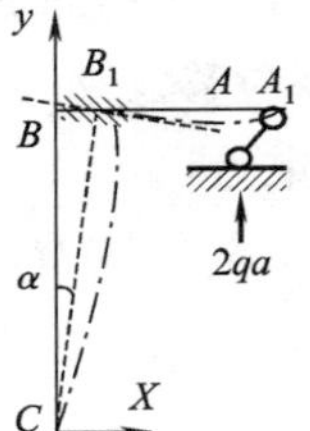

图 6－15 均布荷载 Γ 型刚架 CB_1 梁及置换

6.4.4 B 处位移的整合

上式 θ_{B1} 与式(6－16)的转角有何区别呢？显然，两个转角的正负号相反，为什么会这样？准确地说，θ_{B1} 的定位是建立在轴线在图示虚线的基础上的，就是相对于正交于虚线的横截面的转角。因为置换法转角方程是以梁轴线为自变量 x 轴而成立的，岂不知，虚线轴线与初始时的 BC 段的轴线位置(与 y 轴重合)出现了一个夹角 α，它是点串 CB 的整体角位移。可以如此设想，整个结构的变形分两步：第一步，无可动铰支座，结构整体绕固定铰支座 C 顺时针转动 α 角；第二步，将可动铰支座支上，并到达最后所在位置。如此就清楚地知道了，原来 B_1A_1 段求出的 θ_B 角度是直角坐标系下的真实的绝对角度；但是，由 CB_1 段求出的 θ_{B1} 不是 xy 坐标下的绝对转角，此段在 B_1 处的 xy 坐标下的绝对角度应当是刚体位移 α 再加 θ_{B1}，故确定，α 是牵连位移的转角，也即在 B_1 处的横截面先顺时针转 α，再逆时针转 θ_{B1}，如此便转得与角 θ_B 相同，变形谐调了，故得 $\alpha+\theta_{B1}=\theta_B$，将相关数据代入有

$$\alpha=-\theta_{B1}+\theta_B=-\frac{5qa^3}{3EI}-\frac{2qa^3}{3EI}=-\frac{7qa^3}{3EI}(\curvearrowright)$$

6.4.5 结点线位移

仍然按照绝对位移等于牵连位移复合相对位移的规律，求出有关位置在坐标下的位移。

1. 结点 B 的侧移

按照图 6－13 知，B 点的水平位移就是 BB_1，依照角度与其对应的弧长的关系，并且直观判断线位移方向，计算时用绝对值，此位移求出如下：

$$BB_1=\alpha\cdot CB=\frac{7qa^3}{3EI}\cdot 2a=\frac{14qa^4}{3EI}(\rightarrow)$$

2. A 截面的水平位移

由于 BB_1 为 B 点方向的挠度，不考虑微小的伸长缩短，其也即 A 截面水平位移方向向右。

绝对位移概念清，好比船上人员行，相对位移是人步，牵连位移为船速。

6.5　截断-置换法解决门式刚架

门式结构可以出现在许多室内室外的景象中，譬如，小到订书机的书钉，大到十几层楼高的龙门吊等，此类吊车在诸如海港、河港、场站等类似的场地能见到。若要更深地开掘例子的话，在矿井里一种保护结构也可以简化成门式结构，为了防止采矿时发生漏沙、掉块、冒顶或塌方而伤人，通常竖立人体般大小的支撑。

对门式结构的由来作一般的想象，可能是远古人类脱离山洞、长居平坦地势后的茅草屋栖身所，结构简单易制，比如用就近可取的材料——灌木枝、乔木段等等两边一支，顶上搭一根横梁，又为了牢靠、结实，梁与柱连接处再用柔索等一类物件将其捆扎牢固，如此这般，形成一定长度、宽度的开间，使人们能够遮雨避风。故至今，门式结构是在平地上较易实现且有效的一种空间结构组形，其可以分为刚架和排架结构等，如图 6 – 16、图 6 – 17 所示。

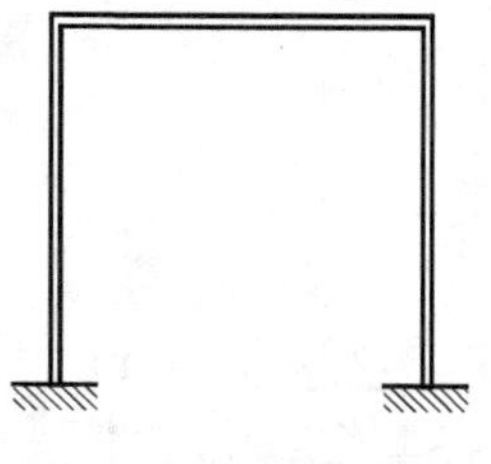

图 6 – 16　门式刚架

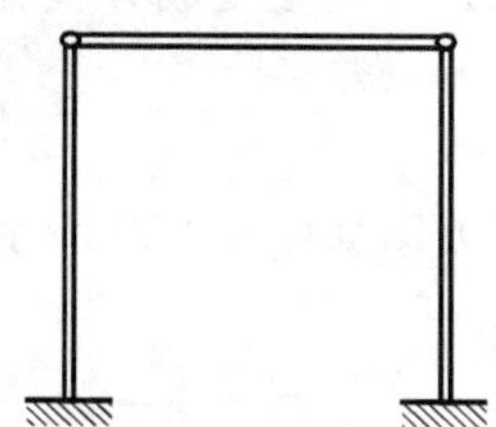

图 6 – 17　门式排架

求解门式结构问题时，可以参考使用以上的梁段连接、相对变形整合概念等。

人生有几乎三分之一的时间待在床上，观察我们所依赖的床榻，不管是侧面看还是长的方向看，就是一个典型的门式刚架，看看做出了卓越贡献的门式刚架，是如何为我们的生活、学习和工作提供“定力”的。

刚架的联立解方程的工作量大一些，这里会让人们获得某些经验，提高手算的效率。

门式刚架 $ABCD$ 如图 6 – 18 所示，已知各基本组成部分杆件都有抗弯刚度为 EI，各部分长度为 a，CD 部分的荷载为均布荷载 q。求固定端 A、B 处约束力；求刚接点 C、D 处内力。

6.5.1　分析刚架的特点

结构是对称于中竖直线的，加之荷载也是对称于中竖直线，故而可以推断其大体的变形方向等情况。各部分挠曲线大致如图 6 – 19 所示。

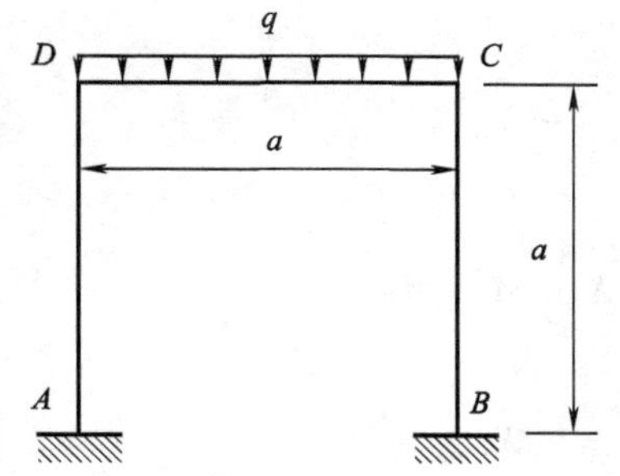

图 6 – 18　门式刚架 $ABCD$

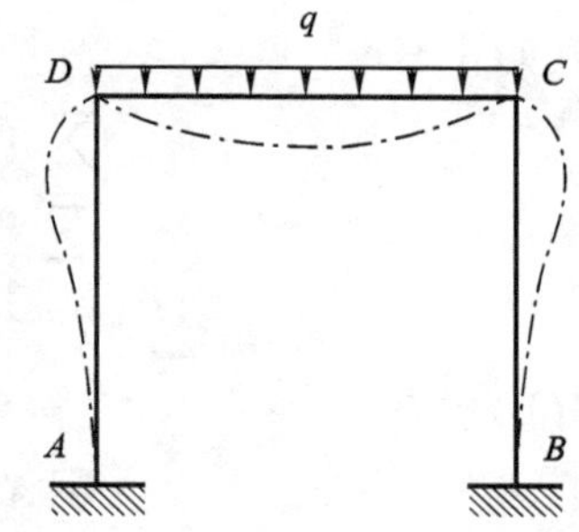

图 6 – 19　刚架 $ABCD$ 挠曲线

由于结构对称、荷载对称，显然，可以判断出该刚架结点 C、D 无侧移。

6.5.2　选取主要求解工具

由于需要求解出每一个结点的内力、外力数值，可以选取截断-置换法来求解此问题。

6.5.3　拆分结构

以结点位置为界，采用截断法来拆分结构。在绘制各部分受力图时，注意作用与反作用公理，即在拆分点的两个受力图中，该点的受力为作用与反作用力的关系。

从受力图中的所有约束力、内力来看，这是 6 +6 个未知力的求解问题，依照超静定次数的判断法则，一个研究对象的独立体在平面任意力系的条件下，一般能够提供三个平衡方程，拆为三个独立体后，一般能有九个方程，显然，这里的刚架是一个三次超静定问题。

以置换法求解时，一般应借用已知条件，如荷载条件、位移条件等，以此为出发点，目的是尽可能利用已知的条件使之变成方程，减少方程中的未知量。

6.5.4　平衡条件

拆分的结构受力图如图 6 – 20 所示。

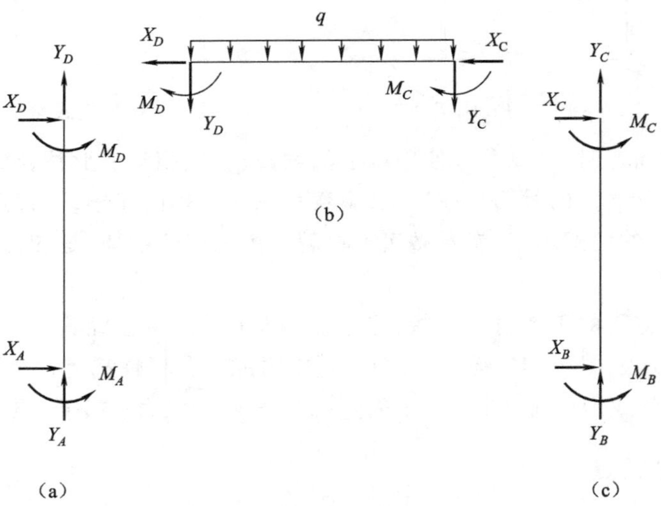

图 6 – 20　拆分结构后受力图

研究对象顺序按照结构自然连接顺序排列，以方便靠近的约束力方程互相凑近，便于观察。依照图 6 – 20(a)、(b)、(c)的分析顺序，列写平衡方程如下。

图 6 – 20(a)中有

$$\sum X = 0, \quad X_A = -X_D \tag{6-17}$$

$$\sum Y = 0, \quad Y_A = -Y_D \tag{6-18}$$

$$\sum M_A = 0, \quad M_A = X_D \cdot a - M_D \tag{6-19}$$

图 6 – 20(b)中有

$$\sum X = 0, \quad X_C = -X_D \tag{6-20}$$

$$\sum Y = 0, \quad Y_C = -Y_D - qa \tag{6-21}$$

$$\sum M_D = 0, \quad M_C = -M_D - \frac{qa^2}{2} - Y_C \cdot a \tag{6-22}$$

图 6-20(c)中有

$$\sum X = 0, \quad X_C = -X_B \tag{6-23}$$

$$\sum Y = 0, \quad Y_C = -Y_B \tag{6-24}$$

$$\sum M_B = 0, \quad M_B = -M_C + X_C \cdot a \tag{6-25}$$

6.5.5　补充方程

置换法能够提供含有力与位移的函数关系式,即提供位移方程,这是平衡方程外关于力与位移的不可多得的另一层“亲戚”关系,为了补足求解条件,可采用置换法。

(1)研究 AD,参见图 6-20(a),此时按右手坐标系规则,应绕垂直于纸面的轴逆时针方向转动 90°观察,选取 A 为置换梁固定端,有:$w_l = 0, w_r = -\frac{X_D a^3}{3EI} + \frac{M_D a^2}{2EI}$,依照位移方程 $\theta = \frac{w_l - w_r}{l}$,并且已知固定端 A 的位移条件,有 $\theta_A = 0$,将 w_l 和 w_r 代入 θ 公式,得

$$\frac{X_D a^2}{3EI} - \frac{M_D a}{2EI} = 0, \quad M_D = \frac{2}{3} X_D a \tag{6-26}$$

(2)研究 BC,参见图 6-20(c),此时按右手坐标系规则,应绕垂直于纸面的轴逆时针方向转动 90°观察,选取 B 为置换梁固定端,有 $w_l = 0, w_r = -\frac{X_C a^3}{3EI} + \frac{M_C a^2}{2EI}$,依照位移方程 $\theta = \frac{w_l - w_r}{l}$,并且已知固定端 B 的位移条件,有 $\theta_B = 0$,故将 w_l 和 w_r 两式代入,得

$$\frac{X_C a^2}{3EI} - \frac{M_C a}{2EI} = 0, \quad M_C = \frac{2}{3} X_C a \tag{6-27}$$

取 C 为置换梁固定端,有

$$w_l = -\frac{X_B a^3}{3EI} - \frac{M_B a^2}{2EI}, \quad w_r = 0$$

将上两式代入转角位移方程 $\theta = \frac{w_l - w_r}{l}$,得

$$\theta_C = -\frac{X_B a^2}{3EI} - \frac{M_B a}{2EI} \tag{6-28}$$

(3)研究 DC,见图 6-20(b),为了迎合上式,取 C 为置换梁固定端,计算置换梁自由端挠度,得

$$w_l = \frac{M_D a^2}{2EI} - \frac{Y_D a^3}{3EI} - \frac{qa^4}{8EI}, \quad w_r = 0$$

将上式代入转角位移方程 $\theta = \frac{w_l - w_r}{l}$,并已知梁长是 a,得

$$\theta_C = \frac{M_D a}{2EI} - \frac{Y_D a^2}{3EI} - \frac{qa^3}{8EI} \tag{6-29}$$

(4)消除角位移,寻找力之间的等量关系。以上解出了两种形式的 C 处转角,根据刚接点

转角的唯一性，结合式(6－28)、式(6－29)，有

$$-\frac{X_B a^2}{3EI}-\frac{M_B a}{2EI}=\frac{M_D a}{2EI}-\frac{Y_D a^2}{3EI}-\frac{qa^3}{8EI}$$

$$\frac{X_B a}{3}+\frac{M_B}{2}=-\frac{M_D}{2}+\frac{Y_D a}{3}+\frac{qa^2}{8} \tag{6-30}$$

到此，已经获得了三个关于未知力的方程式(6－26)、式(6－27)和式(6－30)，这些就是补充方程。

当然，在研究 AD 段时，也可以将 D 结点作为列写变形谐调的焦点处，在研究 DC 段时也盯住此点列转角方程，成为解答另一途径。

6.5.6 联立平衡方程补充方程求解

求解时，为了减少盲目性，应制订一个求解方向，如向将弯矩替代掉的方向进发：

式(6－25)代入式(6－30)，得 $$\frac{X_B a}{3}+\frac{1}{2}(X_C a-M_C)=-\frac{M_D}{2}+\frac{Y_D a}{3}+\frac{qa^2}{8} \tag{6-31}$$

式(6－26)代入式(6－31)，得

$$\frac{X_B a}{3}+\frac{1}{2}(X_C a-M_C)=-\frac{1}{2}\left(\frac{2}{3}X_D a\right)+\frac{Y_D a}{3}+\frac{qa^2}{8}$$

整理得 $$\frac{X_B a}{3}+\frac{X_C a}{2}-\frac{M_C}{2}=-\frac{X_D a}{3}+\frac{Y_D a}{3}+\frac{qa^2}{8} \tag{6-32}$$

式(6－27)代入式(6－32)，得

$$\frac{X_B a}{3}+\frac{X_C a}{2}-\frac{1}{2}\left(\frac{2}{3}X_C a\right)=-\frac{X_D a}{3}+\frac{Y_D a}{3}+\frac{qa^2}{8}$$

整理得 $$\frac{X_B a}{3}+\frac{X_C a}{6}=-\frac{X_D a}{3}+\frac{Y_D a}{3}+\frac{qa^2}{8} \tag{6-33}$$

式(6－17)代入式(6－20)，得

$$X_A=X_C \tag{6-34}$$

式(6－23)代入式(6－34)，得

$$X_A=-X_B \tag{6-35}$$

见式(6－22)中有 M_D、M_C、Y_C，又见式(6－26)、式(6－27)中有 M_C、X_C、M_D、X_D，故将式(6－26)、式(6－27)代入式(6－22)，得

$$\frac{2X_C a}{3}=-\frac{2X_D a}{3}-Y_C a-\frac{qa^2}{2}$$

整理得 $$\frac{2X_C}{3}=-\frac{2X_D}{3}-Y_C-\frac{qa}{2} \tag{6-36}$$

欲将式(6－36)中的 X 统一到 X_A，则需要将与 X_A 相关的式(6－20)、式(6－34)和式(6－35)代入式(6－36)，得

$$\frac{2X_A}{3}=-\frac{2(-X_A)}{3}-Y_C-\frac{qa}{2},\quad Y_C=-\frac{qa}{2}$$

便求出了一个力！以下求解采用尽量避开联立方程的解法，争取一次代入一个方程便解出一个力。

Y_C 代入式(6－21)，得 $-\frac{qa}{2}=-Y_D-qa$，$Y_D=-\frac{qa}{2}$，Y_C 代入式(6－24)，得 $-\frac{qa}{2}=-Y_B$，$Y_B=\frac{qa}{2}$，Y_D 代入式(6－18)，得 $Y_A=\frac{qa}{2}$，Y_C 代入式(6－22)，得

$$M_C=-M_D-\frac{qa^2}{2}-\left(-\frac{qa}{2}\right)a,\quad M_C=-M_D \tag{6-37}$$

将式(6－17)$X_D=-X_A$ 和式(6－37)代入式(6－19)，得

$$M_A=-X_Aa+M_C \tag{6-38}$$

将式(6－34)$X_A=X_C$ 代入式(6－25)，得

$$M_B=-M_C+X_Aa$$

$$M_C=-M_B+X_Aa \tag{6-39}$$

将式(6－39)代入式(6－38)，有

$$M_A=-X_Aa-M_B+X_Aa,\quad M_A=-M_B \tag{6-40}$$

将式(6－37)$M_C=-M_D$，$Y_D=-\frac{qa}{2}$，代入式(6－30)，得

$$\frac{X_Ba}{3}+\frac{M_B}{2}=\frac{M_C}{2}+\left(-\frac{qa}{2}\right)\frac{a}{3}+\frac{qa^2}{8}$$

整理得

$$\frac{X_Ba}{3}+\frac{M_B}{2}=\frac{M_C}{2}-\frac{qa^2}{24} \tag{6-41}$$

将式(6－23)$X_C=-X_B$，式(6－27)$M_C=\frac{2}{3}X_Ca$ 代入式(6－41)，得

$$\frac{X_Ba}{3}+\frac{M_B}{2}=\frac{X_Ca}{3}-\frac{qa^2}{24}$$

整理得

$$\frac{2X_Ba}{3}+\frac{M_B}{2}=-\frac{qa^2}{24} \tag{6-42}$$

式(6－25)代入式(6－42)，得

$$\frac{2X_Ba}{3}+\frac{1}{2}(-M_C+X_Ca)=-\frac{qa^2}{24} \tag{6-43}$$

将式(6－27)$M_C=\frac{2X_Ca}{3}$代入式(6－43)，得

$$\frac{2X_Ba}{3}+\frac{1}{2}\left(-\frac{2X_Ca}{3}+X_Ca\right)=-\frac{qa^2}{24}$$

整理得

$$\frac{2X_Ba}{3}+\frac{X_Ca}{6}=-\frac{qa^2}{24} \tag{6-44}$$

将式(6－23)$X_C=-X_B$ 代入式(6－44)，得

$$\frac{2X_Ba}{3}-\frac{X_Ba}{6}=-\frac{qa^2}{24},\frac{X_Ba}{2}=-\frac{qa^2}{24}$$

整理得

$$X_B=-\frac{qa}{12}$$

将 $X_B=-\frac{qa}{12}$依次代入式(6－35)、式(6－23)和式(6－20)，得

$$X_A=\frac{qa}{12},\quad X_C=\frac{qa}{12},\quad X_D=-\frac{qa}{12}$$

将 X_C 代入式(6-27),得 $M_C=\frac{qa^2}{18}$,将 M_C 代入式(6-37),得 $M_D=-\frac{qa^2}{18}$,将 X_D,M_D 代入式(6-19),得 $M_A=-\frac{qa^2}{36}$,将 M_A 代入式(6-40)$M_A=-M_B$,得 $M_B=\frac{qa^2}{36}$。

至此,求出了每一支承和结点处的力,罗列如下:

$X_A=\frac{qa}{12}$,$X_B=-\frac{qa}{12}$,$X_C=\frac{qa}{12}$,$X_D=-\frac{qa}{12}$;$Y_A=\frac{qa}{2}$,$Y_B=\frac{qa}{2}$,$Y_C=-\frac{qa}{2}$,$Y_D=-\frac{qa}{2}$;

$M_A=-\frac{qa^2}{36}$,$M_B=\frac{qa^2}{36}$,$M_C=\frac{qa^2}{18}$,$M_D=-\frac{qa^2}{18}$。

视直轴作梁段,以结点分界;
变边界为固端,用方程置换。

6.6 消元法的助手——力元素分布表和消元步骤进行图

对于涉及力元素较多、求解过程较长的问题,人们可能首先关心如何策划,选用何种工具操作,怎样入手,在何处找到突破口等关键要素。

6.6.1 力元素分布表和消元步骤进行图

6.5 节例子的结果是得到了,对于较长的解题过程,人们当然也想看看整个求解过程的线路图,以获得某种启示,使自己解题更为顺畅。图 6-21 就是联立求解时消元的步骤进行图,类似于生产进度横道图,将所列的静力平衡方程和补充方程称为原始方程,将其方程编号画在图的左侧第一列,每一步求解向右列出,其中从左向右的引线连接两个及以上的前一步的方程,其右侧的就是代换一次的计算结果的方程编号,若称此为“族谱图”,则左面是“前辈”,右面是“晚辈”。

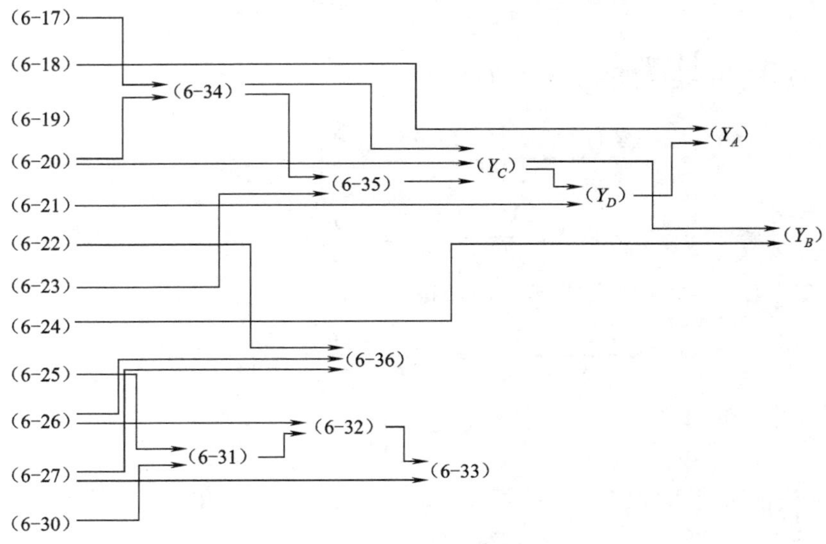

图 6-21 刚架 *ABCD* 消元步进图

图 6－21 中,表示了在初步求解时的替代、变化情况,显示出从原始方程出发的情形。图中将求解所有 Y 方向的力的过程标示出来,由于图中线条稠密,后面的过程没有悉数标出,但已标出的过程已经找到了解题的突破口,就是通过三辈替代、动用了式(6－20)、式(6－34)、式(6－36),就解出了 Y_C,后面的回代过程相对较为简单,一般只需按照来路回去即可,为简便起见,这里就隐去了。

人们可能会觉得图中的起始有点儿摸不着头脑——从何处着手？有什么原则没有？以下就此问题进行探讨。

为了使原始方程中力变量的分布情况一目了然,可先用表格形式将哪一个方程包含哪一些力表示出来,然后进行替代步进的规划。完成这个任务的表格称为力元素分布表,一般可将表达各个原始方程所含有的力的元素分布平面地列出,该表可以使行代表方程,使列代表力,行列按照一定顺序排列,如此,就是联立的原始方程的缩略版,不用翻页就能综合各个方程的情况,以利于想出解决方案,制订出计算步骤路线图。

6.6.2　进行替代运算时不绕圈子的事项

准确地得到力的分布表后,首先,将含有唯一力的方程暂时摆在一边,所谓唯一力指它只在该方程中出现,它们不能当先军,为何？因为其中的唯一力是个累赘,只能在其他力求出后才能求出。其次,一般从力交集较多的方程入手,替代的次数一定不能按照概率学中排列的方式所得到的次数,而应该用组合的方式的次数,否则,得到的结果很可能是线性相关的,一部分计算在兜圈子。若用通俗的比喻来说明,则是这样一回事,将消元步进图视为繁衍图,如果两个方程存在这种关系:方程一的父母是两个原始方程,而方程二的父系、母系中各自分别包含这两个原始方程,则此两个方程线性相关！即这两个方程是一码事,不能认作两个方程来用。此种判断的条件是儿女方程是从一对父母方程中生出的。

需要说明的是,正如图 6－21 步进图中所示,替代操作数步后所得到的式(6－33)没有再往下繁衍,事实上,在整个求解过程中的确没有用上它,这是何故？应该是条条道路通罗马的道理,在以上特定的路径中,无须它的帮忙,出现此现象的数学原理则是矩阵替代运算的顺序不同。应该指出,式(6－33)的前辈方程还是用上了的。

6.6.3　本例子不同解法的启示

6.5 节的力的元素分布表见表 6－1,求解示例如下。

表 6－1　各力元素在方程中分布表

力变量 方程号	X_A	Y_A	M_A	X_B	Y_B	M_B	X_C	Y_C	M_C	X_D	Y_D	M_D
(6－17)	√									√		
(6－18)		√									√	
(6－19)			√							√		√
(6－20)							√			√		
(6－21)								√			√	
(6－22)								√	√			√

续表

力变量 方程号	X_A	Y_A	M_A	X_B	Y_B	M_B	X_C	Y_C	M_C	X_D	Y_D	M_D
(6－23)				√			√					
(6－24)					√			√				
(6－25)						√	√		√			
(6－26)										√		√
(6－27)							√		√			
(6－28)				√		√					√	√

观察上表，先找出出现次数较少的力，其所在的方程应该放置较后替代。从表中可知，某力出现一次的式子为式(6－17)、式(6－18)、式(6－19)和式(6－24)，其力 X_A，Y_A，M_A，Y_B 各只唯一出现于一个方程中，因此，先不计算这四个式子。

下面要判断一个问题，剩下的式子足以求出剩下的力吗？数一数剩下的力：X_B，M_B，X_C，Y_C，M_C，X_D，Y_D，M_D 共八个力；

再数一数剩下的方程：式(6－20)、式(6－21)、式(6－22)、式(6－23)、式(6－24)、式(6－25)、式(6－26)和式(6－30)。

从解方程原理来看，应该可以求解。以下是几种解法，可以替代掉6.5.6节以下部分。

1. 解法方案一

从力出现较多的方程出发，画出的步进图如图6－22所示。

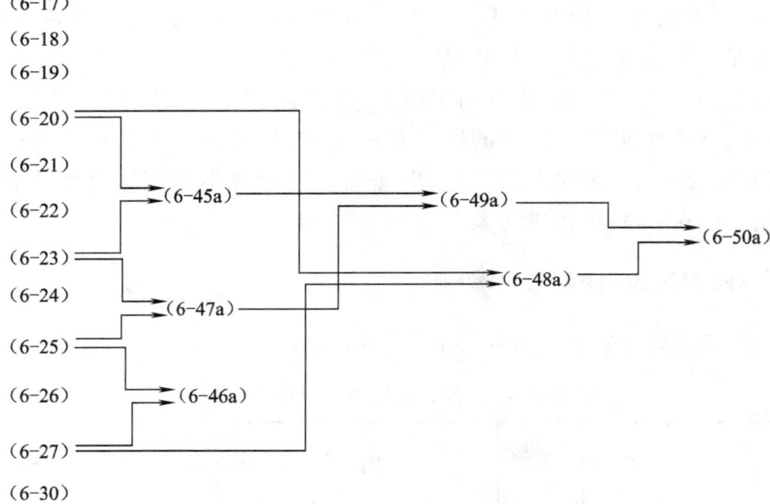

图6－22　刚架 $ABCD$ 方案一消元步进图

消元方案已出，下面按图索骥。

①将式(6－20)代入式(6－23)，得

$$X_B = X_D \tag{6－45a}$$

②将式(6－25)代入式(6－27)，得

$$M_B = -M_C + \frac{3M_C}{2a}a, \quad 2M_B = M_C \tag{6－46a}$$

③将式(6－23)代入式(6－25)，得

$$M_B = -M_C + (-X_B)a,\quad M_B = -M_C - X_B a \tag{6-47a}$$

④将式(6－20)代入式(6－27)，得

$$M_C = \frac{2}{3}(-X_D)a,\quad M_C = -\frac{2}{3}X_D a \tag{6-48a}$$

从以上计算看出，晚辈的方程都由不超过两个的前辈的方程所产生，理论上没有违反结合数在概率计算中的组合数以内，应该无线性相关问题。

⑤将式(6－45a)代入式(6－47a)，得

$$M_B = -M_C - X_D a \tag{6-49a}$$

⑥将式(6－48a)代入式(6－49a)，得

$$M_B = -M_C + \frac{3M_C}{2a}a,\quad 2M_B = M_C \tag{6-50a}$$

人们惊讶地发现，式(6－50a)与式(6－46a)完全一样！再查，原来是违背了在父系、母系中原始方程里存在一样的禁忌，它们是血亲。

2. 解法方案二

依照同样的筹划原则，继续别种方案，得到步进图如图 6－23 所示。

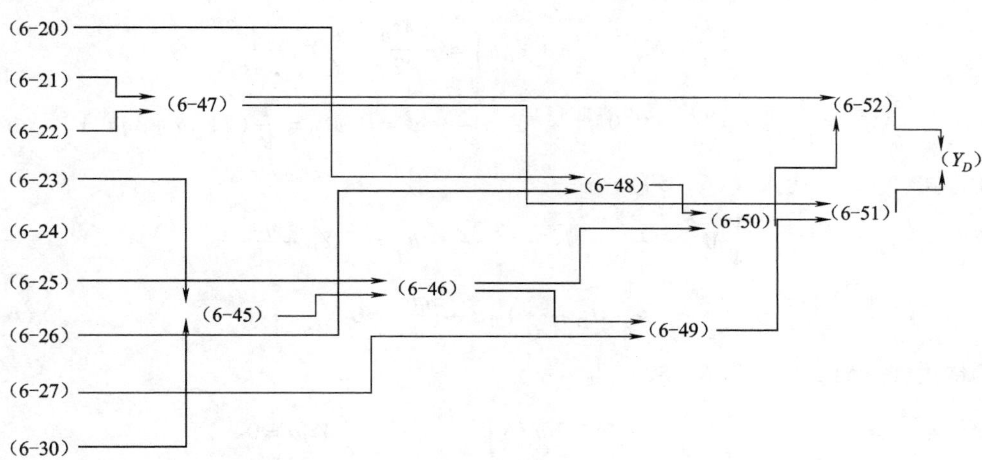

图 6－23　刚架 *ABCD* 方案二消元步进图

依照此图的求解过程如下：

①将式(6－23)代入式(6－30)，得

$$\frac{a}{3}(-X_C) + \frac{M_B}{2} = -\frac{M_D}{2} + \frac{Y_D a}{3} + \frac{qa^2}{8} \tag{6-45}$$

②将式(6－25)代入式(6－45)，得

$$\frac{a}{3}(-X_C) + \frac{1}{2}(-M_C + X_C a) = -\frac{M_D}{2} + \frac{Y_D a}{3} + \frac{qa^2}{8}$$

$$\frac{a}{6}X_C - \frac{M_C}{2} = -\frac{M_D}{2} + \frac{Y_D a}{3} + \frac{qa^2}{8} \tag{6-46}$$

③将式(6－21)代入式(6－22),得

$$M_C = -M_D - \frac{qa^2}{2} - (-Y_D - qa)a$$

$$M_C = -M_D + \frac{qa^2}{2} + Y_D a \tag{6-47}$$

④将式(6－20)代入式(6－26),得

$$M_D = \frac{2a}{3}(X_C) \tag{6-48}$$

⑤将式(6－27)代入式(6－46),得

$$\frac{a}{6}\left(\frac{3}{2a}M_C\right) - \frac{M_C}{2} = -\frac{M_D}{2} + \frac{a}{3}Y_D + \frac{qa^2}{8}$$

$$-\frac{M_C}{4} = -\frac{M_D}{2} + \frac{a}{3}Y_D + \frac{qa^2}{8} \tag{6-49}$$

⑥将式(6－46)代入式(6－48),得

$$\frac{a}{6}\left(-\frac{3}{2a}M_D\right) - \frac{M_C}{2} = -\frac{M_D}{2} + \frac{a}{3}Y_D + \frac{qa^2}{8}$$

$$\frac{M_D}{4} - \frac{M_C}{2} = \frac{a}{3}Y_D + \frac{qa^2}{8} \tag{6-50}$$

⑦将式(6－47)代入式(6－49),得

$$-\frac{1}{4}\left(-M_D + \frac{qa^2}{2} + Y_D a\right) = -\frac{M_D}{2} + \frac{a}{3}Y_D + \frac{qa^2}{8}$$

$$\frac{3}{4}M_D - \frac{7}{12}Y_D a - \frac{qa^2}{4} = 0, 9M_D - 7Y_D a - 3qa^2 = 0, M_D = \frac{1}{9}(7Y_D a + 3qa^2) \tag{6-51}$$

⑧将式(6－47)代入式(6－50),得

$$\frac{1}{4}M_D - \frac{1}{2}\left(-M_D + \frac{qa^2}{2} + Y_D a\right) = \frac{a}{3}Y_D + \frac{qa^2}{8}$$

$$\frac{3}{4}M_D - \frac{5}{6}Y_D a - \frac{3qa^2}{8} = 0 \tag{6-52}$$

⑨将式(6－51)代入式(6－52),得

$$\frac{3}{4}\left[\frac{1}{9}(7Y_D a + 3qa^2)\right] - \frac{3}{8}qa^2 - \frac{5}{6}Y_D a = 0$$

$$\frac{-3}{12}Y_D a - \frac{3qa^2}{24} = 0, Y_D = -\frac{qa}{2}$$

求出第一个力,之后便进入回代过程。

⑩将 Y_D 代入式(6－51),得$\frac{3}{4}M_D - \frac{7}{12}\left(-\frac{qa}{2}\right)a - \frac{qa^2}{4} = 0, M_D = -\frac{qa^2}{18}$。

⑪将 Y_D、M_D 代入式(6－49),得 $-\frac{M_C}{4} = -\frac{1}{2}\left(-\frac{qa^2}{18}\right) + \frac{a}{3}\left(-\frac{qa}{2}\right) + \frac{qa^2}{8}, M_C = \frac{qa^2}{18}$。

⑫将 M_C 代入式(6－27),得 $X_C = \frac{3M_C}{2a} = \frac{3}{2} \cdot \frac{qa}{18} = \frac{qa}{12}$。

⑬将 X_C 代入式(6-20),得 $X_D=-X_C=-\dfrac{qa}{12}$。

⑭将 X_C 代入式(6-23),得 $X_B=-X_C=-\dfrac{qa}{12}$。

⑮将 X_D 代入式(6-17),得 $X_A=-X_D=-\left(-\dfrac{qa}{12}\right)=\dfrac{qa}{12}$。

⑯将 Y_D 代入式(6-18),得 $Y_A=-Y_D=-\left(-\dfrac{qa}{2}\right)=\dfrac{qa}{2}$。

⑰将 X_D,M_D 代入式(6-19),得 $M_A-\left(-\dfrac{qa}{12}\right)a+\left(-\dfrac{qa^2}{18}\right)=0,M_A=-\dfrac{qa^2}{36}$。

⑱将 Y_D 代入式(6-21),得 $Y_C=-\left(-\dfrac{qa}{2}\right)-qa=-\dfrac{qa}{2}$。

⑲将 Y_C 代入式(6-24),得 $Y_B=-Y_C=-\left(-\dfrac{qa}{2}\right)=\dfrac{qa}{2}$。

⑳将 X_C、M_C 代入式(6-25),得 $M_B=-\dfrac{qa^2}{18}+\dfrac{qa}{12}a=\dfrac{qa^2}{36}$。

至此,力全部解出。

另一求解路径如图 6-24 所示,其回代过程未标出,可谓曲径通幽,演算过程就不再赘述。

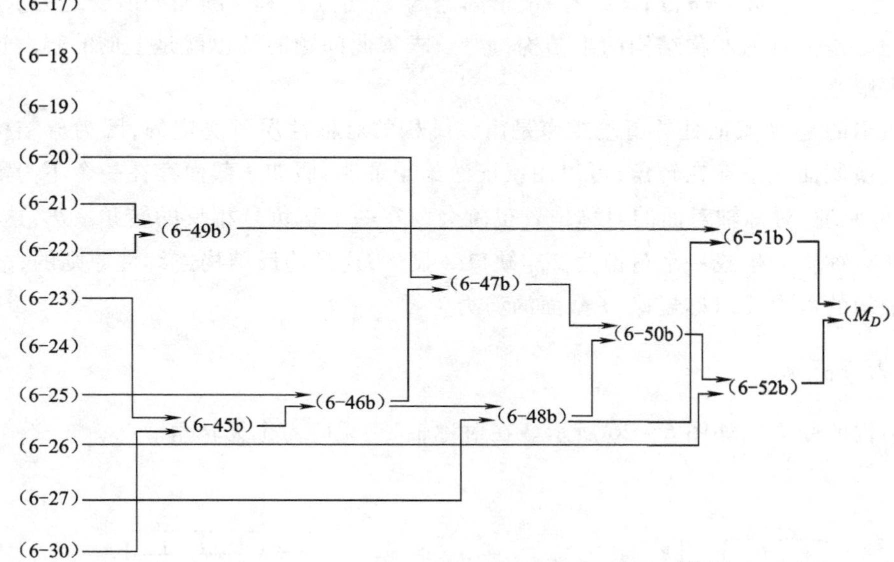

图 6-24　刚架 $ABCD$ 另一路径消元步进图

> 铺元素分布表,力点所在了然于胸;
> 陈消元步进图,变量替代决胜在盘。

6.7　用对称原理简化求解

对称的事物在人们的生活和工作场合处处可见,比如床、八仙桌、西餐桌,乘坐的大巴、地铁和小轿车，街头抬头随处可见的方方正正的盒子楼等，都具有对称形状。对称形状的外形、组成材料的均匀划一（可概括为“均质”），对于受力平衡而言，意义极其重要。最简单的例子，儿童玩具跷跷板，其结构是对称的，竖直对称线位于支点处。观察受力时可以看到：若欲使跷跷板平衡，则必须使两头对称座位上的小孩的重量保持一致，此时的状况，力学里称为“对称结构作用有对称荷载”，其特点可以想象一下，整个受力结构如果绕竖直对称轴弯折，人们将看到这时的座位、小孩，也就是结构细节和上面的力完全重合、严丝合缝。前面的例子床、桌、车辆、楼房等，大体是处于此种状况。

将问题引入力学计算，在平面力系情况下，对称结构作用有对称荷载时存在如下规律：

（1）结构中的轴力呈现对称分布；

（2）结构中的剪力呈现反对称分布；

（3）结构中的弯矩呈现对称分布。

这样的受力就使得结构变形位移也相应地呈现对称特点。

上例（见图 6－18）中，按照对称的定义来看，此结构即是结构对称并且荷载对称的情况，根据对称规律，求解力的问题就可以取对称轴一边的半结构来计算，有关结论自然就像以对称轴为轴打开门扇一样真相大白了。

已知结构如图 6－25 所示，图中点画线是整个结构的对称轴位置，荷载为 q，每段有弯曲刚度 EI，每段尺寸为：$AB=a$，$JB=a/2$。试求固定端 A、结点 B 和 J 断面处所受之力。

此问题即是上例的对称结构的半结构，显然，求得此问题的解也就是上例的解。这里运用对称原理求解之。

需要指出的是，J 截面处的滑动支座是由该结构的对称性质所决定的，因为原结构在对称轴处本身的横截面就不存在转角，可以用反证法给予证明：假如 J 截面存在一个不为零的转角 θ_J，根据对称原理，对称轴对面的对称位置也就会存在一个正负号相反的转角 $-\theta_J$，这样，就导致原结构在对称轴处生成一个量值为 $2\theta_J$ 缺口。显然，这是违反结构连续性原则的，故 $\theta_J=0$。又依对称结构的剪力反对称规律，J 截面的剪力为零。

6.7.1 受力分析

画半结构的受力图如图 6－26 所示。在对称轴处，无剪力也无转角。

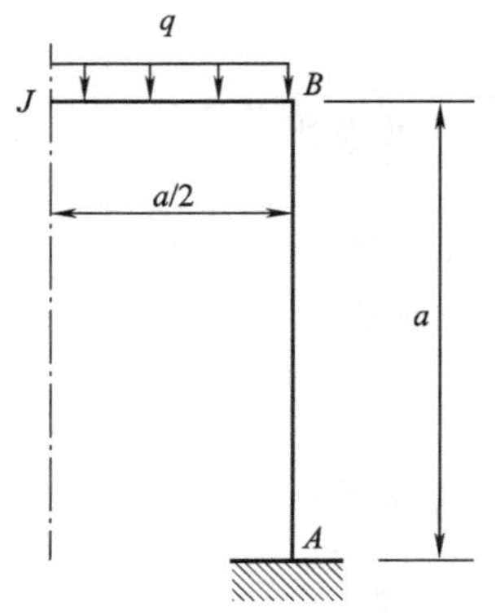

图 6－25 对称的门式刚架半结构 ABJ

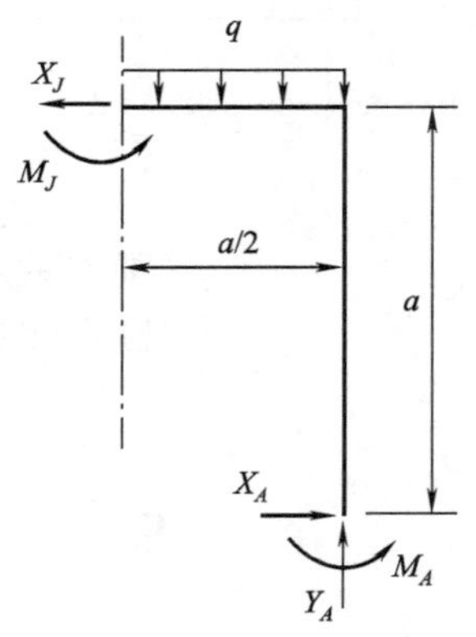

图 6－26 半结构 ABJ 受力图

6.7.2　平衡条件

列写图 6 - 26 所示半结构的平衡方程如下：

$$\sum X = 0,\quad X_J - X_A = 0 \tag{6-53}$$

$$\sum Y = 0,\quad -\frac{qa}{2} + Y_A = 0,\quad Y_A = \frac{qa}{2}$$

$$\sum M_J = 0,\quad M_J - q\frac{a}{2}\frac{a}{4} + X_A a + Y_A\frac{a}{2} + M_A = 0$$

将 $Y_A = \frac{qa}{2}$代入式 $M_J - \frac{qa^2}{8} + X_A a + Y_A\frac{a}{2} + M_A = 0$，得

$$M_J + \frac{qa^2}{8} + X_A a + M_A = 0 \tag{6-54}$$

从所得到的平衡方程可见，共四个力变量，两个平衡方程，故为超二次静定问题。又因为结点 B 无侧移，故各个结点分结构为两段点串，其中点串 AB 无平移、无转动。

6.7.3　拆分整合结构

把半结构拆分为 BA、JB，单独进行分析。

1. 研究 AB

AB 部分的受力图如图 6 - 27 所示。

平衡方程：

$$\sum X = 0,\quad X_A + X_B = 0 \tag{6-55}$$

$$\sum Y = 0,\quad Y_A + Y_B = 0 \tag{6-56}$$

$$\sum M_A = 0,\quad M_A + M_B - X_B a = 0 \tag{6-57}$$

由于 A 处本身是固定端，故将 AB 视为悬臂梁，下面计算“自由端”B 处转角

$$\theta_B = \frac{M_B a}{EI} - \frac{X_B a^2}{2EI} \tag{6-58}$$

2. 研究 JB

JB 段受力如图 6 - 28 所示，因为 J 处无转角，视 J 为固定端，则 JB 为悬臂梁。求 B 处转角，得

$$\theta_B = -\frac{M_B\cdot a/2}{EI} - \frac{Y_B\,(a/2)^2}{2EI} - \frac{q\,(a/2)^3}{6EI} = -\frac{M_B\cdot a}{2EI} - \frac{Y_B a^2}{8EI} - \frac{qa^3}{48EI} \tag{6-59}$$

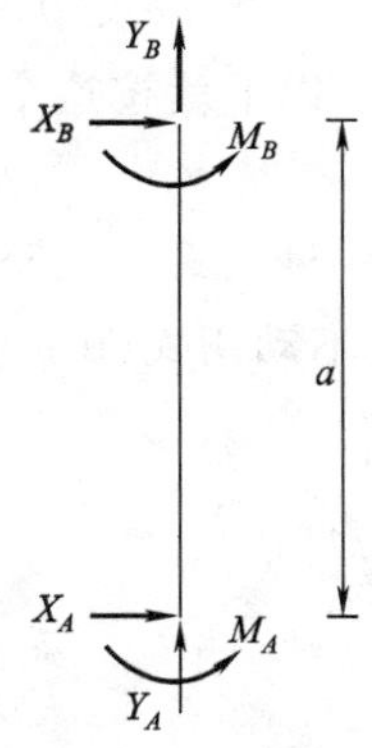

图 6 - 27　拆分段 AB 受力图

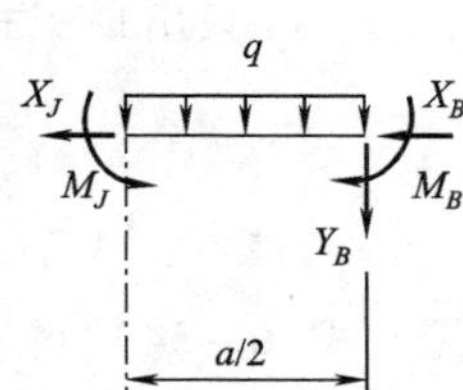

图 6 - 28　拆分段 JB 受力图

3. 整合后的变形关系

由挠曲线连续性原理知，结点 B 处转角是唯一的，式(6－58)、式(6－59)代表同一个角度，结合得

$$\frac{M_B a}{EI}-\frac{X_B a^2}{2EI}=-\frac{M_B \cdot a/2}{EI}-\frac{Y_B\,(a/2)^2}{2EI}-\frac{q\,(a/2)^3}{6EI}$$

$$\frac{3}{2}M_B-\frac{X_B a}{2}=-\frac{Y_B a}{8}-\frac{qa^2}{48} \tag{6-60}$$

到此，得到了一个补充方程。

4. 再研究 AB

点串 AB 无侧移，绕垂直于纸面的轴逆时针方向转动 90°后，可视为梁段。以置换法为工具，求出相关变形量。设置换梁的固定端于 B，计算左、右置换梁的挠度，得

$$w_l=-\frac{M_A a^2}{2EI}-\frac{X_A a^3}{3EI},\quad w_r=0$$

将上两式代入转角位移方程 $\theta=\dfrac{w_l-w_r}{l}$，得

$$\theta_B=\frac{1}{a}\left[-\frac{M_A a^2}{2EI}-\frac{X_A a^3}{3EI}\right]=-\frac{M_A a}{2EI}-\frac{X_A a^2}{3EI} \tag{6-61}$$

依照转角唯一性，将式(6－61)代入式(6－58)，得

$$-\frac{M_A a}{2EI}-\frac{X_A a^2}{3EI}=\frac{M_B a}{EI}-\frac{X_B a^2}{2EI}$$

整理得

$$-3M_A-2X_A a=6M_B-3X_B a \tag{6-62}$$

又找到另一个关于力的补充方程。

顺便提示一下其他方法情形，在结构力学中，对称结构、对称荷载的此情况，可以在 J 处代以滑动支座等效断开，则有如下规律：

> 断开横截面，装设滑动支座，弯矩轴力存留，剪力消失；
> 建立置换梁，使用位移方程，转角保持零位，挠度未知。

6.7.4 平衡方程和补充方程联立求解

联立式(6－53)、式(6－54)、式(6－55)、式(6－56)、式(6－57)、式(6－60)和式(6－62)，用这 7 个原始方程解 7 个未知力 $X_A, M_A, X_B, Y_B, M_B, X_J, M_J$。以下就按这个排列顺序，用靠后者替代掉靠前者，一个一个点将。

(1)判断一下从何处入手，X_A 出现在式(6－53)、式(6－54)、式(6－55)和式(6－62)中，但在七个式子中观察，发现 X_J 只出现于式(6－53)里，故现在不动用式(6－53)。对式(6－62)进行整理，有

$$X_A=-\frac{1}{2a}(6M_B-3X_B a+3M_A)$$

将式(6－62)代入式(6－54)，得

$$M_J+\frac{qa^2}{8}-\frac{1}{2a}(6M_B-3X_B a+3M_A)a+M_A=0$$

$$M_J+\frac{qa^2}{8}-3M_B+\frac{3}{2}X_Ba-\frac{M_A}{2}=0 \tag{6-63}$$

式(6-63)中便无 X_A。

(2)对式(6-54)、式(6-55)和式(6-62)中目前还可以沟通一次,式(6-55)代入(6-54),得

$$M_J+\frac{qa^2}{8}-X_Ba+M_A=0 \tag{6-64}$$

式(6-63)、式(6-64)中皆无 X_A。

(3)M_A 出现于式(6-57)、式(6-63)和式(6-64)中,不查式(6-54)、式(6-55)的道理是式(6-64)是它们的后代,存有它们的基因,取代了它们的地位;没有衍生的方程则是备查对象。下面对此三个方程进行杂交。

式(6-57)代入式(6-64),有 $M_A=X_Ba-M_B$,$M_J+\frac{qa^2}{8}-X_Ba+X_Ba-M_B=0$,

$$M_J+\frac{qa^2}{8}-M_B=0 \tag{6-65}$$

式(6-57)代入(6-63),有 $M_J+\frac{qa^2}{8}-3M_B+\frac{3}{2}X_Ba-\frac{1}{2}(X_Ba-M_B)=0$,

$$M_J+\frac{qa^2}{8}-\frac{5}{2}M_B+X_Ba=0 \tag{6-66}$$

三个式子联姻两次,三者全沟通。现在式(6-65)、式(6-66)中既无 X_A 又无 M_A。

(4)X_B 出现于式(6-55)、式(6-57)、式(6-60)和式(6-62)中,式(6-55)、式(6-57)、式(6-62)的后代是式(6-65)、式(6-66),故将未使用的式(6-60)嫁接。整理式(6-66),有:$X_B=\frac{1}{a}\left(-M_J-\frac{qa^2}{8}+\frac{5}{2}M_B\right)$,式(6-66)代入式(6-60),得$\frac{3}{2}M_B-\frac{a}{2}\frac{1}{a}\left(-M_J-\frac{qa^2}{8}+\frac{5}{2}M_B\right)=-\frac{Y_Ba}{8}-\frac{qa^2}{48}$,整理得

$$\frac{1}{4}M_B+\frac{1}{2}M_J+\frac{qa^2}{12}=-\frac{Y_Ba}{8} \tag{6-67}$$

式(6-67)中无 X_A,M_A 和 X_B。

(5)按顺序讨论 Y_B 的问题,它出现于式(6-56)、式(6-60)中,$Y_A=\frac{qa}{2}$代入原始式(6-56),得 $Y_B=-\frac{qa}{2}$,式(6-60)的最年轻的后代是式(6-67),Y_B 代入式(6-67),得

$$\frac{1}{4}M_B+\frac{1}{2}M_J+\frac{qa^2}{12}=-\frac{a}{8}\left(-\frac{qa}{2}\right),\quad \frac{M_B}{4}+\frac{M_J}{2}+\frac{qa^2}{48}=0 \tag{6-68}$$

显见,式(6-68)中,只存在 M_B,M_J。

(6)讨论 M_B 的问题,它在原始方程中的位置是式(6-57)、式(6-60)和式(6-62),但它们已经有了后代——式(6-65)、式(6-68),在扫描这两式子后发现,其各自只包含 M_B,M_J 两个力,并且两式非线性相关,就要解出另一个力了。整理式(6-65),有 $M_B=\frac{qa^2}{8}+M_J$,式(6-65)代入式(6-68),得

$$\frac{1}{4}\left(M_J+\frac{qa^2}{8}\right)+\frac{1}{2}M_J+\frac{qa^2}{48}=0,M_J=-\frac{5qa^2}{72}$$

(7)进入回代过程。M_J 代入式(6-65),得 $-\frac{5qa^2}{72}+\frac{qa^2}{8}=M_B$,$M_B=\frac{qa^2}{18}$。

(8)将 M_J,M_B 代入式(6-66),得 $-\frac{5qa^2}{72}+\frac{qa^2}{8}-\frac{5}{2}\cdot\frac{qa^2}{18}+X_Ba=0,X_B=\frac{qa}{12}$。

(9)M_J,X_B 代入式(6-64),得 $-\frac{5qa^2}{72}+\frac{qa^2}{8}-\frac{qa}{12}a+M_A=0,M_A=\frac{qa^2}{36}$。

(10)将 M_A,M_B,X_B 代入式(6-62),得 $-3\cdot\frac{qa^2}{36}-2X_Aa=6\cdot\frac{qa^2}{18}-3\cdot\frac{qa}{12}a,X_A=-\frac{qa}{12}$。

(11)将 X_A 代入式(6-53),得 $X_J=-\frac{qa}{12}$。

至此,八个力都已经求出。图 6-29 所示便是半结构 ABJ 的消元步进图。

半结构 ABJ 的解法还可以有多种,另外两种的消元步进图,如图 6-30、图 6-31 所示。从图 6-31 中可知,求解路径存在捷径可走。

且行且珍重,探路探经验。

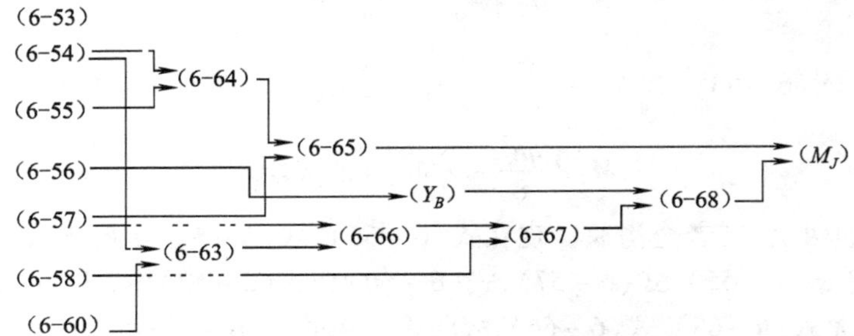

图 6-29 半结构 ABJ 消元步进图

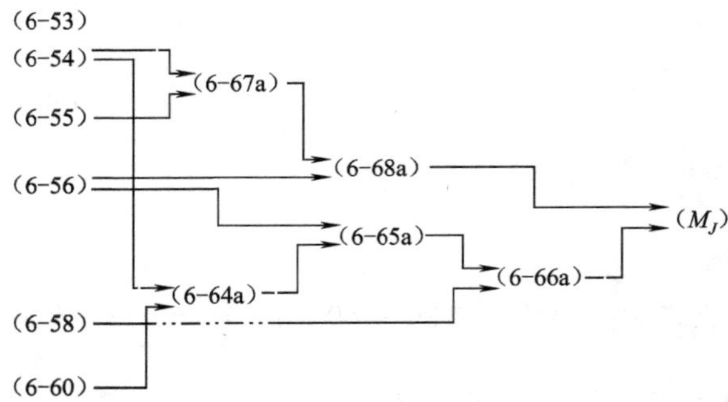

图 6-30 半结构 ABJ 方案一消元步进图

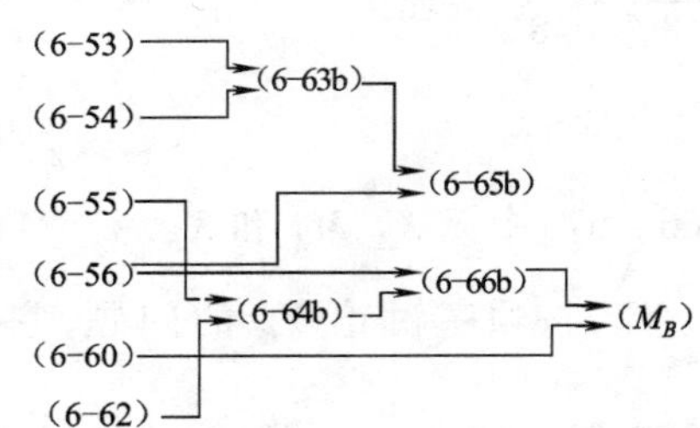

图 6-31 半结构 ABJ 方案二消元步进图

6.7.5 不求 B 处内力、只求约束力时的解法

改用分段刚化-置换法解之。

1. 受力分析

受力图仍然如图 6-26 所示,列写该半结构的平衡方程如下:

$$\sum Y=0,\quad -\frac{qa}{2}+Y_A=0,\quad Y_A=\frac{qa}{2}$$

$$\sum M_J=0,\quad M_J-q\frac{a}{2}\frac{a}{4}+X_Aa+Y_A\frac{a}{2}+M_A=0$$

将 $Y_A=\frac{qa}{2}$ 代入式 $M_J-\frac{qa^2}{8}+aX_A+Y_A\frac{a}{2}+M_A=0$,得

$$M_J+\frac{qa^2}{8}+aX_A+M_A=0 \tag{6-69}$$

$$\sum X=0,\quad X_J-X_A=0 \tag{6-70}$$

观察方程的组成，四个力元素，两个方程，判断其为二度静不定问题。

2. 刚化 JB 段

将 JB 段上所有荷载按照静力等效原则简化到 B 处，如图 6－33 所示，得

$$M_q=q\cdot\frac{a}{2}\cdot\frac{a}{4}=\frac{qa^2}{8},\quad Y_B=q\cdot\frac{a}{2}=\frac{qa}{2}$$

3. 求 B 处转角表达式

绕垂直于纸面轴，逆时针方向转动 90°观察 AB 段，以 B 处为置换梁的固定端，省略弯曲刚度 EI（下同），得

$$w_l=-\frac{a^3}{3}X_A-\frac{a^2}{2}M_A,\quad w_r=0$$

依转角方程，得

$$\theta_B=\frac{1}{a}\left(-\frac{a^3}{3}X_A-\frac{a^2}{2}M_A\right),\quad \theta_B=-\frac{a^2}{3}X_A-\frac{a}{2}M_A \tag{6-71}$$

4. 再求 B 处转角表达式

绕垂直于纸面轴逆时针方向转 90°，将 AB 视为悬臂梁，固定端在 A 处，自由端在 B 处，如图 6－32 所示，直接列写 B 处转角：$\theta_B=\dfrac{X_J\cdot a^2}{2}+aM_J+aM_q$。将 M_q 代入，有

$$\theta_B=\frac{X_J\cdot a^2}{2}+aM_J+\frac{qa^3}{8} \tag{6-72}$$

根据连续曲线转角的唯一性，式（6－71）、式（6－72）相等，得

$$-\frac{X_Aa^2}{3}-\frac{M_Aa}{2}=\frac{X_J\cdot a^2}{2}+aM_J+\frac{qa^3}{8} \tag{6-73}$$

将式（6－70）代入式（6－73），得

$$20a^2X_A+12aM_A+24aM_J+3qa^3=0 \tag{6-74}$$

5. 利用 A 处边界条件找等式

以 A 处为置换梁的固定端，省略弯曲刚度 EI，得

$$w_l=0,\quad w_r=\frac{a^3}{3}X_J+\frac{a^2}{2}M_q+\frac{a^2}{2}M_J$$

将 M_q 代入得 $w_r=\dfrac{a^3}{3}X_J+\dfrac{qa^4}{16}+\dfrac{a^2}{2}M_J$，将上面 w_l，w_r 两式和 $l=a$ 代入转角方程，得

$$\theta_A=\frac{1}{a}\left(0-\frac{a^3}{3}X_J-\frac{qa^4}{16}-\frac{a^2}{2}M_J\right)=-\frac{a^2}{3}X_J-\frac{qa^3}{16}-\frac{a}{2}M_J$$

A 处是固定端，所以，其边界条件中有 $\theta_A=0$，代入上式 θ_A 得

$$-\frac{a^2}{3}X_J-\frac{qa^3}{16}-\frac{a}{2}M_J=0$$

将式（6－70）代入，得

$$\frac{X_Aa^2}{3}+\frac{qa^3}{16}+\frac{M_Ja}{2}=0 \tag{6-75}$$

6. 静力方程与变形协调方程联立求解

将式(6-69)代入式(6-74),有 $20a^2X_A+12a\cdot\left(-M_J-\frac{qa^2}{8}-aX_A\right)+24aM_J+3qa^3=0$,整理得

$$M_J=-\frac{2aX_A}{3}-\frac{3qa^2}{24} \tag{6-76}$$

将式(6-76)代入式(6-75),有$\frac{X_Aa^2}{3}+\frac{qa^3}{16}+\frac{a}{2}\left(-\frac{2aX_A}{3}-\frac{3qa^2}{24}\right)=0$,$\frac{qa^3}{16}=\frac{3qa^3}{48}$。

未能解出未知力!原因是式(6-75)与式(6-76)属于线性相关方程,意味着同样的边界重复使用,因此还需要再找出其他途径。

7. 再尝试一下 *B* 处边界条件

A 处是固定端,*B* 处是自由端,求出 *B* 处挠度表达式(x 轴方向),如图 6-32 所示,得 $w_{Bx}=\frac{X_Ja^3}{3}+\frac{M_Ja^2}{2}+\frac{M_qa^2}{2}$,将 M_q代入,得 $w_{Bx}=\frac{X_Ja^3}{3}+\frac{M_Ja^2}{2}+\frac{qa^4}{16}$,依结点无侧移的判断,$w_{Bx}=0$,得$\frac{X_Ja^3}{3}+\frac{M_Ja^2}{2}+\frac{qa^4}{16}=0$,此式就是式(6-75),又一次走回了线性相关的老路,这说明边界条件没有增加。

8. 动用 *JB* 段条件

刚化 *AB*,荷载等效简化向 *B* 处,有 $M_{XA}=aX_A$,如图 6-33 所示。视 *JB* 为悬臂梁,列写 *B* 处的转角,得

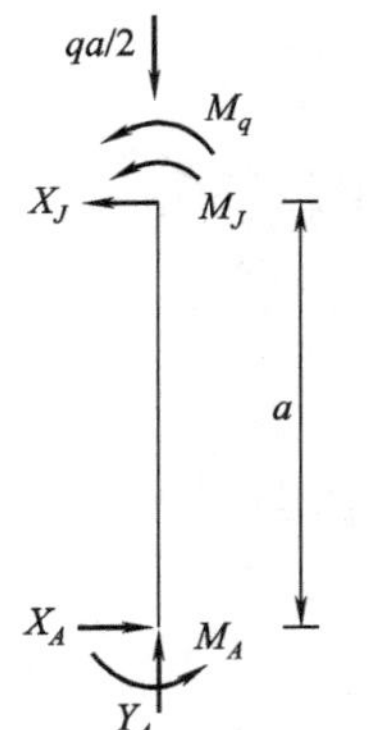

图 6-32 刚化 *JB* 段的受力图

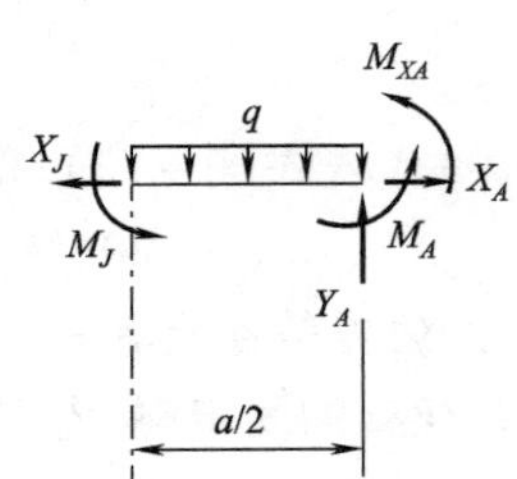

图 6-33 刚化 *AB* 段 *JB* 受力图

$$\theta_B=-\frac{q}{6}\left(\frac{a}{2}\right)^3+\frac{Y_A}{2}\left(\frac{a}{2}\right)^2+M_{XA}\left(\frac{a}{2}\right)+M_A\left(\frac{a}{2}\right)$$

将 M_{XA}代入得

$$\theta_B=\frac{qa^3}{24}+\frac{a^2}{2}X_A+\frac{a}{2}M_A \tag{6-77}$$

依转角的唯一性,式(6-71)结合式(6-77)得

$$-\frac{a^2}{3}X_A-\frac{a}{2}M_A=\frac{qa^3}{24}+\frac{a^2}{2}X_A+\frac{a}{2}M_A,\quad M_A=-\frac{5}{6}aX_A-\frac{qa^2}{24} \tag{6-78}$$

将式(6-78)代入式(6-69),得

$$-M_J-\frac{qa^2}{8}-aX_A=-\frac{5}{6}aX_A-\frac{qa^2}{24},\quad M_J=-\frac{a}{6}X_A-\frac{qa^2}{12} \tag{6-79}$$

将式(6－79)代入式(6－75)，得

$$\frac{X_A a}{3}+\frac{qa^2}{16}+\frac{1}{2}\left(-\frac{a}{6}X_A-\frac{qa^2}{12}\right)=0,X_A=-\frac{qa}{12}$$

将 X_A 代入式(6－79)，得

$$M_J=-\frac{a}{6}\left(-\frac{qa}{12}\right)-\frac{qa^2}{12}=-\frac{5qa^2}{72}$$

将 X_A 代入式(6－78)，得

$$M_A=-\frac{5}{6}a\left(-\frac{qa}{12}\right)-\frac{qa^2}{24}=\frac{qa^2}{36}\text{（逆时针方向）}$$

本问题若要求出各个位置上的位移，将相关内力代入相关位移方程即可。

结构对称特点明，荷载对称再加劲，弯矩对称凑热闹，剪力对称不可行。

类似于以上门式刚架的结构还有很多例子，譬如，在车站、码头等货场里，高大的门式起重机成为标志物，对其进行简化，与地面接触的导轨是固定铰支座、可动铰支座，起重的受力状况简化为准静态，则结点无侧移，整个结构成为静定，直接代置换法位移方程便可解出位移。

门式刚架的求解过程与物体系统中桁架求解的结点法异曲同工，结点法逐点延伸，以平衡方程作解算工具，最后解出所有杆件内力；这里置换法是逐段解散，施以置换法，而后“对榫拼接”，各段成果综合，联立解方程，遂可得到每一结点处的内力、位移。所谓“异曲”，应该是结点法应用于刚体，而截断-置换法用于变形求解。

门式刚架的问题得到了解决，门式排架由于超静定次数更少，自然更为容易。如果一定要区别它们的不同，则刚接点连接成的挠曲线与正弦余弦曲线相同，在折转处也较顺滑；而铰接点处，弯矩为零，挠曲线因为不连续而各归两侧“简单梁”独立节制，因此与一朵花的花瓣连接的边缘形状相似。

依靠置换法，横着摆平了梁，竖着搞定了柱，将直杆横充直装，搭出新的解答框架，进而开启了又一个求索的大门。

悬臂梁闺秀藏阁，置换法月老上梁，
简单梁囍结连理，小结构欢做伴郎。

附录

简单梁的置换法位移方程

序号	梁及其坐标简图	转角方程	挠度方程
1	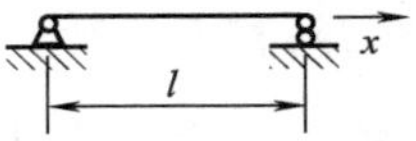	$\theta(x)=\dfrac{w_l(x)-w_r(x)}{l}$	$w(x)=-w_l(x)+\theta(x)\cdot x$ $w(x)=-\dfrac{l-x}{l}w_l(x)-\dfrac{x}{l}w_r(x)$
2	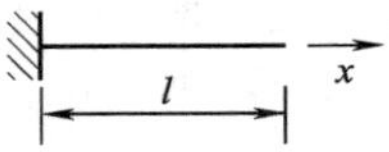	$\theta(x)=\dfrac{w_l(x)-w_r(x)+w_f}{l}$	$w(x)=-w_l(x)+\theta(x)\cdot x$
3	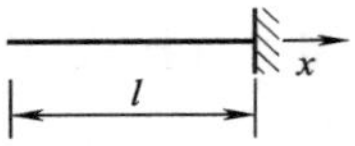	$\theta(x)=\dfrac{w_l(x)-w_r(x)-w_f}{l}$	$w(x)=-w_l(x)+\theta(x)\cdot x+w_f$
4	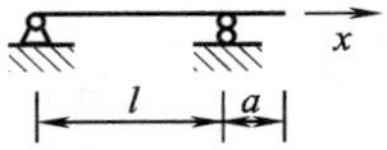	$\theta(x)=\dfrac{w_l(x)-w_r(x)+w_f}{l+a}$	$w(x)=-w_l(x)+\theta(x)\cdot x$
5	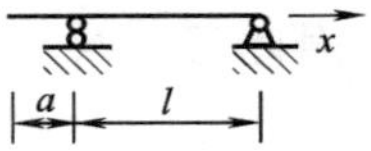	$\theta(x)=\dfrac{w_l(x)-w_r(x)-w_f}{l+a}$	$w(x)=-w_l(x)+\theta(x)\cdot x+w_f$
6	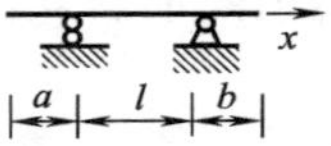	$\theta(x)=\dfrac{w_l(x)-w_r(x)-w_{fl}+w_{fr}}{a+l+b}$	$w(x)=-w_l(x)+\theta(x)\cdot x+w_{fl}$

注：$w_l(x)$——左置换梁自由端挠度；

$w_r(x)$——右置换梁自由端挠度；

w_f——简单梁中自由端挠度；

w_{fl}——简单梁中左自由端挠度；

w_{fr}——简单梁中右自由端挠度。

参 考 文 献

[1] 喻晓今．几种荷载下的梁绝对值最大挠度的同一性[J]．华东交通大学学报,2000,1.17(2):40-45.

[2] 喻晓今．以比拟梁法求梁的位移[J]．华东交通大学学报,2002,12,20.19(4):35-36.

[3] 喻晓今．挠曲线复位的微分方程解法求梁的位移[J]．华东地质学院学报,2003,9,1.26(3):271-273.

[4] 喻晓今．求梁位移的比拟梁法[J]．东华理工学院学报,2004,12.27(4):398-400.

[5] 喻晓今．以置换法求静定刚架的位移[J]．江西理工大学学报,2007,12.28(6):50-52.

[6] 喻晓今．求超静定等直梁的置换法[J]．工程力学,2007,6.24(supp.1):66-69.

[7] 喻晓今．超静定Γ型刚架的置换原理解答[J]．华东交通大学学报,2008,12.25(6):1-5.

[8] 喻晓今．以置换法求铰支Γ型刚架的位移[J]．江西理工大学学报,2008,8.29(4):36-38.

[9] 喻晓今．一端外伸梁对称弯曲弹性位移的置换法确定[J]．力学与实践,2014,8,36(4):478-482.

[10] 喻晓今．一端外伸梁置换法挠度转角方程关系的完备性[J]．华东交通大学学报,2015,8,32(4):73-77.

[11] YU X J. Solution of Slope of Simple Frame without Force in one Direction by Principle of Conversion Method [J]. Advanced Materials Research,2011,368-373:3141-3144.

[12] YU X J. Solution of Constraint Force of Frame with Shape of T by Principle of Conversion Method[J]. Applied Mechanics and Materials,130-134:3107-3110.

[13] YU X J. Solution of Slope of a Frame Based on Simple Support Beam Coming from Method of Changing to Rigidity by Step Combined with Conversion Method[J]. Advanced Materials Research,655-657:1889-1892.

[14] 喻晓今．求简单超静定等直梁的比拟法[C]// 第15届全国结构工程学术会议论文集．焦作:河南理工大学,2006:443-446.

[15] YU X J. Deformation Equivalence Method to Solve Internal Force and Slope on Simple Symmetry Problem in View of Principle of Conversion[C]// Proceedings of the 2012 Third International Conference on Mechanic Automation and Control Engineering. Bao tou:IEEE Computer Society,2012:292-297.

[16] 喻晓今．求梁位移的置换法之“磨刀砍柴功”:新工科提法下的《材料力学》部分内容适新[J]．西南交通大学学报(社会科学版),2017,12.18(1):85-90.